더 넓고 깊은 사유의 세계로 이끄는 교육 명저와의 만남

교사,
책을 들다

함영기
지음

한울림

공부하는 교사를 위하여

교사는 가르치는 일을 업으로 삼는 전문가다. 가르치는 일에는 수업을 비롯하여 생활지도를 포함한 모든 교육활동이 들어 있다. 교육의 효과는 곧바로 눈에 보이게 나타날 때도 있지만, 대개는 서서히 은연중에 학습자의 삶에 깃든다. 교과지식을 주고받는 것으로 가르치고 배우는 과정이 완성되는 것이 아니기 때문에 아이 편에서 교사의 말과 글, 행위는 또 다른 학습교재가 된다. 기본적으로 교사들은 더 잘 가르치기 위하여 노력한다. 전문성, 사명감, 소양 등 교사의 자질을 결정하는 모든 요소는 '더 잘 가르치는 능력'을 향한다. 이를 위해 많은 교사들이 필요한 교육을 받거나 대학원에 진학하는 등 다양한 노력을 기울인다. 한마디로 교사들에게는 더 잘 가르치고 싶다는 강한 열망이 있다.

그런데 더 잘 가르친다는 것은 과연 무엇일까? 진지하게 이 질문을 생각해보니 딱 맞는 답이 떠오르지 않는다. 질문을 살짝 바꿔서 더 잘 가르치기 위해 교사가 해야 할 일을 살펴보자. 지금 당장 선택할 수 있는 방법은 검증된 교수자료를 구하는 일일 것이다. 또한 선호하는 수업기법을 익히기 위해 연수 프로그램을 수강할 수도 있고, 학급운영과 생활지도에 대한 방법과 매뉴얼을 찾아 적용할 수도 있다. 최근 들어 감염병 사태에 따른 원격수업의 확대는 교사들에게 온라인 네트워크 환경에서 디지털 학습자원을 능숙하게 다룰 것을 요구하기도 한다. 그런데 이런 교사들의 노력을 낱낱이 늘어놓아도 잘 가르친다는 일이 무엇인지 명료하게 설명할 수는 없다.

　　잘 가르치는 일이 무엇인지 정의하는 것은 쉬운 일이 아니다. 아이들에게 "어떤 선생님이 잘 가르쳐주시나요?"라고 묻는다면, 아이들은 저마다 선호하는 수업방식이나 소통방법, 교사에 대한 호감도 등을 따져 다양한 답을 내놓을 것이다. 이처럼 가르치는 일에는 개인의 취향과 주관적 판단이 개입한다. 교사의 일과를 빠짐없이 열거했다고 해서 그것이 곧 '교사의 일'이라고 말할 수 없는 것과 같은 이치다. 다시 말해 가르치는 일은 교사의 전문적 행위가 갖는 복잡하고도 다양한 맥락으로 인해 일목요연하게 표준화할 수 없다. 수업이나 생활지도 속에 붙박인 역동적이고 비예측적인 속성을 경험한 교사라면 교사의 전문성을 구성하는 요인이 그가 만나는 학생의 수만큼 다양하다는 점을 이해한다.

　　교사는 하루에도 수없이 많은 현상을 보고 해석하고 판단을 내려야 한다. 아주 흡사해 보이는 현상에도 다른 맥락이 있다는 것을 알아야 하고, 각기 다른 맥락에 따른 의사결정으로 아이들의 이해를 구해야 한다. 이러한 교사의 역량은 단순히 경험이 많이 쌓인다고 해서, 잘 짜인 매뉴얼을 적시에 적용한다고 해서 키워지는 것이 아니다. 당연히 연수나 학습공동체 활동만으로도 키우기 힘들다. 많은 교사들이 신속하게 수업자료를 고르고, 적절하게 적용하는 것으로는 끝내 해결되지 않는 '가르침에 대한 갈증'을 느낀다. 그 갈증이 이 책의 시작점이기도 하다.

오랜 시간 동료 교사들과 함께 공부해오며, 함께 읽을 책을 고르던 일은 교직 생활에서 매우 의미 있는 시간이었다. 내 경험에 비추어볼 때 책을 읽고 대화를 나누는 일은 당장의 수업효과를 넘어서는 특별한 무언가가 있다. 끊임없이 질문을 던지고, 더 나아가 교육 자체에 대하여 고민하는 것은 오늘 배워서 내일 써먹는 수업기법보다 더 가치 있는 일로 소중한 사유의 시작이 된다. 좋은 책을 읽고, 좋은 사람을 만나 서로의 생각을 나누는 것은 시대를 막론하고 인간의 사유와 소양을 키우는 가장 효과적인 방법이기 때문이다. 이 책은 독서의 기록이자 대화이고, 질문이자 답변이다. 교사의 가르침을 바탕으로 스스로 지식을 구성하고 확장해가는 아이들을 상상하며 글을 썼다.

이 책은 교사의 사유를 도울 책들을 소개하고, 그 책들을 어떻게 읽을 것인지 안내하는 내용을 담고 있다. 오랜 고민 끝에 나름의 기준을 세워 총 여섯 권의 책을 선정했다. 먼저 쉽게 시작할 수 있되 책장을 덮을 때쯤이면 어느 정도는 공부 만족감이 있는 책이어야 했다. 어느 한쪽의 주장이나 논리를 뛰어넘어 풍부하고 균형 있는 교육적 시선을 제공해줄 수 있는 책이어야 한다는 평소 마음도 작용했다. 자신을 객관화하여 타자의 눈으로 교사 자신을 바라보게 해주는 책이면 금상첨화일 것 같았다. 여럿이 어울려서 함께 공부하는 것이 더 효과적이긴 하지만 혼자 책읽기를 즐기는 교사들을 위해서 추가로 읽을거리와 공부를 돕는 질문을 덧붙여 지속적으로 공부의 흐름을 잡도록 구성하였다.

우리가 첫 번째로 공부할 막스 반 매넌의《'가르친다는 것'의 의미》는 140쪽 남짓의 분량으로 짧기도 하고, 판형도 작아서 손에 들면 두어 시간 만에 읽을 수 있다. 반 매넌의 책은 가르치고 배우는 일에 붙박여 있는 교육적 의미와 맥락을 간명하게 드러낸다. 공부를 결심한 교사 혹은 학습공동체가 첫 교재를 선택할 때 어떤 텍스트가 좋은가 하는 문제는 공부를 안내하는 사람의 입장에서 큰 고민거리다. 공부에 관해 여러 가지 권고 사항이 있지만, 첫 시작은 짧은 시간에 완독할 수 있는 것을 고르는 것이 좋다. 처음부터 어렵고 긴 책을 무리하게 읽고 토론하는 것은 지속가능한 공부 방법이 아니다. 이러한 이유에서 반 매넌의 책을 교사들이 봐야 할 첫 번째 책으로 선택하였다. 짧은 분량이지만 문장 하나하나를 음미할 때마다 느껴지는 교육적 감흥이 있다.

두 번째로 선택한 책은 바실리 수호믈린스키의《선생님들에게 드리는 100가지 제안》으로 '수호믈린스키 선집'을 우리 실정에 맞게 엮은 책이다. 제목보다 '수호믈린스키의 전인교육론'이라는 부제에 강하게 끌려 집어 든 책이었는데, 읽어 보니 과연 모든 내용이 구체적 사례 속에서 전인교육과 맞닿아 있었다. 그러나 100가지 제안에 담긴 교육적 시사점에도 불구하고 기준 없이 줄줄이 나열한 편역 방식이 다소 아쉬웠다. 여기서는 더 유익한 공부를 위해 각 꼭지를 분석하고 유사한 내용끼리 묶어 여섯 개의 큰 범주로 재배치하였다. 그렇게 나눈 것이 '전인적 발달의 주체 학생', '전인적 발달의 조력자 교사', '지적 교양', '창조적 노동', '예술과 문화', '여백이 있는 교육'이다. 당시 함께 공부하던 동료 교사들이 이 분류를 보고 교사를 위한 공부 안내서를 쓸 것을 제안한 적이 있다. 이 책에 들어간 내용은 그때 써두었던 것을 새로이 다듬은 것이다. 2019년에 우리 실정에 맞게 옮기고 고쳐 쓴 《바실리 수호믈린스키, 아이들은 한 명 한 명 빛나야 한다》도 《선생님들에게 드리는 100가지 제안》을 읽고 나서 받은 영감이 아니었다면 손도 대지 못했을 것이다.

세 번째 책인 마이클 애플의 《교육과 이데올로기》는 초임교사 때 처음 접했다. 교육상황이 엄혹했던 1980년대는 책표지를 보는 것만으로도 숨이 막히던 시절이었다. '문화적 재생산'이라는 충격적이면서도 무거운 주제를 다룬 애플의 이 책은 그 시절 한국 교육운동 세대의 필독서였다. 책의 내용을 교육활동에 직접 반영할 수는 없었지만, 많은 교사들이 이 책을 읽고 비판적 의식을 형성했다. 시간이 흐르고 사회가 변화함에 따라 사회과학 서적을 내던 출판사와 서점들이 사라지면서 애플의 저항담론 역시 한국에서 서서히 잊혀 가고 있는 듯 보였다. 그런데 몇 해 전부터 계급담론의 한국 버전이 사람들의 입에 회자되기 시작했다. 바로 금수저 흙수저 이야기인 '수저계급론'이 그것이다. 계급을 나누는 수저계급론은 애플이 말하는 문화적 재생산과 많이 닮아 있었다. 2015년에 마이클 애플이 세 번째로 한국을 방문하였다. '교육은 사회를 바꿀 수 있을까'라는 주제를 놓고 서울에서 심포지엄이 있던 날 서강대로 달려가 애플을 만났다. 맞잡은 손에서 전해지던 따뜻함을 오래도록 기억한다. 애플은 비판교육학자이자 현실 참여를 소홀히 하지 않는 실천적 지식인이기도 하다. 처음에는 절판된 지 오래된 《교육과 이데올로기》말고, 《학교지식의 정치학》, 《문화 정치학과 교육》 중 한 권을 선택할까 고민했었다. 그러나 다른 책들 역시 품절이 계속되는 상황에서 기왕이면 한국에 애플을 처음 알린 책을 고르는 것이 좋겠다고 판단했다.

　네 번째로 선택한 《역량의 창조》의 저자 마사 누스바움은 세계적으로 저명한 법철학자, 정치철학자, 윤리학자, 고전학자, 여성학자다. 딱히 교육학자로 분류하긴 어렵지만, 그렇기 때문에 오히려 교육에 대한 객관적 시선이 돋보인다. 최근에 '역량(competencies)'이란 말을 자주 듣는데, 누스바움도 '역량(capabilities)'에 관한 이야기를 한다. 그런데 누스바움의 접근법은 우리의 통념에서 많이 벗어나 있다. 역량을 개인이 달성해야 할 표준으로 제시하는 것이 아니라 인간 존엄성을 바탕으로 개인이 마땅히 누리고 만들어가야 할 원칙으로 접근한다. 이러한 누스바움의 생각은 역량을 '따라가는 것'이 아니라 '창조해야 할 것'으로 개념을 전환한다. 사실 교사들에게는 누스바움의 다른 책인 《시적 정의》, 《학교는 시장이 아니다》가 더 잘 읽힐 수도 있다. 그러나 다른 책보다는 세계 도처에서 다양한 계급과 인종에 속한 시민들이 창조해가는 역량, 그리고 개개인이 역량을 만들 기회를 마련해주는 것이 국가의 책무라는 점을 폭넓게 기술한《역량의 창조》를 읽는 것이 좋겠다는 생각에서 네 번째 교재로 선택했다.

다섯 번째 책인 R. S. 피터스의《윤리학과 교육》은 나머지 책들과는 다소 결이 다르다. 특히 듀이의《민주주의와 교육》과는 확연히 다른 접근법을 보인다. 피터스는 교육이라는 언어가 가진 의미와 활용을 분석하여 교육의 가치를 이성적이며 합리적으로 규명하려 노력한다. 책 전반에 걸쳐 저자 특유의 윤리적 접근법과 사회적 감수성을 엿볼 수 있다. 피터스의 관심은 이성의 근본 원리가 내재해 있는 전통에 아동을 입문시키는 데 있었다. 요컨대 '교육은 무엇인가 가치 있는 것을 도덕적이며 온당한 방법으로 전달하는 것'이라는 게 피터스가 규정한 교육의 개념이다.

마지막 책은 존 듀이의 철학을 가장 포괄적으로, 가장 충분히 제시했다는 평을 듣는《민주주의와 교육》이다. 이 책을 번역한 이홍우 역시 해설을 통해 '현대 교육학에서 가장 중요한 문헌'이라고 평가할 정도다. 역자 해설이나 2007년 개정·증보판 말미에 실린 '주희와 듀이: 교육이론의 메타프락시스적 성격'을 보면 알 수 있듯이 역자는 듀이와 상반된 견해를 가지고 있다. 그러면서도 충실하게 듀이의 교육철학과 이론을 전하고 있다. 듀이를 정확하게 비판하기 위해 성실하게 그의 이론에 접근한 역자의 진중한 학문적 자세 덕분에 좋은 저작을 만날 수 있어 행운이라고 생각한다.

우리는 흔히 '경험중심 교육과정'이니, '학문중심 교육과정'이니 하는 손쉬운 분류에 끌리는 경향이 있다. 하지만 이런 이분법적 분류에 얼마나 많은 맥락들이 숨어 있는지 생각하는 것은 듀이의 책을 읽는 독자들의 몫이다. 《민주주의와 교육》을 통해 듀이의 이론을 해설하면서 많은 고민을 했다. 초고 분량이 A4 용지 기준으로 120쪽에 달할 정도로 여러 차례 수정을 거치며 방대한 분량을 덜어내고 다시 쓰기를 반복했지만, 여전히 걱정이 남는다. 줄이기 전에도 줄인 후에도 제대로 된 해설을 하고 있는가 하는 염려 때문이다. 듀이의 모든 저작은 읽을 때마다 새롭다. 듀이의 표현을 빌리자면 다시 읽을 때마다 내 안에서 독서의 경험이 재구성되기 때문일 것이다. 아울러 여전히 해독되지 않은 채 남아 있는 부분이 많기 때문이기도 하다.

이 책에서는 독자들의 이해를 돕기 위해 《민주주의와 교육》의 원래 구성인 26개의 장을 분석하여 여섯 개의 큰 범주로 묶었다. 편의상 각 영역의 제목을 '교육의 개념', '교육의 목적과 민주주의', '흥미, 경험, 사고, 방법', '교과의 개념과 가치', '교육과 삶', '교육철학'으로 달았다. 이 과정에서 각 장의 순서를 성격에 맞게 재배열하였음을 미리 밝혀둔다.

책을 쓰면서 교육혁신에 대한 지향은 물론이고, 교육의 본질을 추구하는 이야기를 균형 있게 다루고자 애썼다. 교육상황을 보는 시선을 깊게 하자는 반 매넌의 현상학적 접근이나 누스바움의 서사적 상상력에 기초한 사회참여론, 교육은 개인의 다양한 역량과 감수성을 계발하는 과정이라는 수호믈린스키의 전인교육론, 그리고 피터스의 합리적 이성 추구에 관한 분석철학적 접근은 혁신교육 혹은 진영논리와 무관하게 교육적 시사점을 갖는다. 특히 피터스의

《윤리학과 교육》과 듀이의 《민주주의와 교육》을 함께 공부한다면 균형 잡힌 시각을 형성할 수 있을 것이다.

교사가 공부해야 하는 이유를 굳이 더 반복할 필요는 없다고 생각한다. 요즘에는 지금 배워서 당장 써먹을 수 있는 수업기법도 많고, 교실에서 바로 재현 가능한 완성도 높은 학습자료도 많다. 수업만 잘하고 싶다면 쓸모 있는 자료를 모아 교육현장에 적용하는 것도 나쁘지 않다. 그러나 교사는 단지 준비한 자료를 소개하거나 전달하는 위치에 있는 사람이 아니다. 아이들에게 지식을 잘 전달하는 것은 교사의 기본 책무이며, 아이들이 스스로 공부하며 생각하도록 자극을 주는 것은 특별하고도 고유한 교사의 역할이다. 부디 이 책을 계기로 균형 잡힌 시각에서 아이들을 바라보고, 교육에 대한 안목과 통찰력을 기를 수 있길 바란다.

함영기

차례

일러두기

1   인용문은 저자가 소장한 책을 기준으로 옮겨 실었다. 단 오래 전에 출간된 책의 경우 현재 한글맞춤법에 따라 표기법과 띄어쓰기를 수정했음을 밝혀둔다.

2   외국 인명과 지명은 국립국어원의 외래어 표기법과 용례를 따랐다. 단 널리 쓰여 굳어진 인명의 경우 통용되는 표기를 사용했다.

3   번역서는 원서명이 아니라 국내 출판된 책의 제목을 썼다.

4   단행본 제목은《 》로, 보고서와 논문 등 기타 문헌의 제목은〈 〉로 표시하였다.

5   세 번째 책인 마이클 애플의《교육과 이데올로기》의 경우 불가피하게 절판된 책을 택했다. 도서출판 한울림에서《Ideology and Curriculum》(4th edition)의 한국어판을 출간할 계획이다.

첫 번째 책

교사, 교육적 상황과
맥락의 창조자

《 '가르친다는 것'의 의미 》

막스 반 매넌 지음 | 정광순 · 김선영 옮김 | 학지사

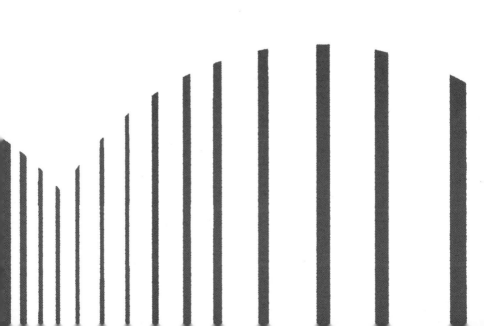

함께 읽으면 좋은 책

《가르침의 교육현상학적 이해》
고요한 지음 ┃ 학지사 ┃ 2013

《상상의 나래 펴기》
맥신 그린 지음 ┃ 문승호 옮김 ┃ 박영스토리 ┃ 2019

《교육적 상상력》
엘리엇 아이즈너 지음 ┃ 이해명 옮김 ┃ 단국대학교출판부 ┃ 1999

《교육은 자기 교육이다》
한스 게오르크 가다머 지음 ┃ 손승남 옮김 ┃ 동문선 ┃ 2004

：

교육이란 '무엇'인지, '왜' 교육을 하는지, '어떻게' 교육해야 하는지, 이런 질문들에 진지하게 답해본 적이 있는가? 이 질문들은 차례로 교육내용, 교육철학, 교육과정의 이유를 묻고 있다. 물론 이런 질문들에 성실하게 답하지 않는다고 해서 교육이 이루어지지 않는 것은 아니다. 교육은 가정에서, 학교에서, 그리고 사회에서 끊임없이 이루어진다. 가르치는 자가 의도한 대로 진행되기도 하고, 때로는 가르치고 배우는 자의 의도와 상관없이 경험이나 지식이 획득되기도 한다.

교·사대에서 4년 동안 공부한 예비교사는 학생들을 가르칠 자격이 있다는 징표로 교원자격증을 받는다. 가르치는 자의 전문성을 국가가 인정하는 것이다. 그런데도 처음 교단에 서는 교사는 아이들 앞에서 당황한다. 이제껏 공부한 교육의 철학적·사회적·심리적 기초는 머릿속에서만 뱅뱅 맴돌 뿐 정작 교실 안에서는 무용지물이 되기 일쑤다. 국가가 인정한 자격증을 소지했고 거기에 임용시험 공부를 추가로 했음에도 실제 교육현장은 교과서 속의 그것과는 사뭇 다른 세계로 다가오기 때문이다. 교직에 몸담은 시간이 길어도 마찬가지다. 가르치고 배우는 일은 교과서대로, 내가 의도한 대로, 교육과정 문서대로 이루어지지 않는다.

　어쩌면 교사들은 교육이 이루어지는 이상적 공간으로 학교와 교실을 상상했을 것이다. 그리고 촘촘한 교수학습 절차가 그대로 진행된다면 학습목표를 달성할 수 있을 것이라는 믿음을 가지고 교단에 섰을지도 모른다. 맥신 그린(Maxine Greene)은 《상상의 나래 펴기》에서 가장 사려 깊고 비판적 의식이 수반된 도발적인 교실이란, 교사와 학습자가 자신들의 삶의 맥락에 근거하여 협력적으로 탐색하는 곳이라고 말한다. 그러나 사려 깊음, 비판적 의식을 수반하는 도발적 교실, 삶의 맥락, 협력적 탐색과 같은 말들은 교·사대 교육과정에서도, 임용시험을 준비하던 노량진 학원가에서도 익숙하게 듣던 말이 아니다. 이런 점에서 교·사대 교육과정이 학습과 삶의 연계와 맥락을 반영하지 못하고 있다는 비판은 타당하다.˙

　《'가르친다는 것'의 의미(The Tone of Teaching)》를 쓴 막스 반 매

˙　'교·사대 교육과정의 개선'은 한국 교육의 혁신 방향을 말할 때 단골로 등장하는 주제다. 최근 교사 양성기관은 학령인구 급감으로 인한 정원 축소, 학교 현실을 반영하지 못하는 교육과정 등으로 압박을 받고 있다. 그러나 교사 양성기관의 교육과정 개선은 정원 축소나 학과 개편 등 기능적인 영역에만 머물지 않아야 한다. 가르치고 배우는 내용의 변화 없이 형식적 대응만으로는 지속가능성을 갖지 못하기 때문이다.

넌(Max van Manen)은 교사들의 이 같은 당황스러움을 잘 이해한 학자다. 반 매넌은 교육적 상황에 대한 이해와 해석을 통해 아이와 상호작용하는 가운데 이루어지는 교육의 질적 속성에 주목하였다. 책은 번역본 기준으로 140여 쪽에 불과하지만, 저자 특유의 쉽고 친절한 언어로 가르침의 의미에 다가서고 있다.

첫 장인 '교육적인 고민'에서 반 매넌은 교육자, 심리학자, 부모와 관련된 예화를 들고, 그것으로부터 교육적 의미를 탐색한다. 달리 해설이 필요 없을 정도로 쉬운 접근이다. 만약 현상학이 어떠니, 해석학이 어떠니 하면서 학술적 접근으로 시작했다면, 이 책은 대다수 평범한 교사들의 마음을 끌지 못했을 것이다.

《'가르친다는 것'의 의미》는 현상학을 다루면서도 판단중지나 본질직관, 이해와 해석 등 어려운 개념들로 접근하지 않는다. 그러나 교육의 상황과 맥락 속에는 교육이론들이 어떤 방식으로든 접목되어 있다. 이론은 실제를 만나 그 의미를 획득한다. 실제는 이론의 검증을 받을 때 더 생생하게 살아난다. 이 책은 그런 이야기다. 난해한 이론적 전개를 피하면서도 생생한 사례를 통하여 저자와 독자가 교감하는 중에 행간마다 숨어 있는 이론의 의미들을 발견할 수 있다. 그렇기에 교사들의 공부 여정에 시동을 걸어줄 첫 책으로 반 매넌의 책을 주저 없이 선택했다.

이 책을 읽을 땐 한 번은 통독하고, 다시 읽을 때는 밑줄을 그으며 음미하고, 그러고는 눈에 잘 띄는 곳에 책을 두고, 생각날 때마다 아무 곳이나 펼쳐 읽으면 좋겠다. 아울러 동료들과 책에 대한 느낌을 나눠도 좋겠다. 대화를 통해 공감하고, 그중 몇몇을 실천으로 옮긴다면 더 바랄 게 없겠다. 많은 부분은 대화 그 자체로 남겠지만, 공부란 본디 그런 것이다. 세밀하게 목표를 세우고, 하루에 읽어야 할 분량을 정하는 따위의 생각은 잠시 밀어두어도 좋다.

교육의 상황과 맥락

《'가르친다는 것'의 의미》를 읽기 시작한 독자들은 먼저 반 매넌이 던지는 도발적 질문에 답해야 한다. 그것은 바로 '당신은 아이들 앞에 어떤 교사로 설 것인가?'라는 물음이다. 이 질문에 '교사가 아이들 앞에 교사로 서지, 달리 무엇으로 선단 말인가?'라고 되물을지 모른다. 물론 단지 직업인으로서 교사가 하는 일을 묻는 것이라면, 애초에 고민할 필요도 없을 것이다. 서문에서 역자는 반 매넌의 말을 빌려 교사의 역할에 관해 다음과 같이 서술하고 있다.

> 교사는 어떤 상황을 교육적으로 만들 줄 알아야 하는 사람이고, 그가 처한 상황에서 교육할 수 있어야 하고, 그로 인해 학생이 뭔가를 배울 수 있게 해야 하는 사람이다. _6쪽

교사와 학생 사이에 놓인 상황은 늘 예측할 수 있는 것이 아니다. 이때의 상황이란 말 그대로 가르치고 배우는 사람 사이에 놓인 특별한 장면이다. 이 상황에 교육적 의미를 부여하고 배움의 장으로 끌어오며, 그것을 아이와 연결하는 사람이 바로 교사다. '상황

을 교육적으로 만든다'라는 말은 단순히 주어진 교재에 따라 지식을 전달하는 것을 넘어 배움의 장에 형성된 상황과 맥락을 교육적으로 이해하고 다룰 수 있다는 것을 의미한다.

교육적 상황과 맥락에 대한 이해는 이 책 전반에 걸쳐 흐르는 반 매넌의 철학이다. 우리에게 많이 알려진 인물은 아니지만, 반 매넌은 교육상황을 현상학과 해석학으로 이해하려고 노력한 학자다. 현상학은 객관적으로 존재한다고 생각되는 진리를 엄밀하게 나타내기 위해 현상을 있는 그대로 포착하려는 학문이며, 해석학은 텍스트나 언어 등을 해석하고 이해하여 그것들이 내포하고 있는 상징이나 의미를 밝히는 데 관심을 두는 학문이다. 현상학이 어떤 현상을 선입견이나 주관적 판단을 배제하고 있는 그대로 기술하려고 한다면, 해석학은 텍스트를 비롯한 다양한 대상으로부터 의미를 밝혀내기 위한 이해와 해석의 과정을 중시한다.

우리는 이 책을 통해 교육상황을 어떻게 이해하고, 그것을 아이들과의 관계 속에서 어떻게 풀어갈지 고민하는 반 매넌의 시선에 다가설 수 있다. 교육상황이 가진 본질을 묻는 것, 교육적 시선으로 이해하고 해석하며 기록하는 일이 바로 현상학이며, 해석학이기 때문이다.

> 아이들의 세계에 교육적으로 개입할 수 있는 교사의 교육행위 능력은 학생과 학생이 처한 상황을 이해하고, 여기에 교육적으로 적합하게 개입할 줄 아는 것이다. 다시 말해, 교사에게는 교육하는 데 필요한 지식(special kind of knowledge)이 있어야 한다. _12쪽

이 말에는 반 매년이 생각하는 교사의 존재와 역할이 잘 드러나 있다. 통념 속의 교사는 주어진 교재에 따라 지식을 학생들에게 효과적으로 전달하는 사람이다. 즉 무엇보다 지식을 잘 전달하는 것이 교사가 지녀야 할 전문성인 셈이다. '지식을 잘 가르치는 것'이 교사에게 요구되는 전문성이라 할 때, 여기서 말하는 지식이란 무엇이고, 어떻게 생성되며, 누가 정하고 누구를 위해 봉사하는지에 대한 의문이 생긴다. 이 의문은 교사가 교육적으로 새롭게 서기 위한 시작이라 할 수 있다.

아울러 '잘 가르치는 것'의 의미에 대해서도 같은 의문을 품을 수 있다. 잘 가르치는 것은 인간의 외부 세계에 독립적으로 존재하는 지식을 훼손 없이 학습자에게 잘 전달하는 일일까? 궁극적으로 배움의 주체는 학습자이니, 그가 지식을 잘 축적하고 활용할 수 있도록 안내하는 일일까? 사실 이 두 가지 견해는 지식교육과 관련한 오랜 논쟁거리이기도 하다.

교육은 복잡하고 미묘한 일이다. 교육은 학생에게 적절한 영향을 미치는지 혹은 적절하지 않은 영향을 미치는지를 구분할 줄 아는 능력이다. 교육에는 정답이나 공식이 없다. _19쪽

그동안 우리의 학교교육은 사각형 교실에 많은 학생들을 집어넣고, 교사 한 사람이 다수의 학생을 대상으로 같은 내용을 전달하는 방식을 고수해왔다. 평가에 있어서도 동일한 시험 문항을 통해 누가 배운 것을 더 잘 기억하고 있는지 가리는 방식을 취해왔다. 반

교사, 책을 들다

매년은 우리가 지켜온 이 방식이 과연 적절한 것인지를 묻고 있다. 교육은 복잡하고 미묘한 상황을 다루는 일이며, 여기에 정답이나 공식은 있을 수 없다는 그의 교육적 전제는 기존의 전통적 시각과는 많이 다르다. 그가 말하는 교육상황의 미묘함은 한마디로 정의하기 힘들지만, 아이들을 가르쳐본 교사라면 누구나 느낀 적이 있는 문제일 것이다.

여러 학급을 돌며 수업하는 교사들은 똑같은 내용을 충실하게 전달하려 노력하지만, 그게 어디 쉬운 일인가? 학급의 구성원, 분위기, 그날의 조건에 따라 수업 양상은 다르게 나타난다. 교육상황에서 만나는 비예측성, 역동성은 주어진 지식을 잘 전달하는 것만이 최선의 가르침이 아니라는 것을 알려준다.

교육행위 능력이 있는 교육자는 모든 상황을 개별적으로 다룬다. 아이들의 모습이 모두 다르듯이 이 아이는 세상에 오직 하나다. 우리가 이런 존재의 독자성을 받아들일 때, 우리의 관심은 달라진다. _20쪽

교사는 자신의 수업을 개선하기 위하여 '알려진 좋은 수업방법'을 찾는다. 알려졌다는 것은 어느 정도 검증의 과정을 거친 것이므로 실패의 위험을 줄일 수 있다는 생각이 작용하기 때문이다. 이를 두고 한편으로는 성실하게 교사의 역할을 수행했다고 말하고, 다른 한편으로는 이런 교사야말로 교육상황의 비예측성, 개별성, 역동성을 이해하지 못하는 기능적 사고의 소유자라 말한다.

이쯤 되면 가르치는 일이란 무엇이며, 교사에게는 어떤 자세와

역할이 요구되는지 다시 한번 생각해보게 된다. 교육상황의 미묘함과 아이들 저마다의 독특한 개별성을 느끼는 교사의 감각은 어떻게 길러지는 것일까?

교육적 고민이나 감각을 기르는 것에는 정답이 없다. 교육적 고민은 이런저런 상황에서 여러 아이를 만나면서, 그 아이에게 귀 기울이고 반응하는 과정에서 습득된다. 교사는 그렇게 아동과 함께하면서 교육적으로 고민할 줄 알게 된다. 21쪽

교사의 감각을 기르는 특별한 방법을 기대한 교사라면 실망할 수밖에 없는 말이다. 그런데 이 말속에는 오묘하고 신비한 교육의 속성이 숨어 있다. 교육이란 교사에게서 학생에게로 지식이 전달되는 그런 단순한 과정이 아니다. 가르치는 자와 배우는 자의 숨결이 만나 함께 호흡하면서 마음을 주고받는 과정이야말로 교육의 신비한 속성이다. 바로 이것이 교사와 학생 사이에 놓여 있는 교육적 상황이자 맥락인 것이다.

교육적 상황에 대한 반 매넌의 애정 어린 시선은 어린이의 세계를 볼 때 더욱 잘 드러난다. 아이가 경험하는 낱낱의 개별 사태는 모두 교육적 상황으로 치환되지 않는다. 어떤 것은 단순한 경험 이상을 넘지 못하며, 어떤 것은 뇌리에 각인되어 오래도록 교육적 효과를 발휘한다. 반 매넌이 아이에게 지식을 잘 전달하는 일이 교사의 독특한 역할이 아니라고 말한 것은 궁극적으로 어떤 지식이든 그것을 구성하고 활용할 이가 배움의 주체인 학습자이기 때문이다.

그의 말에 따르면 교사는 아이가 스스로 행동하고, 실험하고, 창조할 수 있도록 허용하는 사람이어야 한다.

반 매넌은 인류가 역사적으로나 문화적으로 여러 종류의 가능한 삶의 방식이나 존재 방식을 만들어 왔다고 말한다. 아이는 세상을 학교, 미디어, 이웃 그리고 우리*를 통해 접한다는 것이다.

교사와 부모는 아이의 현존 덕분에 희망을 경험한다. 이것은 역설적이다. 사람들은 자신의 삶보다는 아이의 삶이 더 중요하다는 것을 경험하면서, 동시에 스스로의 삶을 더 잘 이해하게 된다. 사람들은 스스로의 삶에 의문을 가질 때 새로운 삶을 추구한다. 이 아이를 만나기 전에는 마음만 먹으면 자신을 함부로 대할 수 있으며, 나쁜 버릇을 들일 수도 있다. 타인의 진정한 필요를 모른 채 살 수도 있다. 하지만 내가 아이와 함께 살기 때문에, 아이를 사랑하기 때문에 더 이상 지난날의 나로 안주하며 살 수는 없다. 이처럼 교육은 자기 교육으로 전환된다. _28쪽

아이들을 가르치면서 교사 스스로는 어떤 유익함을 경험할 수 있을까? 아이들을 가르친 대가로 급여를 받아 생계를 유지하고, 때로 여가를 즐긴다는 유익함 때문에 교단에 서는 것일까? 이 문제에 대해 반 매넌은 단호하게 자신의 의견을 밝힌다. '교사는 아이들을 가르치는 과정에서 자신의 삶을 더 잘 이해하게 된다는 것'이다. 단

• 여기서 우리는 교육자를 의미한다.

적으로 말해 남을 가르치는 일은 자기 자신을 향한 교육이라 할 수 있다. 이것이 가르치는 과정에서 교사가 얻을 수 있는 유익함이다. 교사는 아이들의 바람직한 성장을 도움으로써 스스로 성장의 기쁨을 맛보는 특별한 존재다.

경이로운 경험 속에 아이가 놓이는 것

아이는 주변에서 흔히 보는 것을 가리키며, '저게 뭐야?' 하고 묻는다. 이와 같은 현상은 아이에게는 아주 흔한 일이다. 아이는 사물의 이름을 물으면서 세상과 관계를 맺고 세상을 탐구한다. 아이는 사물의 이름을 부르면서 세상과 어울려 있는 자기 자신을 찾기 시작한다. _32-33쪽

반 매넌은 아이가 사물의 이름을 부르면서 세상과 관계를 맺는다고 말한다. 아이는 호기심이 충만하여 새로운 것이라면 무엇이든 묻는다. 아이에게 호기심은 성장의 원천이다. 아이들이 사물을 알아가는 방식의 차이는 가르치는 이에게 무척 흥미로운 일이다. 이 책에서 소개하는 재원이와 승민이의 이야기를 보면 그 차이가 분명히 드러난다.

재원이와 승민이는 곤충을 알아가는 방식이 서로 다르다. 재원이에게 곤충은 채집하고 분류하는 대상으로 다리가 몇 개인지, 어떻게 변태하는지 알 수 있는 정보 수집의 원천이다. 승민이 역시 곤

충에 대한 호기심이 있지만, 그 호기심은 생명의 신비에 기인한다. 곤충을 보며 경이로움을 느끼고, 말이 통할 리 없는 곤충과 교감의 욕구를 느낀다. 교육학적 관점에서 볼 때 이와 같은 차이는 매우 어릴 때부터 형성된다고 한다.

> 배움은 궁금할 때 시작된다. 궁금해하도록 가르칠 수 있는가? 우리는 어린이를 궁금하게 할 수 있는가? 스스로 궁금하게 할 수 있는가? 궁금함은 우리가 마음을 열어놓고 있을 때 우리에게 찾아오는 은총과 같은 것이다. _37-38쪽

재원이는 성장하여 유능한 생물학자가 될지도 모른다. 하지만 그가 가진 궁금증은 단지 자연현상의 인과관계 속에서 곤충을 분석하는 것에 머무를 가능성이 크다. 아이의 궁금증에 현대과학의 범주 안에서 답변을 계속한다면, 이것은 '정확한 지식'을 풍부한 상상력과 바꾸는 잘못을 범하는 것이다.

"나뭇잎 색이 왜 바꿨어요?"라고 묻는 아이에게 "여름에는 나뭇잎에 엽록소가 많아서 초록색으로 보이지만, 가을이 되어 날씨가 춥고 건조해지면서 엽록소가 분해되어 나뭇잎이 노란색이나 빨간색으로 변한다."라고 답한다면 어떨까? 이러한 답변은 완벽하게 자연현상의 인과관계를 염두에 둔 과학적 답변이다. 가령 같은 질문에 "나무도 쉬어야 하거든."이라든지 "사람들이 낙엽을 밟으며 걷는 것을 좋아하니까."라고 답한다면, 아이에게 잘못된 정보를 제공하는 것일까?

요즘 세태를 말할 때 지식교육만 강조하고 인성교육을 소홀히 한 결과 아이들의 인지능력은 우수하지만 감수성은 떨어진다고들 한다. 그래서인지 목표가 명확하게 주어지는 과제는 잘 처리하지만 창의력을 바탕으로 한 과제에서는 상상력이 빈곤하다. 왜일까? 답은 이미 나와 있다. 똑똑한 아이로 키우고 싶은 어른들의 욕구 때문이다. 이와 관련해 반 매넌은 '교육적 감각'이라는 표현을 빌려 다음과 같이 말한다.

좋은 답은 질문 속에 있는 아이의 흥미를 상기시키는 것이다. 교육적 감각이 있는 교육자라면 아이가 만들어내는 질문을 호기심이 유지되도록 지킬 것이다. _41쪽

어린아이를 전문가와 다름없는 학습 욕구를 가진 주체로 보자는 의견도 있다. 전문가가 공부하는 내용을 대상에 맞게 난이도를 조절해 제공하면, 어린아이라도 방대한 지식의 구조에 다가설 수 있다는 주장이다. 그렇게 아이가 학년이 올라갈 때마다 조금씩 더 심화된 지식을 제공해주면, 나중에는 전문가와 같은 방식으로 사고하고 실천한다는 것이다.

반 매넌은 이처럼 어린이를 전문가처럼 취급하려는 이론들이 일반적인 특성을 중심으로 아이들을 분류하고, 선별하고, 바꾸고, 측정하고, 관리하고, 반응하도록 이끌어왔다고 말한다. 기술적·진단적·교정적이라는 이름으로 아이들을 구분하는 것은 일종의 유기라는 반 매넌의 한탄은 기존 주류 교육에 대한 항의처럼 들린다. 그

는 아이가 요구할 때마다 정답을 가르쳐주는 것은 좋은 가르침이 아니라고 말한다. 교사는 가장 가까이에서 아이를 지켜보면서 아이에게 도움을 줘야 하지만, 동시에 일정한 거리를 유지해야 한다는 것이다.

이러한 반 매넌의 조언은 교실 통제의 어려움을 토로하는 교사들에게 많은 것을 시사한다. 교사의 과도한 책임감이 아이와의 거리 유지를 힘들게 하지 않는지 생각해볼 일이다. 과거 '완전학습'이란 수업방법도 있었고, 지금도 학원 광고물에서 '이해할 때까지 가르칩니다'라는 홍보 문구를 접하지만, 이른바 완전한 가르침이라는 것이 가능한 것일까? 그리고 그것은 교사의 노력으로 이루어질 수 있는 것일까? 또 교사의 노력과 책임감은 온전히 아이의 성장으로 이어지는 것일까? 이러한 의문에 대하여 반 매넌은 교사가 교육적으로 아이들과 마주하는 일은 개입하기와 물러서기를 반복하면서 아이의 성장을 이해하는 것이라고 말한다.

교사가 아이에 대한 모든 정보를 알고, 모든 학습상황을 확인하여 완벽에 가까운 배움의 상태로 이끄는 일은 현실에서 가능한 것도 아니고 또한 바람직한 행위도 아니다. 아이와 일정한 거리를 유지하기 위해서는 지켜볼 때도 있지만 모른 척 넘어갈 때도 있어야 한다. 개입할 때와 물러설 때를 세심하게 조율하는 것이 아이의 성장을 돕는 길이다.

지켜보기, 칭찬하기

진짜 교사는 학생을 어떻게 보아야 하는지를 안다. 주저하는 것, 분위기, 기대감을 알아차린다. 이런 면에서 교육적으로 보는 것은 눈으로 그냥 보는 것 이상이다. 나는 내가 맡은 학생을 볼 때 온몸으로 본다. 나의 온몸을 통해서 학생이 하루를 시작하는 방식을 감지한다. _57쪽

눈으로 보는 것 이상으로 아이들을 본다는 것은 어떤 의미일까? 교사가 모든 아이들의 일거수일투족을 관찰하고 기억한다고 해서 그것을 '교육적 지켜보기'라고 할 수 있을까? 아이들은 교사의 관찰이 감시를 위한 것인지, 배움을 촉진하는 관심 어린 시선인지 직관적으로 안다. 선생님에게서 느껴지는 진지하고 따뜻한 시선, 교육적 지켜보기는 바로 이런 시선이다. 아이들 스스로 선생님의 눈길에서 관심과 애정을 느끼는 것이다. 아이가 갖는 이러한 경험은 그의 성장에 매우 유익하게 작용한다.

초등학교에서는 담임교사가 거의 모든 교과를 담당하며 아이들과 많은 시간을 보내기 때문에 이 같은 '교육적 지켜보기'를 일상속에 스며들게 해야 한다. 한편 중고등학교의 경우 초등과 비교해서 담임교사의 역할도 다르고, 아이들과 함께하는 시간도 적다. 그렇다면 중고등학교에서 교육적 지켜보기의 필요성은 상대적으로 약화되는 것일까?

보통의 중고등학생은 담임선생님을 포함하여 십여 명이 넘는 교과 담당 선생님들과 하루를 보낸다. 소수의 학생들은 여러 선생

교사, 책을 들다

님들의 관심과 칭찬을 경험하지만, 그렇지 못한 학생들은 일 년 내내 선생님의 교육적 시선을 받아보지 못한 채 다음 학년으로 올라간다. 성인이 되어서 학창 시절을 의미 있는 경험으로 추억하기보다 다시는 돌아가고 싶지 않은 고통스러운 시절로 기억한다면, 열에 아홉은 교사의 시선을 어떻게 경험했는가와 관련이 있다. 따라서 아이들에게 무엇을 가르치는가도 중요하지만, 아이들을 어떤 존재로 인식하고 어떻게 바라볼 것인가 하는 문제가 더 중요하다. 특히 사춘기의 절정을 보내고 있는 중학생의 경우 타인의 시선을 아예 무시하는가 하면 필요 이상으로 민감하게 반응할 때도 있기 때문에 교사의 교육적 지켜보기가 더욱 중요한 의미를 갖는다.

남녀가 만나 사랑에 빠졌을 때 흔히 '눈이 맞았다'라는 표현을 쓴다. 대화를 할 때도 우리는 상대방의 눈을 응시한다. 이렇듯 서로의 눈을 마주하는 것은 가장 진지한 교감의 방식이다. 그러므로 교육적 지켜보기는 아이를 관찰하는 교사의 일방적 활동이 아니라 교사와 학생 간의 상호작용 활동이라 할 수 있다. 여기서 조심할 것은 아이들의 주체적 발달과 성장을 믿는다고 하면서 지도와 관찰에 중점을 두고 아이를 보는 것이다. 이 같은 방식은 대등한 상호작용이라 할 수 없다. 교사와 학생이 눈을 맞추는 그 순간만큼은 서로를 위해 존재하는 시간이어야 한다. 그리고 아이에게는 이런 경험이 쌓여야 한다. 이러한 경험으로 교실을, 학교를 추억하게 해야 한다. 교육적으로 아이를 본다는 것은 교육적 맥락 안에서 교사와 학생이 성장의 경험을 구성해가는 일련의 과정이다.

아이는 이런 과정 속에서 교사에게 인정받을 때, 즉 나는 특별하고 귀한 존재라는 것을 교사를 통해 느낄 때 자존감이 자라난다. 인정은 칭찬과는 약간 다른 결에서 아이와 나누는 의사소통이다. '칭찬은 고래도 춤추게 한다'는 말로 칭찬의 효과를 말하는 사람들이 있지만, 인정은 단순한 칭찬을 넘어 아이의 주체적 존재 방식을 확인해주는 과정이다. 아이들을 향한 사랑은 넘치나 교육적 경험이 부족한 교사는 인정과 칭찬을 구분 없이 남발할 가능성이 있다. 교육적 맥락을 벗어난 교사의 인정과 칭찬은 다른 학생에게 우월감 혹은 열등감을 조장할 때도 있다. 이는 교사가 매 순간 경험하는 교육적 상황이다.

> 교사는 이런 상황을 좀 더 교육적으로 이해할 필요가 있다. 다시 말해서, 교육이란 학생들 사이에 작용하는 적합한 것과 덜 적합한 것을 현실적으로 구별할 줄 아는 것이다. _69쪽

가르치기, 훈육하기

반 매넌은 영어 교사와 학생과의 대치 상황을 예로 들어 가르치는 행위에서의 적절한 거리를 설명한다. 읽기를 거부해 교실에 긴장감을 조성하는 학생을 두고 교사는 분노하거나 읽을 것을 강요하지 않는다. 읽을거리가 준비되지 않았다는 것을 확인한 교사는 소설책 몇 권을 골라 학생의 책상에 조심스럽게 놓아두고, 학생의 다음 행동을 기다린다. 학생이 성의 없이 의자 끝에 걸터앉아 몇 페

이지를 넘기는 것을 보고, 교사는 돌아서서 수업을 계속한다. 그리고 몇 분 후 학생이 자발적으로 책을 읽기 시작한다는 일화다.

아이들이 교사의 지시나 권유를 거부할 때는 겉으로 드러나지 않아도 분명 어떤 동기가 작용한다. 공부를 잘해서 늘 선생님의 칭찬을 받는 아이에게는 성적으로 인정받는 것이 가장 쉬운 방법일 것이다. 그러나 학습 성취로 인정받는 것이 하늘의 별 따기만큼 힘든 아이에게 교사는 저멀리 떨어져 있다. 이들에게 교사는 스스로 다가서기 힘든 존재이고, 공부를 잘하는 아이들의 전유물이라 생각하기 쉽다. 반 매넌은 이 같은 상황을 이해하고, 아이와 인격적으로 교감할 것을 당부한다. 그런데 어떤 아이에게는 이렇게, 또 다른 아이에게는 저렇게 하는 방식으로 교사가 맞춤식 대응을 한다는 것이 현실에서 가능한 일일까?

사춘기의 절정에 있는 중학교 2학년 아이들을 가르쳤던 시절에 하루에도 몇 번씩 이런 시험에 빠졌던 적이 있다. 노골적으로 수업을 방해하며 자신의 존재를 드러내려 하는 아이들 때문이었다. 이들은 일탈 과정에서 반드시 교사의 반응을 살핀다. 아이들이 교사의 반응을 봐가며 일탈한다는 사실은 교사의 자존감에 깊은 상처를 남긴다. 무시당했다는 생각에 어떻게든 학생을 제압하고 교실을 통제하고 싶은 욕구가 끓어오르기도 한다. 만약 반 매넌이라면 이 같은 상황에서 어떻게 판단하고 행동할지 궁금하다.

일반적으로 사려 깊은 사람은 경박한 사람보다 상대적으로 어떤 상황에서 더 예민하고 그래서 더 섬세하다. 교육적 판단은 성찰 능력이라고 할 수 있는데, 이것은 과거의 경험을 숙고하는 과정에서 형성된다. 그리고 지금 이 순간 즉각적으로 해야 하는 것에서 무엇이 중요한지를 '감지'하면서 형성된다. 교육적 판단은 학생에게 귀 기울이고, 학생을 인식할 줄 아는 능력에 기인한다. 가르침에 대한 감각은 단순히 기술이 아니다. 오히려 '임기응변적'이다. _74-75쪽

순간적으로 중요한 것을 '감지'한다거나 가르침에 대한 감각은 기술이 아닌 '임기응변'이라고 하는 반 매년의 말을 어떻게 해석해야 할까? 우리는 오랫동안 명확한 행동적 수업목표 세우고, 그 목표 아래 가능한 한 수업을 정교하게 계획하고, 계획한 대로 실행하고, 내걸었던 목표를 기준으로 평가해야 한다고 여겨왔다. 이러한 이유에서 교사는 아이들이 수업을 방해하면 무엇보다 계획된 수업에 차질이 생길까봐 우려한다.

많은 교사들이 어느 날, 어느 시간에 가르쳐야 할 내용이 구체적으로 존재한다고 믿는다. 그래서 교실에서 일어나는 일을 판단할 때 수업과 수업 외의 것을 구분한다. 한 단위마다 설정한 수업목표를 최선을 다해 달성하고 싶은 교사는 가르쳐야 할 것과 배제해야 할 것을 정확히 구분하려 들 것이다. 혹시 이 경계를 너무 확고하게 사고하는 데서 생기는 문제는 없을까? 수업과 수업이 아닌 것의 경계는 이따금 모호하게 다가온다. 그리고 대부분의 교사들은 예측할 수 없는 교실 상황에 노출되어 있다. 옆 반에서 경험한 사례가 이 반에서는 통하지 않는다. 아이들이 다르고 무엇보다 교사와의 관계가 다르기 때문이다.

아이를 가르치기 위해서 교사는 배려와 민감성을 발휘해야 한다. 하지만 이런 민감성을 설명해주는 교육학 관련 책은 거의 없다. 왜 없을까? 이것은 단도직입적으로 설명할 수 없기 때문이다. 그러나 예시나 일화를 통해 우리는 교육학적 민감성을 설명할 수 있다. 내가 지금 시도하고 있는 것이 바로 그것이다. 나는 교육학적 민감성이란 상황을 감각적으로 아는 것(sensitivity), 상황에 맞추는 것(attunement)이라고 생각한다. _78쪽

교육학적 민감성은 교사가 감각을 통해 학생을 만나려는 자세다. 감각을 통해 보고 듣고 만지면서, 학생과 맺는 관계 속에서 생성된다. 반 매넌의 말에 따르면 '얼핏' 보이는 것은 교육적 관계가 형성되는 영적인 순간이며, 진정한 교육은 총체적 존재로서 어린이가 세계를 체험하도록 누군가가 세심하게 조율해주는 것이다. 그렇다면 훈육의 의미는 무엇일까? '훈육(discipline)'의 사전적 의미는 품성이나 도덕 따위를 가르쳐 기른다는 뜻이다. 일상에서는 규율이나 태도를 바르게 익히도록 엄하게 가르칠 때 훈육이라는 말을 사용한다. 반 매넌은 교육행위 능력을 키우기 위해 훈육의 의미를 생각해보자고 말한다. 교실을 질서정연하게 유지하는 것만이 훈육의 의미는 아니라는 것이다.

'진정한' 교사는 '교육이란 무엇인가', '교육한다는 것은 무엇인가?' 하는 식의 질문에 답하는 방식으로 행동한다. 사랑하는 연인들이 삶속에서 그들의 사랑을 계속 증명해야 하듯이, 교사는 삶 속에서 살아

교사는 삶 속에서 살아 있는 교육의 의미를 계속 증명해가는 사람이다. 자신의 삶을 사는 일과 아이들을 가르치는 일이 교육의 의미 안에서 통합되어 있다. 전문가들이 직감적으로 행동하듯 경험이 있는 교사는 중요한 순간에 교육적으로 행동한다. 교사가 아이들과 교육적 관계를 맺는 일은 이토록 복잡하고 미묘한 일이다.

교사는 스스로를 가르치기 적절한 상태로 만들어야 한다는 반 매넌의 말은 아이들과 끊임없이 관계를 맺는 과정에서 교사 스스로 공부하고 단련해야 한다는 뜻이다. 다양한 교육적 상황을 이해하고 극복해가는 과정을 통해 교사는 특유의 능력을 기를 수 있다. 지식을 매끄럽게 전달하는 것, 교실 안 질서를 잘 유지하는 것만으로 교사의 가르치는 능력을 말할 수 없다.

교사를 민감하게 경험하기

반 매넌은 '교사를 경험하는 것'이라는 표현을 썼다. 이는 교사라는 직업 혹은 직무를 경험하는 것 이상의 의미를 가지고 있다. 앞서 거듭 말했듯이 반 매넌은 교육적 상황을 민감하게 살피는 능력을 갖춘 사람을 교사라고 하였다. 즉 교사를 경험한다는 것은 교육적 상황에 대한 민감한 이해를 바탕으로 이를 자기만의 방식으로 해석하는 과정이다.

반 매넌이 손꼽는 대표적인 교사 경험은 '관찰과 기록'이다. 이 책 전편에 드러나는 현상학적 관찰, 그리고 해석적 글쓰기는 반 매넌 철학의 핵심이라 할 수 있다. 교사의 시선에서 관찰한 것을 그대로 옮겨 적고, 교사가 느낀 것을 기록하면서 실천과 이해 사이를 오가며 민감성을 놓지 않는 것이 바로 교사를 경험하는 것이다. 반 매넌은 교육적 민감성을 다음과 같이 표현한다.

> 우리는 의미 있게 존재하지 않으면서도 물리적으로는 학생들 앞에 존재할 수 있다. 역으로 물리적으로는 학생들과 함께 있지 않지만, 우리의 삶에 학생들이, 또 학생들의 삶에 우리가 존재할 수 있다. … 이런 관점에서 '배우'도록 이끄는 교사나 부모는 '배우고 있는' 학생보다 나은 학습자여야 한다. _101-103쪽

민감성을 잃어버리는 것은 실천과 이해 사이를 연결하는 의미까지 함께 소실하는 것이다. 교사의 말과 실천은 아이들을 가르치는 행위에서 의미를 갖는다. 하루를 무탈하게 보내기 위한 교사의 말과 실천은 그냥 '물리적 존재'일 뿐이다. 교사와 학생의 삶이 교차하고 호흡하는 과정에서 내면화하는 배움이야말로 반 매넌이 말하는 '교사를 경험하는 것'이다.

교사는 교과를 매개로 아이들과 교실에서 만난다. 가르칠 내용이자 수단으로는 교과서가 있다. 그러나 교사의 가르침은 도처에서 일어날 수 있고, 교과서 외에도 교육내용과 수단은 헤아릴 수 없이 많다. 신입교사들은 교과 때문에 압박감을 느끼는 경우가 많다.

교과내용을 이해하고 이를 무리 없이 전달해야 한다는 강박은 교직 내내 교사를 지배한다. 교과 혹은 교과서는 교육과정의 한 가지 수단이지만, 교육과정을 이해하는 데 있어 교사만의 철학적 기초를 다져두지 못하면 교과는 그 자체로 목적이 된다.

교과를 안다는 것은 교과가 알려지는 방식, 교과가 사랑받고 존중받을 수 있는 방식으로 교과의 지식을 습득할 줄 아는 것이다. … '진짜' 수학 교사는 수학을 체험하고 내면화하며, 수학에 대한 감각이 있는 사람으로 존재하며 그 존재 자체가 수학을 가르치기도 한다. … '진짜' 국어 교사는 읽고 쓰는 것을 사랑할 뿐만 아니라 그 사랑 자체가 국어처럼 느껴진다. '진짜' 국어 교사는 세상을 시로 표현한다(그것은 말이 가지고 있는 함축적인 힘을 통해서 인간의 경험을 깊이 만나는 것이다). _103-105쪽

반 매넌은 수준 높은 교사일수록 교육적 민감성, 학생 개개인에게 무엇이 최선인지를 아는 감각, 학생의 삶과 열정에 대한 통찰력을 가지고 있다고 본다. 또한 각 교과와 삶을 연계시키는 감각이 남다른 사람이라고 말한다.

⋮

이 책의 원제목은 《Tone of Teaching》으로, 우리말로 옮기면 '가르침의 분위기'다. 반 매넌의 말에 따르면 분위기는 장소가 가지고 있는 복잡한 현상이다. 말하자면 학교는 수용 가능한 방식으

로 학생들이 물리적 세계와 시간·공간을 경험하는 곳이며, 일상적 가르침의 장소는 교실이다. 아울러 교실 안의 물건이나 가구는 지나간 학습의 중요성을 재해석하는 역할을 한다는 것이다. 그러므로 교실 분위기는 교사와 학생, 혹은 학생과 학생 사이에 상호작용을 촉진하는 매개로 작용한다.

아이들이 초등학교에 입학하여 처음으로 교실에 들어왔을 때 어떤 분위기를 느낄지 생각해보자. 우선 창문턱은 아이의 눈높이보다 훨씬 높아서 밖이 보이지 않는다. 아이는 밖에서 무슨 일이 벌어지는지 알 수 없어 불안하다. 처음 만난 담임선생님은 주로 학교에서 해서는 안 될 것들을 설명한다. 교실이나 복도에서는 뛰지 말아야 하며, 의자에 앉아서는 자세를 바르게 하고, 선생님이 설명할 때는 한눈팔지 않고 집중해야 한다. 이것이 아이들이 처음 느끼는 교실의 분위기이고, 여태껏 자유로웠던 몸을 통제 아래 두라는 것이 교사가 하는 말의 대부분이라면 어떨까? 사실 이런 경험을 하는 아이들은 꽤 많다. 이때 교사는 물리적으로 존재하되 의미 있게 존재하지 않는다. 반 매넌은 교육을 통해서 우리가 진정으로 바라는 것은 아이들이 희망을 품고 살아가게 하는 것이라고 말한다. 희망은 우리에게 '나는 너를 포기하지 않을 거야', '나는 네가 자신의 삶을 살 수 있다는 걸 알아'라는 믿음을 주며, 또한 어린이의 가능성을 경험하게 해준다는 것이다.

교육적 분위기를 강조하는 반 매넌은 '해석학적 현상학'을 연구한 학자다. 앞에서 말한 분위기가 '현상'이며 현상은 직관의 대상이자 기록의 대상이다. 현상을 직관한다는 것은 관찰자의 선입견을 배제하고 현상 그 자체에 주목한다는 뜻이다. 나아가 그 직관으로 부터 생성되는 관찰자의 의미 있는 맥락을 포함한다. 반 매넌은 이 것을 글쓰기를 통해 알 수 있다고 보았다. 교사가 가르치는 장소를 느끼고 교육행위를 통해 민감하게 반응하며, 아이들과 상호작용하면서 얻는 느낌과 의미는 훌륭한 교육 글쓰기의 원천이다.

교사의 역량을 구성하는 중요한 요소는 교육상황에서의 '말하기, 쓰기, 행동하기' 이렇게 세 가지다. '말하기'는 교사가 교육상황을 이해하고 있는지 보여주며, 전문성과 소양을 드러내는 직접 증거다. '글쓰기'는 교육상황과 이해에 대한 기록이며 다른 사람에게 알린다는 점에서 공적 행위이기도 하다. 마지막으로 '행동하기'는 이 모든 것을 통합한 교사의 실천이다. 교사들이 함께 공부하고 이를 기록하여 구성원들에게 널리 알리는 행위는 교육상황을 깊이 이해하는 데 필수적이다.

지금 전국의 많은 학교에 교원학습공동체 바람이 불고 있다. 교원학습공동체는 교육혁신을 이루기 위한 중요한 수단이자 교사의 성장을 돕는 방법이다. 하지만 그저 모여서 이야기를 나누는 것만으로는 상황 이해와 민감성 획득이라는 반 매넌의 메시지에 다가갈 수 없다. 책을 읽은 후 느낌을 기록하여 발표하고, 그다음 실천을 예약하는 유기적 순환과정을 경험할 때, 비로소 학교는 학습조직으로 기능한다.

반 매넌은 교육적 분위기 안에서 교사가 학생 앞에 교육적으로 서는 것을 교사의 중요한 역할로 삼았다. 쉽게 말해 '들어가기, 나오기, 거리두기'를 아이들과 관계하는 교사의 역할로 본 것이다. '들어

교사, 책을 들다

가기'는 학생이 교사의 조력을 필요로 하는 상황을 잘 포착하고 배움을 촉진(facilitation)하는 행위다. 촉진을 통하여 학습자가 스스로 무엇인가를 이루어나갈 준비가 됐다고 판단했을 때는 그로부터 빠져 나와야(fading, 조력을 제거하기) 한다. 계속 끌어안고 있으면 아이는 독립적 존재로 설 수 없다.

들어가고 나오기를 잘하려면 기술이 아닌 예술적 감각이 필요하다. 기술은 제품(표준화된 기준에 도달)을 만들고 불량품을 줄이는 일이요, 예술은 작품(유일무이한 결과)을 생성하는 일이다. 이처럼 섬세하게 교육적 맥락과 상황을 살피는 눈이 바로 '질적인 눈'이며 '미학적 감식안'이다. 그런데 아이 곁에 너무 바짝 붙어 있거나 혹은 너무 멀리 떨어져 있으면, 들어가고 나올 상황과 시기를 포착하기 어렵다. 그러므로 평소 '거리두기'를 해야 한다. 거리두기는 아이와의 친밀함을 포기하라는 말이 아니다. 이는 아이에 대한 조력, 그리고 조력을 제거하여 아이가 스스로 설 수 있게 돕는 지극히 섬세한 교육행위에 앞선 준비 태세를 말한다.

이 모든 과정에서 인지적이든 사회·정서적이든 교사의 교육행위는 절제를 바탕으로 정중하고 친절하게 이루어져야 한다. 무엇이든 과잉 상태로 들어가는 순간 균형은 무너지고 좋은 배움도 사라지고 만다. 그러나 안타깝게도 과잉 상태를 사랑이라고 착각하는 교사들이 많다. 그럴 바에는 차라리 결핍 상태를 경험하게 하여 아이에게 도전의식을 불러일으키는 편이 낫다.

요즘 현장의 사례를 듣는 연수가 많아지고 있다. 교사의 입장에서 경험을 바탕으로 하는 사례가 소화하기 쉽고, 적용 가능성도 높다고 생각하는 것 같다. 그런데 대부분이 교사의 인내와 헌신, 그리고 아이를 향한 한없는 사랑과 몰입을 바탕으로 한 사례들이다. 이러한 사례들은 들을 때는 감동적이지만, 나와는 거리가 먼 달인들의 이야기라서 실천하기가 쉽지 않다. 교육적 실천은 성공을 목표로 하지 않는다. 성공을 염두에 둔 실천은 필연적으로 과잉 개입과 과도한 노력을 부르기 마련이다. 교사의 시선은 성공보다는 노력에, 결과보다는 과정에 놓여야 한다. 따라서 교사의 과잉 개입에 의한 사례가 좋은 교육적 본보기로 미화되는 것을 경계해야 한다.

절제된 친절함은 적당한 거리두기의 전제 조건이다. 교육의 과정은 교사가 어떤 대상에게 개입했다가 벗어나기를 반복하면서 경험을 재구성하도록 돕는 것이다. 적당한 시기와 상황을 고려해 개입하고, 벗어나기를 반복하는 것이 교사의 전문성이라 해도 과언이 아니다. 그런데 교사도 부모도 부지불식간에 체화된 과잉 개입을 사랑이라 착각하는 경우가 많다. 지속된 과잉 사태는 아이의 호기심을 없애버리는 부작용을 낳는다. 아이의 호기심이 멈추면, 더는 지적으로 성장할 수가 없다. 지적 성장은 미지의 세계에 대한 호기심에서 비롯하기 때문이다.

교사, 책을 들다

아이들은 한 명 한 명 빛나야 한다

《선생님들에게 드리는 100가지 제안》

바실리 수호믈린스키 지음 ┃ 수호믈린스키 교육사상연구회 옮김 ┃ 고인돌

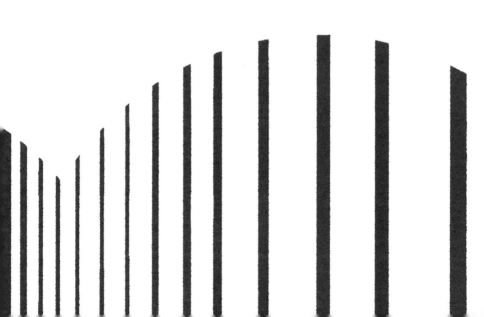

함께 읽으면 좋은 책

《아이들에게 온 마음을》
바실리 수호믈린스키 지음 | 수호믈린스키 교육사상연구회 옮김 | 고인돌 | 2013

《바실리 수호믈린스키, 아이들은 한 명 한 명 빛나야 한다》
앨런 코커릴 지음 | 함영기 옮김 | 한울림 | 2019

《민주교육으로 가는 길》
이오덕 지음 | 고인돌 | 2010

《러시아의 기초 교육》
정막래 · 아파나시예바 지음 | 대교출판 | 2009

　　　　　　·
　　　　　　·
　　　　　　·
　바실리 수호믈린스키(Vasyl A. Sukhomlinsky)가 교사에게 제안하
는 것은 한마디로, '아이들의 전인적 발달을 돕는 자'로 소임을 다
하라는 것이다. 그가 말하는 전인적 발달은 지적 교양, 정서 발달,
건강과 사회적 관계 증진을 포함하는 개념으로 오늘날 우리가 말하
는 전인교육의 요소들과 크게 다르지 않다. 지적 교양에 해당하는
것으로는 공부의 방향과 방법, 지식과 실천의 조화, 관찰과 기억, 사
고력에 대한 강조, 숙제와 평가 방법 등이 있다. 정서 발달의 측면에
서는 학생들에게 즐거움을 주기, 그리기, 시적 감수성, 세계 여행을
강조한다. 건강 측면에서는 일하기, 손을 움직여 학습하기, 창조적
정신노동, 노동과 지적 발달, 농촌학교의 사명 등에 대하여 그의 실
천 경험을 제시한다. 아울러 사회적 관계 증진을 위하여 교육 여백

의 강조', 믿음과 사랑으로 연결되는 교사와 학생의 관계, 생각하는 방 등을 제안한다.

《선생님들에게 드리는 100가지 제안》은 키예프의 소비에트 출판사에서 엮은《수호믈린스키 선집》전 5권(1980)과 모스크바의 교육출판사에서 출간한《V. A. 수호믈린스키 선집》전 3권(1979)을 저본으로 하여 우리 실정에 맞게 편역한 것이다. 100편의 이야기는 앞서거니 뒤서거니 하며 여러 에피소드와 제안들을 풀어내는데, 이 모든 이야기가 향하는 곳은 전인교육이다. 이 책의 부제가 왜 '수호믈린스키의 전인교육론'인지 충분히 이해되는 대목이다.

이 책을 선택한 이유 역시 단편적 지식교육에 과도하게 몰입하는 우리 교육의 실태를 점검하고, 전인적 성장의 실천적 개념과 방향을 살피기 위해서다. 100편의 이야기에 담긴 행간의 숨은 맥락을 찾아가다 보면 수호믈린스키의 심오한 교육철학에 가까이 다가갈 수 있을 것이다. 여기서는 수호믈린스키의 100가지 제안을 우리의 교육상황과 교사들의 조건을 고려하여 여섯 가지 영역으로 재구조화하였다.

1. 전인적 성장의 주체, 학생
2. 전인적 성장의 조력자, 교사
3. 지적 교양을 쌓는 일
4. 삶을 풍요롭게 가꾸는 창조적 노동

• 　수호믈린스키는 여백을 한가한 시간으로 표현한다.

5. 건강한 삶을 위한 문화예술과 체육활동

6. 여백이 있는 교육

크게 보아 이 책은 학생, 교사, 지적 교양, 노동 등 네 가지 영역을 비중 있게 다룬다. 수호믈린스키가 교육활동을 전개했던 시대적 상황을 고려할 때 이들 영역을 강조한 것은 당연한 일이다. 여기에 두 가지 영역을 추가로 설정할 필요가 있는데, 바로 '문화적 소양'과 '교육의 여백'이 그것이다. 이 두 가지 영역은 다른 영역에 비해 제안 수는 적지만 오늘날에도 주요한 시사점을 제공한다는 점에서 다룰 가치가 충분하다.

이 책은 실천과 사례 중심으로 쓰여 있다. 그렇다고 실천만 강조하고 이론을 소홀히 다루는 것은 아니다. 실천이 갖는 의미와 맥락을 수호믈린스키의 방식으로 재구조화했다는 점에서, 이 책은 실천을 매개로 한 이론서라 할 수 있다. 선생님들에게 드리는 100가지 제안을 여섯 가지 영역에 맞게 재배치하면 다음과 같다.

1. 전인적 성장의 주체, 학생

1 모든 학생들은 구체적이고 독립적인 주체

6 학습 속도가 더딘 학생을 가르치는 법

7 낱말의 뜻을 정확히 알게 하는 것이 공부의 첫걸음

9 학생이 내용을 이해한 다음 외우게 해야

10 새 교재를 가르칠 때 규칙과 공식을 정확하게 가르쳐야

13 평가

교사, 책을 들다

2. 전인적 성장의 조력자, 교사

3. 지적 교양을 쌓는 일

새로운 차례는 오늘날 교사들의 관심을 고려해 100가지 제안을 다시 구성하고 배치한 것이다. 따라서 책을 먼저 정독한 다음에 이 글을 봐도 좋고, 이 글을 먼저 본 뒤에 책을 읽어도 좋다. 책을 다 읽은 후에는 수호믈린스키의 다른 저작인 《아이들에게 온 마음을》과 앨런 코커릴이 쓴 《바실리 수호믈린스키, 아이들은 한 명 한 명 빛나야 한다》를 읽어보면 좋겠다.

어떤 텍스트든 일단 저자의 손을 떠나면 그 이해와 해석은 오로지 독자의 몫이다. 지금 이 글이 《선생님들에게 드리는 100가지 제안》을 재해석했듯이 자신의 시각에서 내용을 이해하고 해석해야 한다. 학습 모임의 일원이라면 토론을 하면서 서로 의견을 나누고 일치하는 것은 일치하는 대로, 의견이 갈리는 것은 또 그런대로 축적과 재구성을 통해 공부 경험을 쌓아가기를 바란다.

전인적 성장의 주체, 학생 ———

모든 학생은 구체적이고 독립적인 존재

교수학습 방법을 포함한 교육의 모든 이론을 기계적으로 적용할 수 있는 '추상적인 학생'은 학교에 없다. 학생들은 저마다 다른 모습으로 개별적으로 존재하는 독립적인 주체이다. _17쪽

이 말에는 수호믈린스키의 학생관이 명확하게 드러나 있다. 그에게 학생들은 개별적이며 독립적인 사고와 실천의 주체였다. 집단 속에서 개인의 역할을 일사불란하게 수행하는 것이 국가의 요구였다면, 수호믈린스키는 '사고하는 인격'을 키우고자 했다. 그는 교육의 본질을 추구했으며, 교육이 삶과 분리되지 않도록 지적 교양과 실천을 통합하려 부단히 노력했다.

아이가 할 수 없는 것을 하라고 강요하지 말아야 한다. _17쪽

'아이가 할 수 없는 것을 강요하지 말라'는 단순하고도 평범한

문장이 왜 이다지도 우리의 가슴을 서늘하게 하는 것일까? 그것은 모든 아이를 개별적으로 존재하는 독립적 주체로 보았기 때문이요, '사고하는 인격'으로 보았기 때문이다.

수호믈린스키는 아이들이 일정한 수준의 지식에 도달하는 경로와 방식은 모두 다르다고 생각했다. 모든 아이들이 달성해야 할 교육목표를 명시해 놓은 국가 수준의 교육강령이 있었지만, 그는 그것을 기계적으로 적용하기를 원치 않았다. 그는 학생들이 어떤 과정을 거치고 어떤 오류를 겪으면서 학습목표에 도달하는지, 학생들의 학습에 교육과정의 요구를 어떻게 구현시킬지 고려하여 교육 내용을 구성해야 한다고 보았다. 더 나아가 교사가 적용하는 교수방법의 최종 목표는 모든 학생들이 힘과 가능성을 발휘해 학습과정에서 성취감을 느끼게 하는 것이라고 생각했다. 수호믈린스키의 벗인 수학 교사 트가첸코는 자신의 수업 준비 모습을 다음과 같이 설명한다.

"나는 수업 시간에 학생들이 저마다 무엇을 해야 할지 신중히 고려해서 모든 학생들이 성과를 낼 수 있는 과제를 골라서 낸다. 만일 학생들이 지식을 얻는 길에서 작은 진보라도 가져오지 못하면, 이 수업은 쓸모없다. 보람 없는 노동은 교사와 학생에게 큰 위험이다."_18-19쪽

우리 아이들은 학교에서 성취를 더 많이 경험할까, 실패를 더 많이 경험할까? 그리고 아이가 실패하는 것은 아이의 의지 부족 때문일까, 실패할 수밖에 없는 과도한 학습 분량과 이를 짧은 시간 안

교사, 책을 들다

에 소화해야만 하는 수업방식 때문일까? 국가의 엄혹한 통치 아래서도 수호믈린스키와 그의 벗들은 순전히 아이들 편에서 교육과정을 재편하기 위해 노력했다. 수업방식을 선택할 때도 아이들의 개별적 특수성을 중요하게 다루었다.

많은 교사들이 여러 학급을 돌며 수업할 때 가능한 한 같은 내용, 같은 분량, 같은 방식으로 수업하려 애쓴다. 학급마다 다른 내용으로 수업을 진행할 경우 똑같은 문제로 평가할 수 없고, 동일한 교육과정을 제공하지 않은 데서 생기는 학생과 학부모들의 불만을 감당하기 어렵기 때문이다. 이러한 까닭에 많은 교사들이 표준화의 늪에서 빠져나오지 못하고 있다.

1970년대 미국에서 교육과정의 재개념화 운동을 이끌었던 윌리엄 파이너(William F. Pinar)는 교육과정을 '학습자의 개별적 특수성을 정교화하는 과정'으로 보았다. 수호믈린스키는 엄밀한 과학성과 집단주의를 요구했던 당시의 사회적 분위기에서도 이미 파이너와 같은 생각을 가졌었고, 이를 바탕으로 교육활동을 전개해나갔다. 이것이 그가 가진 커다란 미덕이었다.

최근 지필시험 없이 수행평가만으로 아이의 성장을 평가할 수 있다는 논리가 중학교 자유학기제를 통해서 상당 부분 검증되었다. 아울러 많은 학교에서 성장과 발달을 중심으로 과정평가가 이루어지고 있음을 상기한다면, 정해진 진도에 따라 진행되는 획일적인 수업을 극복하고 평가의 개선과 연계하여 교실마다 다른 수업을 펼칠 수 있다. 이와 관련해 수호믈린스키의 평가관은 상당히 획기적이다. 그가 제안한 평가 방법은 다음과 같다.

첫째, 점수를 적게 매긴다 할지라도 그 점수는 모두 무게가 있어야 하고 뜻이 있어야 한다.

둘째, 학생이 이러저러한 조건과 사정 탓에 지식을 얻지 못했다면, 나는 '낙제점수'를 주지 않았다.

셋째, 만일 학생의 지식이 명확하지 못하며, 배우는 사물과 현상에 관한 그들의 표상 속에 명확하지 못한 점이 있다는 것을 당신이 간파했다면, 근본적으로 어떤 점수도 주지 말아야 한다.

넷째, 교사가 설명하는 것이거나 책에서 본 것을 학생들이 틀리지 않고 올바르게 반복할 것을 요구하는 문제는 피해야 한다. _61~63쪽

그중에서도 우리를 놀라게 하는 것은 네 번째 제안으로, 교사의 설명이나 책에 나온 내용을 학생이 단순 암기하여 답지에 적어 내는 형태의 문제를 피하라는 것이다. 우리의 입장에서는 출제 근거가 명확하고, 정답 시비가 일어나지 않도록 답이면 답인 이유와 답이 아니라면 답이 아닌 이유를 명확하게 댈 수 있어야 좋은 문제다. 그러므로 교과서 속의 지식을 정확하게 외우고 있는지 묻는 것이 가장 좋은 평가 방법이 된다. 정답주의가 횡행하는 이유가 여기 있다. 심지어 선행학습을 방지하기 위하여 교사가 출제한 시험 문제가 교과내용을 벗어나지 않았는지 주기적으로 점검한다. 하지만 이런 방식으로는 평가 방법을 개선할 수 없다. 수호믈린스키는 이를 교육과정과 연계하여 자세히 설명한다.

교육과정에는 아주 흥미로운 것이 하나 있다. 이것을 지식의 전환이

교사, 책을 들다

라고 한다. 사고력은 지식 속에서 차츰 깊어진다. 사고력이 깊어진 결과, 학생들은 이전에 배운 것을 돌아볼 때마다 사실과 현상, 합법칙성 가운데서 새로운 것을 찾아내고, 이런 사실과 현상, 합법칙성들의 새로운 측면, 속성과 특성을 연구, 분석한다. 이런 지식의 전환을 복습의 기초로 삼아야 한다. _63쪽

듀이는 교육적 경험이란 낱낱이 떨어져 있는 개별적 사태를 넘어 서로 연계하고 상호작용하며, 연속적으로 재구성되어 나가는 과정이라고 말했다. 요컨대 지식이란 순서대로 차곡차곡 쌓이는 것이 아니라 이전 지식과 결합하고, 다시 외부에서 들어오는 지식과 합쳐져 또 다른 새로운 지식으로 끊임없이 쌓이는 것이다.

학습 속도가 더딘 학생을 가르치기

대부분의 국가에서 채택하고 있는 학제를 보면 공통점이 있다. 일반적으로 만 7세가 되면 초등학교에 입학하고, 19세에 대학에 입학하도록 짜여 있다. 6개월에서 1년 정도의 차이는 있을지언정 대체로 7세에 초등교육을 시작하고, 13세에는 중등교육을, 19세에는 고등교육을 받게 되어 있다. 우리나라의 경우 만 7세가 되었는데도 초등학교에 보내지 않으면, 그 부모는 진단서를 첨부하여 '취학 유예 신청서'를 제출해야 한다. 만약 20세에 대학생이 아니라면, 그는 고졸자이거나 재수생이다. 이렇듯 학령에 기초한 제도는 대규모 교

육체제에서 교육의 표준화와 효율성을 담보하기 위한 것이다. 여기에는 누구든 같은 연령에서는 비슷한 성장을 보인다는 생각이 깔려 있다. 그런데 정말 그럴까?

이제 막 중학교에 입학한 13세 아이들을 생각해보자. 같은 나이라 해도 아이들의 발달 수준은 천차만별이다. 어떤 아이는 초등학교 4, 5학년 수준의 발달을 보이는 반면, 어떤 아이는 중학교 2, 3학년 수준의 지식과 행동체계를 가지고 있는 아이도 있다. 그런데도 우리는 일말의 의심도 없이 동일 학년이라면 같은 내용으로 수업하고, 같은 내용을 평가하여 우열을 가린다. 하지만 이런 방식은 학습 속도가 더딘 아이에게는 폭력과도 같다.

수호믈린스키 역시 창조적인 교육활동 가운데 참으로 건드리기 어려운 문제가 학습 속도가 더딘 학생들을 가르치는 일이라고 하였다. 이러한 아이들을 교과서로만 가르치는 것은 바람직하지 않으며, 될 수 있는 한 책을 폭넓게 읽히는 것이 가장 효과적인 방법이라고 말한다.

나는 3~4학년과 5~8학년을 가르치면서 모든 '학습 진도가 더딘 학생'에게 선명하고 흥미롭고 흡인력 있는 형식으로 개념과 개괄, 과학적 정리를 밝혀주는 책과 문장을 추려서 읽혔다. 학생들은 주변의 사물과 현상들에 대해 더 많이 호기심을 갖게 됐다. 궁금한 것을 내게 묻도록 하는 것이 그들의 지식을 늘리는 가장 중요한 조건이 됐다.

_36-37쪽

교사, 책을 들다

수호믈린스키는 학습 속도가 더딘 아이들에게 보충수업을 한 번도 하지 않았다. 다만 읽고 생각하는 것을 가르쳤다. 아이들의 공부를 도와주는 여러 가지 방법을 시험해본 결과 다양한 분야의 책을 읽히는 것이 가장 효과적인 방법임을 몸소 체험했던 것이다. 책 읽기는 생각하는 힘을 길러준다. 폭넓은 독서를 위해 수호믈린스키는 학교 내 문고를 마련했다. 3학년부터 7학년까지 읽을 수 있는 책과 소책자를 100권 남짓 마련하고, 그 뒤에 100권을 더해 약 200권의 서적을 구비했다. 이는 학습 속도가 더딘 아이들이 약 2년 동안 읽을 분량이었다. 책을 읽은 아이들의 학업 성적은 나날이 향상되었다. 수학과목에서 학습능력이 부족한 아이에게 반복적으로 문제를 풀게 하는 대신 책을 읽게 했더니 놀라운 변화가 일어났다. 5학년 단계에서 수학 응용문제를 풀 수 있게 되었고, 6학년으로 올라가서는 갑자기 물리에 흥미를 보인 것이다.

아이들이 공부를 어려워할수록, 어려운 장애에 부딪힐수록, 더욱 책을 많이 읽어야 한다. 책읽기는 생각하는 법을 가르쳐 준다. 사고력은 지능을 발달시킨다. 책을 읽고 깨달은 자신의 사상은 단순 암기, 즉 지혜를 둔하게 만드는 적을 방지하는 가장 강력한 수단이다. 학생들이 더 많이 생각할수록, 자기 둘레에서 모르는 것을 더욱 많이 보게 될수록 그들의 호기심은 더욱 강해져서 교사들이 가르치기 쉽게 된다. _39쪽

수호믈린스키가 활발하게 활동했던 시기는 대략 1940~1960

년대다. 그 당시 교사로, 교장으로 아이들과 함께했던 수호믈린스키는 교사들에게 통렬한 반성을 촉구했다. 그는 교사들이 배운 것을 기억했다가 시험지에 잘 적어내는 아이들을 능력 있고, 공부를 잘하는 학생으로 본다는 사실에 개탄하였다. 최근 우리나라에서도 역량교육에 대한 논의가 활발하다. 역량교육은 종래의 '무엇을 아는가'에 비중을 두던 교육에서 '무엇을 할 수 있는가'로 전환하자는 문제의식에서 비롯한다.* '아는 것'과 '할 수 있는 것'이 연계될 때 지식은 삶 속에서 그 의미를 가진다. 수호믈린스키는 지식관에 대한 자신의 생각을 분명히 밝힌다.

> 무엇보다도 지식, 안다는 것의 개념을 변화시켜야 한다. 안다는 것은 지식을 사용할 줄 안다는 뜻이다. 지식이 정신생활의 요소가 되며 사고력을 기르며 흥미를 불러일으켜야만 비로소 지식이라고 할 수 있다. 지식의 생명력은 지식이 끊임없이 발전하고 깊어질 때 생기는 것이다. 지식은 발전하고 깊어질 때에만 산 것이 된다. _40-41쪽

수호믈린스키는 교사에게도, 학생에게도 지식을 사용할 줄 아는 공부가 필요하다고 강조하면서 그 방법으로 '폭넓은 책읽기'를 권한다. 교사가 살아 있는 지식, 즉 생활에 유용한 지식을 가르친다고 할 때 아이들에게도 그 지식이 살아 있는 지식이 되는 것은 아

---

* 역량교육에서 말하는 역량의 개념과 맥락은 단순하지 않다. 이와 관련해서는 네 번째 책인 마사 누스바움의 《역량의 창조》 편에서 자세하게 알아보도록 하겠다.

교사, 책을 들다

니다. 살아 있는 지식이란, 예를 들어 어떤 낱말의 뜻을 가르칠 때 교사가 생각하는 정의를 전달하는 것이 아니라 학생 스스로가 낱말과 세계를 연결하여 그 낱말을 인식하게 하는 것이다. 수호믈린스키는 경륜 있는 교사가 교육의 방향을 잡는 모습을 통해 살아 있는 지식을 설명한다.

> 학생의 공부에서 가장 중요한 것은 다른 사람의 생각을 외우는 것이 아니라, 학생 자신이 생각하도록 하는 것이다. 즉 학생이 스스로 생생하게 창조하며 낱말의 도움을 받아 주변 세계의 사물과 현상을 인식하고, 낱말 그 자체의 섬세한 정서적 색채를 인식하게 하는 것이다.
>
> _41쪽

학생들이 다른 사람의 생각을 외우는 것을 넘어 자신의 생각을 갖기 위해서는 폭넓은 독서가 바탕이 되어야 한다. 물론 그 독서는 타인의 생각을 엿보는 데서 멈추는 것이 아니라 자기 자신의 생활과 세계를 연결하는 통로가 되어야 한다. 학생을 개별적이고 독립적인 주체로 보았으며, 학습 속도가 더딘 아이에게 특별히 주목했던 수호믈린스키의 학생관은 오늘날 우리에게 시사하는 바가 매우 크다.

전인적 발달의 조력자, 교사 ──

새내기 교사들에게

처음부터 끝까지 교사들을 위한 제안으로 채워져 있는 이 책은 아이들을 어떻게 가르칠 것인지를 세밀하게 다루고 있다. 그중에서도 두 번에 걸쳐 '초임교사들에게 당부하는 메시지'가 나온다. 전체 교직 인생에서 초임교사 시절은 매우 짧게 지나가지만 교육관, 학생관, 수업관 등 교육철학이 정립되는 시기이기 때문에 매우 중요하다. 그런 초임교사에게 전하는 수호믈린스키의 당부는 지금 봐도 아주 명료하다.

먼저 수호믈린스키는 교육자로서 지성을 쌓을 것을 당부한다. 그는 참다운 교육자가 되기 위해서는 과학적 세계관으로 자기학습을 해야 한다고 보았다. 사회주의 국가 체제였던 그 당시 교육의 목적은 '과학적 세계관으로 무장한 전인적 인간'을 길러내는 일이었기 때문이다. 그러나 오늘날 지구상에서 현실사회주의를 찾아보기는 힘들다. 따라서 과학적 세계관이 의미하는 바를 현대적으로 다시 해석할 필요가 있다.

참다운 교육자가 되려면 과학적 세계관으로 자기학습을 해야 한다. 이성적으로 세상을 바라보고, 인격적으로 학생들을 대하려면, 오랜 세월 공부해야 한다. 당신의 서재에는 사회와 혁명, 올바른 교육에 관한 중요한 책들이 있어야 한다. 자기 자신의 세계관을 형성한다는 것-이것은 사상가들이 쓴 글월을 외우는 게 아니라, 무엇보다도 합리적으로 세계와 인간을 이해하는 법을 배우는 것이다. _134쪽

이 책 전반에 걸쳐 수호믈린스키는 교사와 학생들의 독서를 끊임없이 강조한다. 요즘 하는 말로 '기승전 독서'라 부를 만하다. 아울러 독서를 할 때 글쓴이의 생각을 그대로 받아들이지 말고, 합리적으로 세계와 인간을 이해하는 법을 배우라고 조언한다. 그러면서 과학적 세계관으로 자기학습을 위한 책 다음으로 심리학 서적을 읽을 것을 권한다.

심리학 서적은 정서를 충실하게 한다. 교육자는 자라나는 사람의 마음을 깊이 알아야 한다. 학생을 개별적·구체적으로 대한다는 말을 들을 때, 이 말은 언제나 내 의식 속에서 사고라는 개념과 연결된다. 교육이란 무엇보다도 살아 움직이고 파고들어 의문을 던지는 탐구적 사고이다. 사고가 없다면 발견도 없다. _136쪽

수호믈린스키는 사범대학을 갓 졸업한 교사들이 심리학을 계속해서 연구하고 지식을 심화시킬 때, 진정한 교육 전문가가 될 수 있다고 믿었다. 심리 현상의 합법칙성이 수천만 개인의 생활로 표현된다고 보았기 때문이다. 교사가 심리학을 공부하는 이유는 발달 단계마다 다른 특성을 보이는 아이들의 마음을 이해하는 데 도움을 받기 위해서다. 또한 어떻게 학습동기가 유발되고 지속되는지를 따져 수업의 효과를 높이기 위함이기도 하다. 여기서 경계해야 할 것

은 다양한 심리학 학설 가운데 교사가 특정 심리학을 신념화하고 교실에 적용하는 일이다. 어떤 학문 분야이든 교실에서 특정 학설을 도식적으로 적용하는 것은 어리석은 일이다.

아울러 교사는 예술 분야에도 관심을 가져야 하며, 아름다움을 느낄 수 있는 섬세함이 있어야 한다는 것이 수호믈린스키의 생각이었다. 가령 교사가 어떤 악기를 연주할 수 있으면 음악을 통해 아이들과 친밀감을 형성할 수 있다는 것이다. 또한 문학예술을 통해서도 학생들의 감수성을 키울 수 있다고 보았다.

오늘 잘 가꾼 땅에 뿌린 씨앗은 얼마 지나지 않아 싹이 튼다. 오늘 하는 사업은 대부분 몇 년이 지난 뒤에야 평가를 받는다. 이것은 교육 활동의 아주 중요한 합법칙성의 하나다. 이 합법칙성은 언제나 긴 안목으로 문제를 보게 한다. _164쪽

교사는 수업의 효과가 바로 나타나기를 기대한다. 그러나 학습의 효과는 생각만큼 쉽게 드러나지 않는다. 어쩌면 학생이 자라 성인이 되었을 때야 비로소 학창 시절에 배웠던 지식과 기술, 그리고 태도를 형성할지도 모른다. 혹은 눈에 보이지 않아도 학습자의 사유를 촉진하여 안목과 통찰력을 기르는 데 일조할 수도 있다. 이런 점에서 즉시적 평가에 연연하지 말라는 수호믈린스키의 말은 의미심장하게 다가온다.

교사, 책을 들다

어떤 교수방법을 선택할 것인가

수호믈린스키는 교수방법을 크게 두 가지로 분류한다. 하나는 학생들이 지식과 능력을 일차적으로 지각할 수 있게 보장하는 방법이고, 다른 하나는 지식을 한층 더 깊게 이해하고 발전시키는 방법이다. 또한 수업에 강연, 시범, 관찰법을 적용할 때도 과목과 수업 맥락에 따라 지식을 지각하는 방식이나 정신노동의 성격도 각각 다르다고 보았다. 그는 지적 교육의 성과가 여러 가지 교수방법을 얼마나 창조적으로 응용했느냐에 따라 결정된다고 생각했다.

사람이 지식을 얻는 목적은 바로 지식을 어느 한 형식을 통해 생활에 응용하고 다른 사람과의 도덕적, 노동적, 사회적, 미적 관계에서 교수 과정에서 형성된 신념을 자기 행동의 지침으로 삼기 위한 것이다.
_359쪽

이 말은 수호믈린스키가 그리는 전인교육의 모습을 명확하게 설명하고 있다. 이와 같은 교육관에서 교수방법을 적용하는 교사는 학생들에게 단순 암기와 상기를 요구하지 않을 것이다.

학생의 진일보한 지적 발달, 도덕적 발전과 도덕적 풍모는 그가 역사적 사건의 세목들을 얼마나 확고히 기억하고 암송했나에 따라 결정되지 않는다. _359쪽 수호믈린스키는 하급학년, 중급학년, 상급학년의 각 교과목에 따라 어떤 교수방법을 어느 맥락에서 적용해야 할지 자세히 설명한다. 그는 학년이 올라감에 따라 학생들이 훨씬 더 자립적이고 의식적으로 새로운 지식을 익히고, 이미 익힌 지식을 응용하며, 자립적인 정신노동의 다양한 방법을 도입하고, 자기 지식이나 기술을 또래나 어린 동료들에게 전수해주기를 바랐다.

오늘날 우리 교사들은 학생들의 지적 훈련을 효과적으로 개선할 수 있는 수업방법에 많이 의존하는 편이다. 요즘 유행하는 수업방법만 하더라도 질문법, 대화법, 프로젝트학습, 거꾸로학습, 협동학습, 토의토론법, 스마트러닝, 블렌디드러닝 등 그 수를 다 헤아리기 어려울 정도다. 이는 교실 상황이 그만큼 녹록지 않다는 증거이기도 하다. 교사들에게 다양한 수업방법에 관심을 두는 이유를 물어보니 아이들이 수업에 집중하지 않아서, 단순 강의법으로는 더 이상 버티기 힘들 것 같아서, 뭔가 새로운 방법으로 수업 효과를 내기 위해서란다. 하지만 수호믈린스키는 이미 오래전에 맥락 없는 교수방법이 가져오는 폐단을 지적한 바 있다. 그는 어떤 측면의 지력과 정신노동을 사용할 것인지, 관찰이 중요한지 시범이 중요한지, 강의가 중요한지 토론이 중요한지는 교육내용과 학생들의 조건을 보고 결정해야 한다고 말한다.

교사, 책을 들다

교사의 성찰적 글쓰기

교사로서 소양과 전문성을 키우는 방법으로 수호믈린스키가 반복하여 제시하는 것은 독서다. 그는 평생에 걸쳐 '책 읽는 학생, 책 읽는 교사'를 강조했다. 아울러 '자기성찰적 글쓰기'도 권장했다. 실제로 수호믈린스키는 학교에 머물렀던 32년이라는 적지 않은 세월 동안 성실하게 교육일기를 썼다. 그의 다른 책《아이들에게 온 마음을》에는 장기간에 걸쳐 기록한 교육일기가 실려 있다.

나는 교사들에게 교육일기를 쓸 것을 제안한다. 교육일기-이것은 어떤 격식이 필요한 공문서가 아니라 개인의 기록이다. 이 기록은 일상 활동에서 필요하다. 이 기록은 심사숙고와 창조의 원천이다. 10년, 20년, 심지어 30년 동안 계속 쓴 교사의 일기-이것은 커다란 재산이다. 꾸준히 생각한 교사에게는 저마다 자신의 체계와 교육학적 소양이 있다. _175쪽

꾸준히 생각하는 교사에게는 저마다의 체계와 교육학적 소양이 있다는 말은 오늘날 교단에 서 있는 우리들에게도 커다란 울림을 준다. 교육과정을 학생들의 개별적 특수성을 정교화하는 일이라고 재정의한 파이너 역시 교육적 경험의 기록을 중요하게 생각하고, 교사들에게 '자전적 글쓰기(autobiographical method)'를 권했다. 우리가 쓰는 교단일기나 수업일지가 여기에 해당할 것이다. 하루를 마치고 수업시간이나 학급에서 있었던 일을 기록하는 행위는 반성

의 과정이고, 경험을 정교화하는 일이며, 내일을 계획하는 일이다. 그리고 이 순간이야말로 교사가 사유에 집중할 수 있는 시간이기도 하다.

> 일기는 사고력을 집중시키고 어떤 문제를 열심히 생각하는 데 도움을 준다. 나는 일기에다 지식의 견고함에 관한 생각을 써 넣을 곳을 몇 쪽씩 남겨 놓는다. 이 기록들을 연구하고 대비하고 분석하면, 지식의 견고함은 많은 선결적 전제와 조건에 따라 결정되는 것을 알 수 있다. 일기는 우리는 생각하게 도와준다. _177쪽

수호믈린스키가 활동했던 당시 교육의 주요 목표는 집단주의에 복무하는 인간형을 기르는 것이었다. 개인의 사사로움에 주목하고, 그것으로부터 교육적 의미를 발견하는 일은 당연히 환영받지 못했다. 그런데도 교사와 학생의 개별적 특수성에 주목하고, 그것을 교육적 경험으로 기록하는 것을 강조했다는 사실은 지금 봐도 감탄스러울 정도다. 오늘날 거대담론이나 진영논리에 매몰되어 아이들이 경험하는 사소한 일상에서 교육적 의미를 찾을 생각을 하지 못하는 우리의 교육현실이 더 뼈아프게 느껴지는 부분이기도 하다.

이 책 후반부에 '나는 어떻게 교육일기를 쓰는가'라는 제목의 글이 있는데, 수호믈린스키가 쓰는 교육일기의 일부분이다. 글에는 학습 속도가 더딘 아이, 사고력이 명확하지 못한 아이, 학부모의 심리적 소양 등에 관한 세심한 관찰과 함께 사유를 거듭하는 저자의 실천이 녹아 있다.

교사, 책을 들다

지적 교양을 쌓는 일 ─────

지식과 실천의 조화

지적 교양은 지식을 얻고, 과학적 세계관을 가지며, 인식 능력과 창조적 능력을 발전시키고 학습의 소양을 기르며, 한평생 자기의 지혜를 풍부히 하고, 아는 것을 실천하려는 한 개인의 욕구를 키우는 것을 포함한다. _158쪽

수호믈린스키는 학교교육으로 인해 머리가 좋아진 정도는 지식의 양과 같지 않다고 말한다. 그것은 사람의 복잡하고 다양한 활동 가운데 지식의 생명력이 어떻게 발현되는가에 달려 있다는 것이다. 그가 말하는 지적 교양이란 실천과 유리되어 교과서 속에서 잠자는 지식이 아니다. 삶 속에 역동적으로 녹아드는 것으로, 실천과 조화를 이루는 것이다.

교사는 학생들에게 새로운 지식을 쉼 없이 주입하면서, 멍하게 있지 말고 어서 그 지식을 받아들이라고 한다. 이렇게 하면 학생은 이빨 없는 사람처럼 된다. 그는 음식을 씹지 않고 그대로 삼키기 때문에 처음에는 불편함을 느끼게 되고 다음에는 앓게 되며 나중에는 아무것도 먹을 수 없게 된다. _79쪽

교사는 말하고 아이들은 듣는다. 단정한 자세로 교사의 말을

경청하는 아이는 모범생으로 통한다. 우리에게 이런 수업 풍경이 익숙한 것은 뿌리 깊은 전통적 교실문화에서 비롯한다. 최근 들어 학습자를 배움의 중심에 놓자는 운동이 활발하게 일어나고 있지만 여전히 정숙한 교실 분위기와 교사의 말에 집중하는 학생의 태도는 좋은 수업의 조건으로 꼽힌다. 왜 교사들은 지식을 쉼 없이 주입하면서 학생에게 그대로 받아들일 것을 요구하는 것일까? 이러한 전통적 교실문법은 교육과정에서 다루어지는 지식과 관련이 있다.

전통적 지식관에서 바라보는 지식은 인식주체 외부에 독립적으로 존재한다. 이 지식은 훼손 없이 후대에 전수해야 하는 것으로 인류가 쌓아온 문화유산의 결정체다. 수호믈린스키는 전통적 지식관에 기초하여 교사가 일방적으로 지식을 주입하는 일은 학생들을 이빨 없는 사람으로 만들 것이라 경고한다. 지구 반대편에서 교육을 고민했던 파울로 프레이리(Paulo Freire)에게도 이와 비슷한 문제 인식이 있었다. 프레이리는 교사가 일방적으로 지식을 전수하는 방법을 '은행저축식 교육', 교사와 학생이 공동 탐구자가 되어 상황을 구체적으로 인식하고 해결책을 찾아나가는 방법을 '문제제기식 교육'으로 구분했다. 교육과정에서 다루어야 하는 지식의 성격에 대해 러시아의 수호믈린스키와 브라질의 프레이리가 비슷한 생각을 했다는 것은 두 사람의 지식관에 비추어보면 결코 이상한 일이 아니다.

수호믈린스키는 학생들이 이해하면서 읽고, 읽으면서 생각하기를 바랐다. 능숙하게 읽는 능력 없이 지식을 받아들이면 머리가 둔해지고 생각은 오락가락하며, 논리가 연관성 없이 어설퍼지고 유치해질 거라 보았기 때문이다. 아울러 생산노동, 연구, 실험 등을 학생 자신의 힘으로 할 것을 권했다. 결과적으로 수호믈린스키가 말하는 지적 교양은 지식과 실천이 조화를 이루는 상태였다.

의문을 품기

어떻게 해야 학생들이 의문을 갖게끔 이끌 수 있을까? 그렇게 하려면 무엇을 이야기하고 무엇을 이야기하지 말아야 하는지 알아야 한다. 더 이야기하지 않는다는 것이 학생들의 사고력에 대해서는 '도화선'이 된다. _45쪽

이 말은 교사가 교수과정에서 절제하는 것이 좋다는 그런 단순한 말이 아니다. 학생들이 의문을 품도록 교사에게 '더 이야기하지 않을 것'을 주문한 수호믈린스키의 의도는 무엇일까? 우리는 흔히 교과내용을 막힘없이 설명하고, 학생들의 질문에 명확하게 답해주는 교사를 능력 있는 교사로 본다. 그러나 이런 교사는 학생들의 의문을 풀어줄지언정 학생들 스스로 의문을 품게 하지 못한다.

수호믈린스키는 더 이야기하지 않음으로써 학생들의 사고력에 불을 지피는 것을 교사의 중요한 역할이라 말한다. 기본적으로 공부를 진리를 발견하고 의문을 푸는 과정으로 보았기 때문이다. 여기서 엉뚱한 질문을 하나 해보자. 공부는 의문을 해소하는 과정일까, 아니면 의문이 생기는 과정일까? 상식적인 답은 의문을 해소하

는 과정일 것이다. 그런데 의문을 해소하는 것보다 더 중요한 것이 바로 의문을 품는 과정이다.

　이미 진리라고 알려진 것에 대해 의문을 품는 것은 성장의 원동력이 된다. 의문을 품지 않고는 해소할 의문도 없다. 결국 의문을 품고 해소하는 과정은 서로 분리된 것이 아니라 동전의 양면처럼 늘 붙어서 학습자의 앎을 지속시킨다. 수호믈린스키 역시 학생이 모르는 것을 보고 이해하고 느끼게 해야 하며, 의문이 생기도록 해야 한다고 말한다. 만약 교사가 그렇게 했다면 절반은 성공한 셈이라는 것이다. 그렇다면 어떻게 해야 학생에게 의문이 생기게 할 수 있을까?

　한 학급, 한 학년을 대상으로 같은 교재와 내용으로 표준화된 교수기법을 적용하는 예측 가능한 수업으로는 학습자에게 의문을 갖게 하기 어렵다. 학습자의 개별적 특성을 외면하지 않을 때 응당 가져야 할 의문이 시작된다. 이를 두고 누군가는 이렇게 반문할지 모른다. 교수학습이란 의도한 목표를 달성하기 위해 학습지도안 등의 표준화된 방식으로 사전에 철저하게 계획했을 때 가장 높은 효과를 달성할 수 있는 것이 아니냐고 말이다. 그러나 우리가 신봉해 왔던 과학적 교수기법을 그대로 옮긴 이 말이 설득력을 갖기 위해서는 몇 가지 전제 조건이 뒤따라야 한다. 같은 나이대 아이들은 같은 수준의 지력은 가진다는 것, 수업 내용이 같다면 수업 결과도 같다는 것, 학급이 달라져도 동일한 학습 맥락을 가져야 한다는 것이다. 그러나 매일 아이들을 만나면서 확인하는 바이지만 이런 전제 중에 그 어떤 것도 딱 맞아떨어지지 않는다. 우리의 경험에서 알

교사, 책을 들다

수 있듯이 수업은 학습자의 조건, 교실 환경, 학습 분위기에 따라 매우 비예측적이고 역동적으로 일어나며, 각기 다른 결과를 초래한다. 따라서 스스로 의문을 품게 하기 위해서는 수호믈린스키가 강조했듯이 학습자의 개별적 특수성을 고려하여 수업을 전개해야 한다.

삶을 풍요롭게 가꾸는 창조적 노동 ———

노동과 지적 발달

수호믈린스키가 오랜 교직 생활을 통해 깨달은 사실은 노동은 지적 교육에서 아주 중요한 부분이며, 아이들의 지혜는 그 손가락 끝에 닿아 있다는 것이다. 그는 아이들을 지속적으로 관찰하면서 손재주가 좋고 노동을 즐기는 아이는 예민하고 탐구심이 강한 지혜가 형성된다는 사실을 발견했다. 또한 노동활동을 하면서 사물 사이의 관계를 가장 쉽게 파악할 수 있다고 보았다. 학생들의 지적 발달을 촉진하기 위해 수호믈린스키가 제시한 노동 형식은 다음과 같다.

(1) 여러 가지 설비와 기관과 기구의 모형을 설계하고 장치한다.

(2) 에너지와 운동을 전달, 변형시키는 방법을 선택한다.

(3) 자료를 가공하고 방법을 선택하고 가공용 도구와 기계, 기술적인 가공 방법을 고른다.

(4) 생명 과정(식물과 동물)의 정상적인 발전에 없어서는 안 되는 환경을 만들며, 이 환경을 관리한다. _112-115쪽

수호믈린스키는 무엇보다 손을 잘 움직여야 지혜로워진다고 믿었다. 노동이란 학교에서 지적 발달을 지나치게 추구하는 편향을 극복하기 위해 잠시 도입하는 수단이 아니었다. 그에게 의미 없는 단순 노동은 시간 낭비나 다름없었다. 단조롭고 지루한 육체노동에 사용되는 두 손은 창조의 도구는커녕, 단순히 힘쓰는 신체 기관에 불과했다.

손은 대뇌에 전달하고, 대뇌는 손에 명령한다. 손도 '생각'하지만 이때는 바로 대뇌의 창조적 부분도 자극을 받는다. 이런 작업을 하는 가운데 상호 관계, 상호작용에 대한 이해가 가능해진다. _156쪽

지적 교양을 쌓는 일과 몸을 움직이는 일이 분리되어 있다는 통념이 있다. 오늘날 학생들이 무한경쟁에 내몰려 공부를 하는 이유도 '몸은 덜 쓰고 소득은 많은' 직업을 얻고 싶어서다. 이러한 우리의 현실과는 사뭇 다른 노동과 지적 발달에 관한 수호믈린스키의 생각은 다음과 같다.

노동과 지적 생활을 통일시키고 자유 시간을 중요하고 정신적 의미가 있는 활동으로 가득 채우기 위해 우리는 작물 재배, 씨앗 기르기, 원예, 양봉, 기계, 전기, 라디오, 철공 설계, 선반, 동물 기르기, 원예반

교사, 책을 들다

들을 조직했다. 탐구심으로 가득 찬 이런 동아리가 없으면 지적 교육을 할 수 없으며 정서적, 미적 교육도 할 수 없다. 만약 두 손이 지혜의 스승이 되지 않는다면 소년은 지식에 대해 흥미를 잃고, 교수 과정에서 그들의 가장 강한 정서적 자극이 나오지 못할 것이다. _317-318쪽

수호믈린스키는 지적 생활과 노동을 별개로 보지 않았다. 그는 노동에서 일어난 창조가 학생의 지능을 발전시키는 아주 강력한 자극이 된다고 보았다. 학습과 노동의 결합은 학생들이 일하면서 생각하고, 생각하면서 일하는 데 뜻이 있다. 사회적으로 가장 중요한 교육적 과제는 사람을 전인적으로 발전시키고, 학생 개개인의 재능을 꽃피우게 하는 것이라고 여긴 수호믈린스키는 노동과 학습을 긴밀하게 연결하기 위해 노력했다.

경험이 증명하듯, 학생의 재능을 고무하고 발전시키기 가장 좋은 방법은 그들이 스스로 노동하도록 조직하는 것이다. … 교사의 일은 학생에게 노동을 끊임없이 평가하고 사랑하도록 하고 창조성의 불꽃을 지펴서 그 불꽃들이 활활 타오르게 하려고 노력하는 것이다. _334-338쪽

수호믈린스키가 그리는 아이들의 모습은 자연과 어울리며 노동과 학습을 병행하는 '사고하는 인격체'였다. 그는 즐거운 노동이 어떻게 아이들의 인격과 사고력을 성장시킬 수 있는지 실천을 통해 보여주었다. 물론 당시에도 육체노동을 싫어하는 아이가 있었고, 두 손을 어디에도 대려 하지 않는 아이도 있었다. 수호믈린스키는 이

런 아이들을 즐거운 노동으로 이끌기 위해 가장 단순하고 확실한 방법을 썼다.

　　이런 경우에 제일 좋은 방법은 교사가 학생들과 함께 일하는 것이다.
　　_340쪽

　　수호믈린스키가 제시한 방법을 보니, 어쩌면 우리는 가까운 곳에 해법을 두고 아이들을 분석하고 설득하며 계몽하려 드는지도 모를 일이다.

건강한 삶을 위한 문화예술과 체육활동 ———

자연 관찰은 사고력의 원천

　　전인적 성장은 지적 교양은 물론이고 건강한 신체와 정신, 그리고 바람직한 사회적 관계 맺기를 포함한다. 수호믈린스키는 학생들이 자연을 관찰하고, 그 결과를 지적 교양과 연관 짓도록 유도했다. 학생들은 관찰 과정에서 몸을 움직여 체력을 다졌고, 친구들과 소통하면서 사회적 관계를 증진했다. 2월의 매서운 추위에도 수호믈린스키는 초급학년 아이들을 이끌고 밖으로 나갔다. 단순히 대자연을 관찰하는 것이 아니라 '왜'라는 의문을 품고 인과적 연관성을 찾아내도록 학생들이 무언가를 발견하는 일을 도왔다.

대자연이 바뀌는 시기가 오고 있다. 급속히 변화하고, 생명이 되살아나며, 생물이 간직한 생명력이 새로워지고 강한 생명력이 비약하고자 에너지를 축적하는 환절기에는 학생들을 데리고 대자연으로 가야 한다. 학령 초기에 관찰력을 키우는 것-이것은 지능을 발전시키는 데 꼭 필요한 조건이다. _74쪽

수호믈린스키는 일부 학교에서 관찰을 적극적인 지적 활동으로 보지 않고, 교재의 장이나 절을 설명하는 수단으로만 사용한다고 비판하였다. 그는 학생의 지적 발달에서 관찰이 차지하는 비중에 따라 수업의 성패가 달라진다고 보았다.

아이의 의식이 주위 세계와 동떨어지지 않게 하는 것이 얼마나 중요한지! _256쪽

수호믈린스키는 기억이 생각을 대체하고, 암기가 지각과 현상의 본질에 대한 관찰을 대체하는 것이 아이들을 둔하게 하고, 마침내 아이들의 학습 의욕을 사라져 버리게 만든다며 한탄했다. 그러면서 아이의 머리가 단순히 지식의 저장소이자 진리와 규칙, 공식의 창고가 되지 않게 하려면 그들에게 생각하는 법을 가르쳐야 한다고 말한다.

수호믈린스키의 주장에 따르면 아동기에 교과서 속에 박제된 지식을 기억하는 것으로는 자연계의 선명한 형상과 광경, 지각, 표상 등을 지식과 연결하기 힘들다. 이러한 한계를 넘어서기 위해 아

이의 의식을 주위 세계와 동떨어지지 않게 붙잡아주어야 한다는 것
이다. 그렇다고 해서 주위 세계를 관찰하고 이해하는 것만으로 지
적 발달이 저절로 이루어진다고 믿는 것은 과장된 견해이자 환상이
라고 경고한다.

경험이 있는 교사는 직관력의 중요성과 지적 교육에서 자연계가 일으
키는 거대한 구실을 강조하는 동시에, 이런 요소로 추상적 사고력을
발전시키고 목적의식적 수업을 한다. _257쪽

수호믈린스키가 말하는 의식은 자연 관찰과 지적 발달이 갖는
긴장관계 위에 놓여 있다. 아이의 사고력은 마치 시냇물처럼 퍼져
서 흐르다가 통일된 물줄기로 모여 흐른다. 말하자면 관찰을 통해
새롭게 얻은 직관이 기존의 지식과 합쳐져서 의문이 해소되고 개념
적 사고력이 발달한다는 것이다. 그리고 사고력은 자연계를 여행하
는 과정에서 얻어진다는 점을 강조한다.

아이들의 가슴속에 시적 감수성을

수호믈린스키는 그 당시 교수 체제 전반에 걸쳐 심각한 문제가
있다고 확신했다. 학생의 능력을 발전시키는 전문적인 작업, 즉 충
분한 지적 교육이 이루어지지 않고 있다고 본 것이다. 이는 지식교
육이 인류가 쌓아놓은 문화유산을 기억하고 재현하는 데만 열중하

교사, 책을 들다

고 있다는 증거이기도 했다. 그는 학생들이 날마다 다른 사람의 사상을 그저 암기하고 되풀이할 뿐 정작 자신의 생각은 제대로 표현하지 못한다는 사실을 못마땅하게 여겼다.

수호믈린스키는 33년간 학교에서 일하며 아이들의 생생한 언어와 창조가 교수체계의 기초가 된다는 신념을 갖게 되었다. 그리하여 여섯 살 난 취학 전 아이들을 일주일에 두 번씩 학교로 불러 그들을 데리고 과수원, 숲, 강가와 들판으로 나갔다. 자연 속에서 나무, 꽃, 구름, 나비 등이 선사하는 다채로운 색깔과 소리를 경험하도록 했다. 아이들이 마음으로 주위 세계를 느끼게 하려는 배려였다. 저녁노을이나 여름날 저녁, 반짝이는 뭇별, 산들바람 같은 단어를 배우는 것이 아니라 감각기관을 통해 직접 느낄 수 있게 한 것이다. 이는 수호믈린스키 특유의 지성과 감성을 연결하는 방식이자 아이들의 미적 감수성을 일깨워주는 방식이었다.

> 모든 아이들은 타고난 시인이라 할 수 있다. 그러나 그들의 마음속에
> 시흥을 불러일으키고 창작의 원천이 열리게 하려면 그들에게 사물과
> 현상들 사이의 많은 관계를 관찰하고 발견하는 법을 가르쳐야 한다.
> _244쪽

학교에서 행하는 지적 교육체계가 근본적·과학적으로 문제가 있다고 비판한 수호믈린스키는 학교에서는 분명한 사상과 생생한 단어, 아이들의 창작이 무엇보다 우위에 서야 한다고 주장한다.

여백이 있는 교육 ———

교사의 시간

교사들이 수업에 전념할 시간이 부족하다는 이야기가 나온 것은 어제오늘 일이 아니다. 교육활동 외의 업무를 대폭 줄이는 '학교 업무 정상화'를 통해 교사들이 수업에 전념할 시간을 확보해야 한다는 목소리가 점점 커지고 있다. 교사들의 업무를 교육활동 중심으로 재조직하여 교사들이 소모적인 일에 시간을 뺏기지 않도록 학교문화를 쇄신해야 한다는 것이다. 분명 교육활동과 관련 없는 잡무는 교사가 수업에 전념하는 것을 방해한다. 하지만 이것 말고도 교사를 수업의 본령에서 멀어지게 만드는 요인은 또 있다. 수호믈린스키가 전하는 다음 일화는 교사가 어떻게 자신의 시간을 운용하면서 좋은 수업을 위해 노력하고 있는지 잘 보여준다.

33년 교직에 몸담은 한 역사 교사는 '청년의 도덕적 이상'이라는 제목으로 공개수업을 했다. 지역 사범학교 관계자들과 장학관들이 수업을 참관했고 수업은 아주 성공적으로 진행됐다. 참관인들은 수업 후에 의견을 내려고 노력했으나 수업에 사로잡혀 참관 중 기록하는 것마저 잊어버렸다. 그들은 학생들과 함께 숨소리를 죽여 가며 수업에 빠져들었다.

수업 후에 이웃 학교의 한 교사는 이 교사에게 말했다. "그렇습니다. 당신은 학생들에게 모든 심혈을 다 기울였습니다. 말 한마디 한마디

교사, 책을 들다

에 커다란 감화력이 있습니다. 수업 준비에 몇 시간이나 들었는지요. 아마 한 시간으로는 안 되겠지요?" 역사 교사는 대답했다. "나는 평생 이 수업을 준비했고 모든 수업을 평생 준비합니다. 그렇지만 이 수업에 직접 들인 시간은 15분밖에 안 됩니다."

이 대답은 수업 기술의 비밀을 탐구하는 데 큰 도움을 준다. 내가 있는 지역 안에는 이 역사 교사와 같은 분들이 서른 명이 있다. 이들은 한가한 시간이 없다고 탓하지 않는다. 그들은 모두, 자기 수업을 언제나 한평생 준비한다고 말했다. _23쪽

이 예화에서 역사 교사는 모든 수업을 평생 준비하는데, 공개 수업에 직접 들인 시간은 15분이라고 말한다. 평생과 15분. 어찌 보면 15분이란 시간은 해당 차시의 학습 주제를 확인하고, 수업을 어떻게 전개하고 정리할 것인지 검토하는 것만으로도 빠듯한 시간이다. 특히 체계적인 계획과 과학적 교수기법이 성공적인 수업의 필수요소라고 생각하는 교사들의 입장에서는 15분이란 시간은 터무니없이 짧은 시간일 것이다.

명시된 수업목표를 달성하려는 교사들은 성공적인 수업을 위해 좋은 자료를 찾고, 효과적인 기법을 적용하고, 학생들이 참여할 활동지를 만들며, 수업의 효과를 알아볼 수 있는 평가 문항을 개발해 검증하려 한다. 그리고 평가에서 시사점을 추출해 이를 다시 수업설계의 피드백으로 삼아 수업을 개선하는 지표로 사용하려 한다. 많은 교사들이 이러한 일련의 과정을 성공적인 수업 모델로 삼아 촘촘하게 작성한 수업지도안에 따라 수업에 임한다면, 수업은 그만

큼 좋은 방향으로 개선되는 것일까? 이 질문에 대한 답은 이미 나와
있다. 역사 교사가 말한 평생 준비가 바로 그 답이다. 그리고 수호믈
린스키는 평생 준비의 방법으로 독서를 제시한다.

> 독서는 내일의 수업을 위해서가 아니라 교사의 내면적 필요와 향학열
> 에서 나온다. 만일 당신이 한가한 시간을 더욱 많이 가지려고 한다면,
> 또 질리도록 단조롭게 교과서에만 파묻혀 준비를 하지 않으려면 인
> 문사회학 서적을 읽어야 한다. 당신이 가르치는 학문 영역에서 교과
> 서에 담겨 있는 지식은 일차적인 것이 돼야 한다. 당신이 학생에게 가
> 르치는 교과서의 기초 지식은 당신의 학문 지식이라는 큰 바다 속에
> 있는 작은 물방울이 돼야 한다. 그렇게 돼야만 수업 준비로 몇 시간을
> 허비하기 않게 될 것이다.
> 우수한 교사의 강의 능력은 늘 독서하면서 쉼 없이 지식의 바다를 채
> 움으로써 높아진다. _23-24쪽

수호믈린스키는 수업을 사고할 때 실용적 쓸모에 큰 비중을 두
지 말라고 당부한다. 그러나 여유 있는 시간을 확보하지 못한 교사
는 당장의 쓸모에 관심을 갖기 마련이다. 결국 정교하고 체계적인
수업 계획과 당장의 쓸모가 맞물려서 교육활동의 악순환을 초래
한다. 그렇다고 교육활동과 관련 없는 잡무가 줄어든다고 해서 교
사가 바로 의미 있는 수업을 할 수 있는 것은 아니다. 쓸모의 유혹에
빠져 수업을 차시 단위로 촘촘하게 준비하겠다는 마음이 사라지지
않는 한 교사에게 한가한 시간은 허락되지 않는다. 당장의 쓸모로

부터 해방된 순간 교사는 안목을 높이는 책을 찾게 되고, 이런 행위는 평생의 수업 준비로 이어진다.

교사가 가르칠 내용과 방법을 선택할 때 전제하는 사항들이 있다. 가르치고 배워야 할 내용은 교육과정을 통해 사전에 정해진다는 것, 교사가 체계적으로 수업을 계획하고 그 과정에서 예상되는 문제점을 파악하여 대응할 때 수업의 성공 가능성이 커진다는 것, 수업을 통해 학생들이 사전에 설정한 목표를 성취하도록 해야 한다는 것 등이다. 이 같은 관점에서 효과적인 수업을 이끌어가려는 교사는 '교과내용의 이해'와 '정확한 전달'에 치중한다. 이것은 과학적 교수법의 지향점이기도 하다. 배우고 가르치는 과정에 동원되는 지식의 속성을 무엇으로 볼 것인가 하는 문제는 교사의 지식관은 물론이고, 학생을 어떤 존재로 볼 것인가 하는 교사의 학생관도 반영한다.

교사는 학급마다 같은 내용을 같은 방식으로 가르쳐서 같은 목표에 도달하기를 원한다. 그러자면 발달 단계에 따라 학생들을 배치해야 하는 것은 물론이고, 수업에 임하는 학생들이 모두 비슷한 관심사와 동기를 가지고 있다는 전제가 필요하다. 그러나 실제 교실 상황은 그렇지 않다. 학생 두 명만 놓고 봐도 비슷한 점보다는 다른 점이 훨씬 많다. 현실이 이런데도 학급 학생들을 동시에 만족시킬 수 있는 수업방법을 찾을 수 있는가? 아니 최적의 수업방법이라는 것이 존재하긴 하는 걸까?

우리는 학생들이 전체의 부분일 뿐 아니라 개별적이며 독립적인 존재라는 것을 확인해야 한다. 학생을 어떤 존재로 보느냐에 따라 무슨 내용을 선정할 것인지, 어떤 방식으로 가르칠 것인지가 결정된다. 어떤 기법을 적용했을 때 같은 결과가 공식처럼 딱딱 나오는 교수모형은 없다. 그러므로 교사는 당장의 쓸모에 매달려 기계적 모형을 찾을 것이 아니라 바른 학생관과 지식관을 세우기 위해 생각하고 고민해야 한다. 이를 위해 교사는 풍부한 독서를 바탕으로 지식의 바다를 채워야 하는 것이다.

학생에게 한가한 시간을 허하라

학생의 입장에서 '무엇을 아는가'도 중요하지만 '무엇을 할 수 있는가'가 더 중요하다. 삶에 녹아들지 못한 지식은 교과서 속에 박제된 공허한 지식에 불과하기 때문이다. 실천만을 중시하면서 이론을 외면하는 것 역시 바람직하지 않다. 요컨대 이론과 실천 중 어느 한쪽에 치우치지 말고, 공부하는 과정에서 끊임없이 검증하고 통합하며 발전시켜 나가야 하는 것이다. 수호믈린스키는 학생들이 이론을 생활에 잘 적용하기 위해서는 사실관계의 파악과 수집, 정리와 분석에서 능동성을 발휘해야 한다고 보았다. 그러기 위해서 학생들에게 한가한 시간을 보장해주어야 했다. 교사들이 한가한 시간(여백)을 가져야 전문성을 신장할 수 있듯이, 학생들 역시 한가한 시간을 가져야 학습 성과를 거둘 수 있다는 것이다. 수호믈린스키가 보기에 한가한 시간은 지적 교양, 전인적 발달과도 관련되는 매우 중요한 문제였다.

교사, 책을 들다

생각을 잘하는 총명한 교사는 한가한 시간의 창조자이다. _101-102쪽

얼핏 궤변으로 들리는 이 말을 오늘날 교사와 부모들은 충실히 새겨들을 필요가 있다. 우리는 날마다 얻는 지식을 그대로 수용하는 데서 멈추는 것이 아니라 이미 내가 알고 있던 지식과 비교하고 통합해 새로운 지식을 생성해나간다. 그런데 이 비교와 통합의 과정은 머릿속에서만 이루어지는 것이 아니다. 지식은 삶에 녹아들어 인간의 교양을 넓힌다. 교양 있는 사람은 안목과 통찰력이 있다. 즉 지식이 삶에 녹아든다는 말은 지식과 생활이 분리되지 않고 밀접하게 관계하면서 상호 교류한다는 뜻이다. 생활과 분리되지 않은, 살아 있는 지식을 습득하기 위해서는 학생들에게 여백이 필요하다. 수호믈린스키는 이 여백을 한가한 시간이라 부른다. 교사나 학생에게 꼭 필요한 공부의 여백을 확보하기 위해 수호믈린스키는 교사에게 한가한 시간의 창조자가 되라고 충고한다.

아이들에게 한가한 시간을 이용하는 법을 가르치는 것-이것은 무언가 아이들을 흥미롭게 하고 경탄하게 하고 동시에 그것이 아이의 지혜와 감정, 전인적 발달에 반드시 필요하다는 뜻이다. 다시 말하면 아이들의 시간은 그들의 사고력을 발전시키고 그들의 지식과 능력을 풍부하게 하는 동시에 그들의 매력을 파괴하지 않는, 그들의 눈과 귀를 사로잡는 일로 가득 차 있어야만 한다. _107쪽

아이들이 어디에서 즐거움을 느끼는지 파악하는 것은 교사의

중요한 업무 중 하나다. 수호믈린스키는 교사들에게 '당신의 학생들이 저마다 한가한 시간을 어디에서, 어떻게 보내는지 진지하게 생각해보라'고 말한다. 한가한 시간은 흥미로운 무언가를 할 수 있는 시간으로 한가한 시간을 즐길 수 있는 아이는 교과목도 즐길 수 있게 된다.

> 어떤 사람에게, 학교 시절에 가장 귀중한 부가 되는 것은 한가한 시간에 한 것들이다. 한가한 시간이 있을 때에야 비로소 한 과목을 좋아할 수 있고, 지적 적극성을 발휘할 수 있다. _109쪽

교사와 학생 모두에게 해당하는 한가한 시간은 교수학습의 여백이다. 가르치고 배우는 과정에서 여백은 두 가지 의미를 갖는다. 하나는 하루의 모든 시간을 오로지 지식을 습득하는 데 쏟지 말라는 것이며, 다른 하나는 집중적으로 학습할 때조차 여유가 있어야 한다는 것이다. 여백을 낭비하는 시간이라고 치부하는 조급한 방식이 교육을 망친다. 사람이 잠을 자지 않고는 생명을 유지할 수 없듯이 여백은 성장에 있어 꼭 필요한 부분이다. 개인과 사회의 웰빙(well-being) 역시 학습과 여백의 조화 속에서 가능하다. 열린 교양인과 닫힌 지식인의 차이는 공부의 과정에서 여백을 어떻게 결합했느냐 하는 것과 무관하지 않다.

교사, 책을 들다

현실에서 이론과 실천을 조화롭게 통합한 사례를 발견하기란 쉽지 않다. 이론이나 실천 중 어느 한 쪽을 중시하는 사람으로 나뉘는 것이 대다수다. 하지만 수호믈린스키는 이론 공부와 실천적 임상을 바탕으로 지적 허영과 주먹구구식 행위에서 동시에 벗어났다. 그가 주장한 전인교육의 핵심은 모든 전인적 요소들의 조화로운 발달과 함께 각 개인의 사유와 실천이 통합되는 데 있었다. 수호믈린스키가 활동했던 시대와 비교하여 교육의 물적 토대와 사회 분위기, 교육에 대한 관심 등 모든 것이 훨씬 풍요로운 지금에도 그의 전인교육론은 많은 시사점을 던져준다. 이러한 사실에 비추어볼 때 서사적 상상력과 사회 참여, 전인적 발달과 시민교육은 시대를 관통하는 교육적 권고임이 분명하다.

그러나 전인적 발달은커녕 암기 위주의 주입식 지식교육을 포기할 수 없는 구조와 풍토 아래서 교육의 개선은 상상하기조차 어렵다. 사회적 삶 속에서 경쟁을 아예 피할 수는 없겠지만, 진학과 취업 등 삶의 모든 장면에서 내면화한 경쟁의식은 인간의 삶을 피폐하게 만들고 공동체를 파괴한다. 과잉 경쟁은 필연적으로 허위적 공정성 논리를 만들고, 이는 다시 암기 위주의 주입식 지식교육에 의존하는 악순환을 부른다. 이것이 한 개인의 성장을 넘어 국가적 교육 비전으로 전인적 발달과 시민교육을 제시해야 하는 이유다.

교육 개선과 관련해 중요하게 다루어야 할 것들 중 하나가 학교장의 권한이다. 학교장의 권한이 너무 강하면 학교 공동체의 성장을 저해하는 요인이 되기 때문이다. 그래서 나오는 것이 권한 이

양(empowering)에 대한 요구다. 그러나 학교 공동체가 공유하는 비전 없이 단순히 교장의 권한을 나누는 것만으로는 교육의 개선을 기대하기 어렵다. 교장으로서 수호믈린스키가 가졌던 권한은 현재 우리나라 교장들이 가진 권한과 크게 다르지 않았다. 다만 그는 법령상 주어진 권한을 행사해야 할 때와 구성원들과 공유해야 할 때를 정확히 알았을 뿐이다. 이것이야말로 학교 리더십과 관련하여 우리가 배워야 할 점이다.

교사, 책을 들다

세 번째 책

문화적 재생산과
수저계급론

《교육과 이데올로기》

마이클 애플 지음 | 박부권·이혜영 옮김 | 한길사

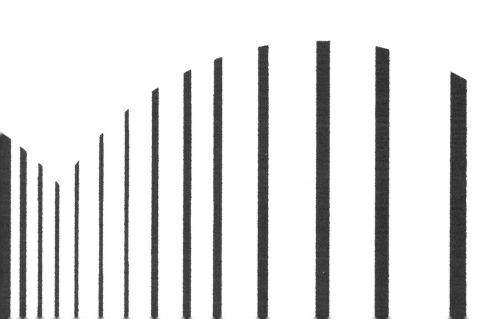

함께 읽으면 좋은 책

《학교지식의 정치학》
마이클 애플 지음 | 박부권·심연미·김수연 옮김 | 우리교육 | 2001

《문화 정치학과 교육》
마이클 애플 지음 | 김미숙·이윤미·임후남 옮김 | 우리교육 | 2004

《비판적 교육학과 공교육의 미래》
마이클 애플 외 지음 | 정영애 외 옮김 | 원미사 | 2011

《교육은 사회를 바꿀 수 있을까?》
마이클 애플 지음 | 강희룡·김선우·박원순·이형빈 옮김 | 살림터 | 2014

《마이클 애플의 민주학교》
마이클 애플·제임스 빈 지음 | 강희룡 옮김 | 살림터 | 2015

《교육과정학의 이해》
박승배 지음 | 학지사 | 2007

처음 교직에 들어왔을 때 교사로서 어떻게 살 것인가를 심각하게 고민하게 만든 책이 바로 마이클 애플(Michael W. Apple)의 《교육과 이데올로기(Ideology and Curriculum)》다. 오랜만에 이 책을 펼치니 1985년에 출간된 책답게 깨알 같은 활자에서 배어나오는 특유의 묵은 책 냄새가 풍긴다. 이 책을 접한 1980년대 중반은 미국에서는 보수 회귀의 바람이 불고, 우리나라에서는 군부독재가 기승을 부리던 시기였다. 정부 당국에서는 사화과학 서적에 대해 판매금지 조치를 취하기도 했다. 그때 사회 분위기와 맞물려 어느 정도는 인위적으로 고양된 의식 속에서 애플의 책을 읽었던 기억이 있다.

이번에는 30년 전 애플의 생각과 그 시절 나의 느낌, 그리고 지금 나의 생각과 느낌을 비교하며 읽었다. 30년을 뛰어넘어 젊은 시절의 애플을 다시 만나는 일은 교직에 처음 발을 디뎠던 과거의 나와 마주하는 일이기도 했다. 교육 불평등 문제를 정면으로 다루고, 계급해방 지향성을 분명히 한 애플은 예나 지금이나 신선한 자극으로 다가온다. 누군가는 요즘 시대에 저항담론이 설 자리가 있냐고 말하겠지만, 애플이 주는 지적 자극은 당장의 쓸모에 집착하는 우리의 기능적 삶에 경각심을 심어주기에 충분하다. 이 책의 머리말을 보면, 책을 읽은 후 독자들의 생각에 변화가 일어나기를 촉구하는 애플의 바람이 드러나 있다.

> 첫째, 나는 이 책이 일선 교육자들로 하여금 그들 자신의 교육에 대한 생각을 비판적으로 탐구하도록 하는 계기가 되기를 원했습니다.
> 둘째, 나는 이 책에서 내 나름대로 독특한 개념적 경험적 정치적 접근 방법을 시도하였습니다.
> 마지막으로, 나는 학교에 들어가서, 교실을 지배하고 있는 실제적인 교육과정을 엄밀하게 분석하고 그것을 교육자들이 가지고 있는 상식적인 가정들과 비교해보는 것이 필요하다고 생각하였습니다. _5-6쪽

교육에 대한 생각을 비판적으로 탐구하라는 말은 이때까지 교육이 안고 있던 기본 가정과 전제들, 즉 과학, 성(性), 학교 등에 관한 기존의 생각들을 면밀히 따져봐야 한다는 의미다. 그리고 이 책에서 시도하고 있는 개념적·경험적·정치적 접근방법은 교육이 사회관계를 재생산하는 방법들과 어떻게 관련되어 있는지를 밝히고, 경제적 통제만을 유일한 것으로 다루는 결정론을 부정하는 시각이다.

마지막으로 교실을 지배하고 있는 실제적 교육과정에 대한 엄밀한 분석과 교육자들이 가지고 있는 상식적인 가정을 비교해볼 것을 제안한다. 여기에서 기존의 관점은 교육자들의 상식적 가정일 것이요, 비판적 관점은 교실을 지배하고 있는 실제적 교육과정을 엄밀하게 분석하는 일일 것이다. 그러므로 이 책에서는 이제까지 교육과정에서 기본 전제로 가정했던 것들을 비판하고, 부당하거나 소홀히 다루어져 왔던 측면들을 문화적·사회적 관점에서 재조명한다. 이 책을 읽으면서 애플이 설정했던 구도, 즉 기존의 상식적 가정에 대한 비판이 지금도 유효할지 살펴보는 일은 매우 흥미로울 것이다.

애플은 우리나라에 세 차례 방문했다. 앞서 두 번은 기회가 닿지 않아 만나지 못했고, 세 번째 방문에서야 그를 만날 수 있었다. 2015년 '교육은 사회를 바꿀 수 있을까'라는 주제로 서울에서 열렸던 초청 심포지엄에서다. 애플은 사회적 정의를 교육의 핵심 가치로 보는 민주적 학교의 필요성을 강조했다. 더 나아가 어떤 교육적 사태도 독립적으로 분리해서 사고하지 말고, 교육이 다른 분야와 어떻게 관련을 맺는지 통찰할 것을 요구했다. 현안에 대한 거침없는 그의 발언은 73세란 나이가 무색하게 여전히 청년의 시각을 가지고 있음을 보여주었다.

이 책이 세상에 나온 지 30년이 지났다. 산업화와 민주화를 동시에 달성하고, 세계화의 격랑 속에 있는 지금 애플의 저항 정신이 가득한 이야기를 곱씹다 보니 '민주주의는 정말 완성되었는가?'라는 물음이 머릿속에 떠오른다. 1980년대식 투박한 문장에도 불구하고, 여전히 이 책은 현재의 시각에서 읽힌다.

교육과 정치, 그리고 헤게모니

교육은 중립적인 사업이 아니라 교육제도 자체가 가지고 있는 본질적인 성질로 인하여(교육자들이 의식하든 의식하지 못하든), 정치적인 행위에 개입되어 있다…. _11쪽

우리는 흔히 교육의 정치적 중립성을 말한다. 사실 이 말은 권력을 가진 자가 교육을 정치적으로 이용하지 말라는 뜻이지, 교육에 붙어 있는 정치적 속성을 무시하라는 말이 아니다. 애플은 자신을 교육자로 이끈 원동력은 교육에 정치적 행위가 개입되어 있다는 신념이라고 말한다. 산업사회를 지배하고 있는 불평등한 장치와 의식구조를 교육과 분리할 수 없다고 본 것이다.

이 책을 통해 애플은 특정한 역사적 또는 사회·경제적 상황 속에서 생산양식, 이데올로기, 가치관, 계급관계 및 권력구조-정치·경제적 권력관계뿐만 아니라 인종과 남녀의 권력관계-가 사람들의 의식에 어떻게 명시적·잠재적으로 반영되고 있는지 설명한다. 즉 사회구조가 인간의 문화적 생활을 지배하는 것을 학교라는 기관과 그곳에서 이루어지는 교수 및 교육과정 같은 일상적 실천을 통해 분석한다. 이러한 관계를 탐구함으로써 그동안 부분적으로 밝혀졌던 계층이동, 선발, 분업체제의 재생산 등이 왜 '자연스럽게' 보였는지 그 이유를 밝히고자 한다.

우리들은 이제 지배집단이 겉으로 드러나는 공식적인 지배의 메커니

즘을 사용하지 않고도, 문화를 보존 분배하는 학교와 같은 기관을 통하여 사람들의 의식구조를 형성함으로써, 사회통제를 지속시켜갈 수 있음을 보다 깊이 이해하게 될 것이다. _13쪽

구조는 부분의 기계적 총합이 아니다. 사회 역시 각자의 삶을 살아가는 개인들의 집합체가 아니다. 개인은 사회 안에서 자신을 둘러싸고 있는 구조와 상호작용하며 각성하고 성장한다. 동서양을 막론하고 지배집단은 물리력과 같은 강압적 수단을 쓰지 않고도 학교를 통해 문화를 보존·분배함으로써 의식을 형성하고 나아가 통제의 수단으로 이용하려 했다.

문화는 경제적 조건을 '단순하게 그대로 반영하는' 것이 아니라 상당한 정도로 인간의 행동양식에 의하여 매개되는 것이다. 다시 말해 그것은 우리들이 우리의 삶을 조직하고 있는 제도 속에서 일상생활을 하는 가운데 나타나는 구체적 행위, 갈등 및 관계를 통하여 매개되는 것이다. _15쪽

그람시(A. Gramsci)의 아이디어를 빌려, 애플은 '헤게모니(hegemony)*'를 우리들의 의식 속에 침투하여 의미와 실천을 조직하는 집합체이며, 살아 있는 의미와 가치 및 행위들의 효과적인 체계

---

* 어느 한 지배집단이 다른 집단을 대상으로 정치, 경제, 사상 또는 문화적 영향력을 행사하는 것을 일컫는 용어다.

라고 정의한다. 이러한 헤게모니는 과거와 현재의 모든 의미와 실천 중에서 어떤 것은 선택하여 강조하고 어떤 것은 무시하고 배제한다. 그러므로 우리가 먼저 해야 할 일은 학교의 교육과정을 문젯거리로 삼아 그 속에 숨어 있는 이데올로기적인 내용을 파헤치는 것이라고 말한다.

애플은 1970년대 미국에서 일어난 교육과정의 재개념화 운동에 힘입어 자신의 비판적 이론을 발전시켰다. 그 이전까지의 교육과정은 전통적으로 학교에서 전수해야 할 교수요목, 즉 학습목표를 달성하기 위해 과학적이고 체계적으로 배치된 일련의 지식이라는 생각이 지배적이었다. 거기에다 교육과정은 정치적 중립성을 지켜야 한다는 암묵적 의식이 깔려 있었다. 그러나 애플은 당시 활발하게 활동했던 파이너(W. F. Pinar), 지루(H. A. Giroux), 아이즈너(E. W. Eisner) 등과 함께 교육과정에 있어 정치적 중립성이라는 허구를 헤게모니 이론으로 분석하였다. 이러한 새로운 접근방식을 통해 교육과정을 기술과 방법의 적용 대상에서 이해와 해석의 대상으로 보는 질적 변화가 일어났다. 물론 지금도 교육과정을 바라보는 관점에는 기술/방법의 측면과 이해/해석의 측면이 혼재한다. 그러나 기술과 방법의 편에서만 교육과정을 바라보게 되면 교육은 산업사회가 요구하는 노동력을 공급하는 일에 충실하고, 가치를 추구하는 일은 소홀히 할 수밖에 없다. 애플은 이 같은 관점을 환원적 이해 방식이라 지적한다.

불평등한 사회의 기반을 이루고 있는 사회적 경제적 힘에 대한 이해를, 기술 및 '방법'의 문제로 환원시키려고 하는 우리의 태도는 문제점을 가지고 있다. 이와 같은 환원적 이해방식은 선진 산업사회에서의 생활이 기술화되어가고 있음을 의미한다. _19쪽

교육과정 재개념화를 둘러싼 담론 지향의 변화에도 불구하고, 교육행위를 기술과 방법의 문제로 환원시키려는 시도는 학교와 교실의 모든 장면에서 계속되고 있다. 과학적 교수기법의 적용, 표준화 지향 평가, 교원의 책무성 논리 등이 그것이다. 애플은 지식이 책, 시청각 교재 및 교육자료와 같은 대중적·경제적 상품으로 생산되고 분배되는 과정에서 이데올로기와 경제적 이해에 따라 계속 선별된다고 보았다. 이러한 사회·경제적 가치가 학교제도는 물론이고 공식화된 교육과정과 교수모형, 평가 기준, 원리와 방식 속에 깊이 스며들어 있다는 것이다. 이러한 측면에서 교육자들의 의미와 역할을 재규정하자는 애플의 말은 의미심장하다.

애플은 행동분석을 통한 책무성(accountability)과 체제경영(systems management) 등이 헤게모니와 이데올로기의 표상이 된다고 주장한다. 아울러 어떤 생활이 정당한 생활인가에 대한 고려는 점차 탈정치화되고 있으며, 중립적인 경험적 사실의 축적에 의해서 해결할 수 있는 문제로 취급된다고 보았다. 그리고 그러한 경험적 사실은 학교와 같은 중립적인 제도 내에서 중립적인 교사에 의하여 가르쳐질 수 있다는 것이다. 이 같은 중립성에 대한 주장은 교사를 정치적 입장을 취하지 않는 객관적인 존재로 보는 데서 출발하지만, 애플은 두 가지 이유에서 이것이 잘못된 생각이라고 비판한다.

첫째, 경제적인 입장에서 볼 때 학교교육제도 그 자체는 중립적 사업이 아니라고 하는 증거들이 점점 누적되고 있다. … 미국과 같은 계층화된 사회에서 학교는 문화적 계급관계를 재생산하는 강력한 사실도 경험적 증거에 의하여 드러나고 있다.

두 번째 이유는 학교에서 가르치고 있는 지식이 사회적으로 선택된 것임을 간과하고 있다는 데 있다. … 사회적 경제적 가치는 학교제도의 설계 속에, 공식화된 교육과정과 교수모형 속에, 그리고 평가의 기준, 원리 및 방식 속에 이미 깊이 스며들어 있다. _20-21쪽

애플이 이런 문제의식을 가질 당시 미국의 교육상황은 1957년 스푸트니크 쇼크에서 벗어나기 위해 교육과정을 전면적으로 체계화하고, 이를 과학적 교수기법과 평가방식에 의해 구현해나가는 중이었다. 1970년대 들어서야 이에 대한 비판으로 교육과정 '재개념화 운동'이 일어났다. 그중에서도 애플은 중립적이고 과학적인 교육과정 연구가 불러올 수 있는 타인과의 유대감 단절을 우려했다. 특히 '관계를 분석하는 일'을 중요하게 생각했는데, 이는 사회적 활동을 파악할 때 자원을 불평등하게 분배하는 제도와의 관련성 속에서 분석하자는 요구였다.

롤즈(J. Rawls)와 마찬가지로 정의로운 사회란 이론적으로나 실제로 최약자에게 가장 많은 이익이 돌아가도록 하는 사회라는 입장을 밝힌 애플은 다음 질문들을 비판적으로 탐구해야 한다고 말한다. 그것은 '학교에서 가르치는 지식이 어떻게 한 사회 지배집단의 이데올로기를 반영하게 되는가?' '학교는 어떻게 제한적이며 부

분적인 지식을 의심할 것 없는 진리로서 정당화하는가?' 하는 문제다. 애플은 이런 질문들이 학교생활의 세 가지 영역에서 제기되어야 한다고 보았다. 그 세 가지 영역은 다음과 같다.

① 일상적인 학교의 규칙들은 학생들이 이러한 이데올로기를 학습하는 것을 어떻게 도와주고 있는가, ② 과거나 현재의 특정 교육내용은 어떻게 이러한 이데올로기를 반영하고 있는가, ③ 이와 같은 이데올로기들은 교육자들이 그들의 행위에 의미를 주고 질서와 방향을 부여하기 위하여 사용하는 기본적인 관점 속에 어떻게 반영되고 있는가? _28쪽

①은 '잠재적 교육과정'과 관련이 있다. 학생들은 학교 규칙에 따라 생활하는 동안 학교 규범이 요구하고 있는 성향들을 자신도 모르게 습득한다는 것이다. ②는 교육에서 다루어지는 지식을 의심하고, 지식의 출처와 소유자, 그리고 그 지식이 옹호하는 사회계층에 더 많은 관심을 가질 것을 요구한다. 마지막으로 ③은 교육자들이 부지불식간에 받아들이게 되는 특정 모델이나 전통 같은 이데올로기적·인식론적 신념을 지적하고 있다.

1970년대에 교육과정 재개념화 운동을 이끌었던 학자들은 학교의 교육과정이 가치 수용적 측면을 강조하여 기존 사회체제에 잘 적응하는 인간형을 길러내는 데 일조한다고 주장했다. 이에 따르면 학교 밖 전문가들이 구성한 표준화된 교육과정과 평가의 도입은 교사들에게 과학적 교수기법을 요구한다. 교사들은 이에 부응하기 위해 외부에서 마련한 지침에 따라 교육과정을 그대로 전달

한다. 결과적으로 교사들은 탈숙련화의 길을 걷는다. 애플은 맥클루어(McClure)와 피셔(Fischer)의 말을 빌려 이 같은 이데올로기가 정당화와 권력 갈등, 논의 양식과 관련되어 있다고 주장한다. 특히 지식의 형식, 그 자체 속에 함축된 사회적 이해관계에 주목해야 한다고 보았다. 이러한 관점에서 애플은 다음 세 가지 영역을 통해 이데올로기와 학교교육 간의 관계를 분명하게 밝힌다.

① 학교 경험에 대한 기본적인 여러 규정들과 그러한 규정들에게서 비롯되는 잠재적 이데올로기적인 교수(教授)는 어떤 것인가? ② 공식적인 교육과정 속에는 어떠한 이데올로기가 포함되어 있는가? ③ 이러한 경험들을 고안하고, 계획하고, 평가하는 방식의 기저를 이루고 있는 이데올로기와 윤리 및 가치관은 무엇인가? _39쪽

애플의 말에 따르면 교육자는 학교제도에 대해 비판적으로 분석하면서도 학생들에게 학교의 실제 생활이 더 보람 있고 더 이상적이며 더 의미 있도록 해야 할 의무를 갖는다. 그는 많은 교육자들이 교육과정을 윤리적·심미적으로 이해하고, 더 나아가 그러한 이해가 또다시 우리 경험의 일부로 치환되는 정의로운 사회 질서에 대해 성숙한 탐구 자세를 갖기를 바랐다. 즉 교육자는 깨어 있는 시민으로서 제 역할을 다해야 하며, '유기적 지식인*'으로서 헤게모니

• 전통적 지식인에 대비되는 말로 기존의 지식과 질서를 무비판적으로 전달하는 것이 아니라 지식과 경험을 사회적 참여와 실천으로 연결하는 사람을 말한다.

에 능동적으로 대항해야 한다는 것이다.

> 교육자는 추상적인 개인이 아닌 유기적 지식인으로, 그의 인식과 활
> 동은 헤게모니에 능동적으로 대항하는 것이어야 한다. _42쪽

문화적 경제적 재생산

애플을 포함한 교육과정 재개념주의자들의 활발한 발언이 있
기 전까지 미국에서 교육과 문화에 관한 이데올로기 분석은 찾아
보기 어렵다. 대부분의 교육이 탈역사적이며, 교육과정 영역에서는
기술적 합리성에 의한 개혁 논리가 지배적이었기 때문이다. 기술적
합리성은 자연적 사물에 과학 이론을 적용하여 인간 생활에 쓸 수
있도록 가공하는 합리적 방법을 뜻한다. 애플의 말에 따르면 기술
적 합리성에 의한 개혁의 논리는 학습이론에서 탈정치적이고 탈역
사적인 언어를 사용함으로써 교육과정 전반에 깔린 복잡한 정치·
경제적 관계를 은폐한다.

애플은 교육학자들이 교육을 탐구하는 방식을 두 가지로 구분
한다. 하나는 학업성취에 중점을 두는 것이고, 다른 하나는 학교를
사회화의 메커니즘으로 보는 것이다. 오늘날에도 그 위세가 대단
한 학업 성취 모델은 학교에서 가르치는 지식을 외부로부터 주어진
것으로 보고 중립적 입장을 견지한다. 따라서 교육과정에서 다루는
지식에 대해서 아무런 의문을 품지 않는다. 표준화된 배움은 학교

간, 개인 간의 성취 비교가 가능하다고 전제한다. 그러므로 개인 또는 집단의 학업 성취를 극대화하는 데 목표를 둔다. 반면 사회화 모델의 주요 관심사는 학교에서 가르쳐야 할 사회규범과 가치들을 개발하는 데 있다. 애플은 사회화 모델이 그 나름의 통제력을 갖고 있으나 사회적 합의, 사회로부터 주어진 가치와 교육제도의 관계에 초점을 두기 때문에 사회적 가치가 기능하며, 그 안에서 특정한 사회적 가치가 지배적으로 기능하게 되는 정치·사회적 맥락을 간과하고 있다고 보았다.

아울러 애플은 교육과정의 사회학과 경제학에 대해 검토하면서 문화적·경제적 재생산 기관으로서 학교를 중요한 연구 대상으로 삼는 학자들의 견해를 간략히 정리했다. 그중에서 몇몇 학자들의 주장을 살펴보면, 보울스(S. Bowles)와 긴티스(H. Gintis)는 교육이 개인들을 한 사회의 비교적 고정된 위치에 배치할 뿐 아니라 형식적·잠재적 교육과정을 통하여 개인을 사회화시킴으로써 제한된 역할들을 정당한 것으로 받아들이게 한다고 말했다. 또한 부르디외(P. Bourdieu)는 중류계층의 문화에 대처하는 학생들의 능력에 초점을 맞추고, 위계적인 사회를 재생산하는 데 있어 학교에 축적된 문화자본이 효과적인 여과장치로 작용한다고 강조했다. 여기서 문화자본이란 문화예술을 생산하고 소비하는 능력, 문화의 장에서 행사할 수 있는 상징적 권위, 공공제도가 부여하는 권력의 행사, 교육과 계급에 의해 축적된 문화적 취향 일체를 가리킨다.

학교는 모든 어린이를 동등하게 다루고 있는 것처럼 하면서 암암리에 이미 중류계급의 언어와 사회적 능력을 획득한 어린이들을 선호함으로써 본질적으로 특정한 문화자본을 당연한 것으로 취급하고 있다. _52쪽

이러한 관점에서 보면 학교는 의도하지 않았지만, 암암리에 문화적·경제적 차별을 재생산하는 것으로 간주된다. 특히 낮은 성취는 학습자 개인의 문제가 아니라 교육과정상의 문제로 경제, 문화, 사회, 조직의 산물이라는 것이다.

학교는 지식과 사람을 '처리(process)'한다. 요컨대 공식적 비공식적인 지식은 종종 계층에 따라 사람을 분류하는 복잡한 여과장치의 기능을 하며, 각 계층집단은 각기 다른 성향과 가치를 배우게 된다. _53쪽

모든 교육과정이나 문화가 단순히 경제적 힘의 산물은 아니라는 것이 애플의 생각이었다. 비판적 접근에 대한 지적 관심은 관계를 파악하는 것이므로 교육과정과 같은 교육현상, 그리고 학교가 가져오는 잠재적인 사회·경제적 결과 간의 미묘한 관계를 밝혀내야 한다는 것이다. 한편 지식의 희소성에 관해 피셔는 다음과 같이 말했다.

높은 지위의 지식은 본질적으로 희소하며 바로 그 희소성 때문에 지식은 어쩔 수 없이 도구화된다. _57쪽

애플은 학문중심 교육과정 운동을 전통적 교육과정 모형에 대한 근본적인 도전으로 보지 않았다. 오히려 학문적 지식이 더는 학교에서 효과적으로 팔리지 않는다는 방증이라고 보았다. 당시 미국에서는 스푸트니크 쇼크를 계기로 예술과 인문학보다는 수학과 과학에 더 많은 재정 지원이 이루어졌다. 애플은 이런 현상이 지속되는 이유를 경제적 유용성과 평가가 가능한 명료해 보이는 지식을 선호하는 데서 찾았다.

사실 우리의 경제구조는 복잡한 기술을 좀 덜 복잡하면서 보다 표준화된 기술로 계속 나누고 쪼개는 것을 요구한다는 브레이버만 (Braverman)의 분석이 옳다면 그러한 기능에는 높은 지위가 부여되지 않기 때문에 경제적 통제가 용이하게 될지도 모른다. 그러나 기술적 지식에는 이것이 적용되지 않는다. _60쪽

'표준화된 기술로 계속 나누고 쪼개는 것'을 한 단어로 표현하면 분업화다. 분업화는 필연적으로 노동의 소외를 가져오고, 자본이나 지배 권력이 경제를 통제하는 것을 용이하게 만든다. 그런데 '기술적 지식에는 이것이 적용되지 않는다'라는 마지막 문장에서 알 수 있듯이 '기술적 지식'은 '표준화된 기술'과는 완전히 다른 개념이다. 지식이 극대화될 때 경제적 유용성이 발생할 거라 생각되는 지식이 바로 기술적 지식이다. 교과로 말하자면 수학과 과학인 셈이다.

애플의 주장 가운데 지금의 시각에서 살펴봐야 할 것이 있다.

교사, 책을 들다

바로 '교육과정 영역에서 기술적 모델을 통한 개혁의 윤리가 지배'하고 있다는 부분이다. 이는 맥락적 통찰이 결여된 무지향성 개혁 방법이 가져올 수 있는 탈역사성의 위험을 지적하고 있는 말이다. 기술적 모델은 교육과정 속 지식 자체를 문제시하고 탐구하는 것이 아니라 지식을 주어진 것으로 보고, 이를 보다 효과적으로 가르치려는 방법과 절차 개발에 주력한다.

학교가 헤게모니가 형성되는 곳이자 경제적·효율적 교육과정에 의해 계급적 정당성을 부여하는 곳이라는 애플의 말은 자칫 학교 교육자들의 역할을 축소할 우려가 있는 것도 사실이다. 교육적 담론이란 적어도 그 안의 구성원들에게 어떤 역할을 제시함으로써 실천 전망을 제공해주어야 하기 때문이다. 뒤에서도 계속 거론되는 애플의 말에 따르면 교육은 원인인 동시에 결과다. 그는 학교는 수동적인 거울이 아니라 능동적인 힘이며, 그것과 아주 밀접하게 관련된 경제 및 사회 형태, 이데올로기 등에 정당성을 부여한다고 말한다. 이러한 관점에서 보면 교사는 외부 전문가들이 구성한 교육과정을 수동적으로 실행하는 존재가 아니라 능동적으로 교육과정을 개발하고 재구성하는 주체여야 한다.

학교생활에서 지식의 생산, 분배 및 통제

학교는 암암리에 특정한 지식을 차별적으로 분배함으로써 사회의 불평등을 유지하는 데 기여하고 있다. 이것은 학교가 기술적 문화적 '상품'의 생산을 극대화하는 기능을 한다는 사실은 물론, 사람들을 경제 구조 내의 적절한 위치에 배치시키는 선발 기능을 담당하고 있다는 사실과도 관련이 깊다. … 학교에서는 한 사회의 가장 강력한 계층의 이념적 헤게모니를 유지하는 데 적합한 잠재적 교육과정을 가르친다. _67쪽

여기서는 '암암리에(impliedly)'라는 말에 주목할 필요가 있다. 이는 '공공연하게(publicly)'라는 말의 상대적 개념이다. 즉 암암리에 특정한 지식을 차별적으로 분배한다는 것은 의도하지 않았으나 결과적으로 그렇게 되는 것을 말한다. 이를테면 학생 누구누구 또는 특정한 지역 출신을 공식적으로 배제하지 않아도 학교의 작동원리 속에서 부지불식간에 차별적으로 배제된다는 것이다. 그리고 배제의 원인을 학교 구조의 문제로 보지 않고, 개인의 문제로 보는 악순환을 반복한다.

한편 차별적 분배의 책임을 교사들에게 돌리는 경우도 있다. 애플이 '낭만적 비판자들의 비판'이라고 부르는 관점으로 이런 문제들이 교사들이 충분한 주의를 기울이지 않았기 때문에 발생한다고 본다. 애플은 학교가 지루하고 흥미롭지 않은 것은 교사들이 무사안일하기 때문이며, 개인적인 것보다는 제도적 목표와 규범을 중시함으로써 오히려 자기가 하는 일로부터 소외되도록 가르친다는 주장에 대해 다음 같은 이유를 들어 반박한다.

첫째, 그러한 관점은 완전히 역사적인 통찰력을 결여하고 있는 것으

교사, 책을 들다

로, 학교가 바로 그러한 것들을 가르치기 위해 만들어졌다는 사실을 간과하고 있다. … 둘째, 그 관점은 학교가 발전된 산업사회의 기본적인 제도의 하나로서 어린아이에게 성인 자격증을 부여하는 중요한 일을 하고 있다는 사실을 간과하고 있다. _68쪽

애플은 교육과정을 공학적인 문제로 인식하는 관점에서는 정해진 교육목표를 효과적으로 달성할 수 있는 수단을 찾는 것을 주요 관심사로 다룬다고 보았다. 학교의 작동원리가 이러하다면 공식적으로 특정 계층의 학생들을 배제하지 않아도 학교교육이 실행되는 과정에서 은연중에 불평등이 내면화된다는 것이다. 학교 지식의 의미 체계를 다루는 일은 전통적으로 교육과정 전문가들이 담당해왔다. 애플은 역사적으로 교육과정 전문가들이 학교교육 내용을 사회통제의 주요 수단으로 여겨왔다고 지적하면서 사실 이것은 별로 놀랄 만한 일은 아니라고 말한다. 학교에서 다루는 지식은 의도하지 않아도 교육자들의 생각과 행동에 일상적 규칙을 제공하는 이데올로기적이며 경제적인 전제 위에서 행해진다는 것이다.

애플의 주장을 오늘날 한국교육과 비교해 생각해보면, 학교를 통해 암암리에 전수되는 지배 이데올로기가 불평등을 만들어낸다는 논리는 상당히 약화되었다. 그 대신에 조금 더 다양하고 복잡한 원인을 가진 불평등과 소외 문제가 불거졌다. 예컨대 취학 전 선행학습은 초등학교 입학 단계에 있는 아이들의 학력 격차를 발생시킨다. 본격적인 학교교육이 시작되기 전에 이미 아이들 사이에 상당한 격차가 형성되고, 이 격차는 대체로 졸업할 때까지 이어진다.

그리고 격차의 상대성은 모든 수준에서 끝없는 경합에 개입하도록 조장한다. 교육과정에서 제시한 성취기준에 도달하는 것이 목표가 아니라 자기가 속한 집단에서 최상위에 오르는 것을 목표로 삼는 것이다. 요컨대 타고난 사회적 배경에서 격차가 발생하고, 경쟁은 그 격차를 더욱 심화시킨다.

학교의 이러한 표준화된 행동양식 속에서 효율성, 경제적 기능주의 및 관료주의에 기초를 둔 이데올로기가 유지되며, 이러한 이데올로 기는 교육과정의 선정과 학교경험의 조직을 지배하게 된다. … 학교 에서 가르치는 지식에 관한 사회적 정의는 교실 안에서의 일상적인 교수와 평가활동에 의해서 유지되며 재창조된다. _75-77쪽

교사들이 당면한 문제와 그들의 반응에 물리적 제약을 가하는 사회·경제적 상황에서 애플은 다음 질문들을 진지하게 다룰 것을 제안한다.

"오늘날의 학교는 누구의 이익을 위하여 기능하고 있는가?", "문화자 본의 분배와 경제적 자본의 분배의 관계는 무엇인가?", "의미와 교과 에 대한 통제를 강화하는 교육제도의 정치적 경제적 현실을 다룰 수 있는가?" _87쪽

아울러 우리의 지식을 지배하고 있는 실증주의적 모델을 극복 하기 위해 학교에서 일어나는 일을 분석하고, 이를 학교의 성장, 즉

교사, 책을 들다

역사에 대한 이해와 결합해야 한다고 주장한다. 1970~80년대는 학교가 '암암리에' 특정 계층의 이익을 위해 기능한다는 의심을 사기에 충분했다. 학교의 주도성이 현저히 약화된 지금, 이러한 논리가 갖는 현대적 의미는 무엇일까? 격차와 소외는 태어날 때부터 생기고, 미디어와 소비생활에 의해 심화되어 마침내 학교에서 확인된다. 따라서 학교교육을 통해 격차를 해소하려는 기본적인 노력을 바탕으로 다양한 가정적·사회적 원인들을 제거함으로써 총체적인 격차 해소의 길을 모색할 수 있다.

교육과정의 역사와 사회통제

애플은 학교의 공식적인 지식체계를 사회적·경제적 통제의 한 형태로 보았다. 부르디외의 말을 빌려 학교는 사람만 통제하는 것이 아니라 의미도 통제하며, 정당한 것으로 생각되는 지식을 보존하고 분배함으로써 특정 집단이 가지고 있는 지식에 문화적 정당성을 부여한다는 것이다. 다시 말해 학교는 기본적으로 불평등한 정치, 문화, 경제제도 등과 깊은 관련을 맺고 있으며, 이러한 불평등은 학교를 통하여 강화되고 재생산된다는 것이 애플의 주장이다. 번스타인(B. Bernstein)은 문화적 재생산이 일어나는 기제를 다음과 같이 설명했다.

학교는 교육과정, 교수 및 이상적인 학교생황에서 이루어지는 평가

활동을 통하여 불평등을 창출하지는 않는다고 하더라도 불평등을 유지하는 데 중요한 역할을 담당하고 있다. 문화를 보존 분배하는 다른 메커니즘들과 함께 학교는 선진 산업사회에서 계급관계의 문화적 재생산에 공헌한다. _92-93쪽

애플은 학교교육의 잠재적 기능 중 하나로 학생마다 각기 다른 성향과 가치관을 가르친다는 점을 언급한다. 예를 들어 전문직이나 관리직으로 일할 가능성이 높은 학생에게는 융통성과 선택 및 탐구를 강조하지만, 반숙련 혹은 미숙련 노동자가 될 가능성이 높은 학생에게는 시간 엄수, 완벽성, 습관 형성을 강조하는 경향이 있다는 것이다. 이어서 그는 도시화와 학교교육의 기능을 고찰하면서 표준화, 관료화 문제를 거론한다.

인구가 증가함에 따라 도시문제는 더욱더 복잡하게 되었고, '이질적인' 아동들의 수가 급증함에 따라 문화적 독립성을 확립하기 위한 어떤 조치가 취해지지 않으면 안 되었다. 이러한 상황에서 취해진 조치가 관료화였다. 관료화는 학교체제의 공고화와 교육의 여러 절차 및 교육과정의 표준화를 의미하는 것으로 이 양자는 경제성과 효율성을 증진시킨다. _96쪽

이러한 상황에서 학교를 개혁하고자 한다면, 애플은 우선 권력집단과 학교를 통해 분배·보존되고 있는 문화와의 역사적 관련성을 인식해야 한다고 주장한다. 그리하여 가장 먼저 제기했던 '학교

는 누구의 이익을 위하여 기능하고 있는가?'라는 질문에 답하자고 한다. 애플의 말에 따르면 학교교육의 근저에는 보수적 이데올로기가 깔려 있다. 즉 영국계 백인들은 그들의 사회를 유지하기 위해 이주민들에게 자신들의 가치관과 규범을 가르치고, 그들을 기존의 경제적 역할에 적응시켜야 했다는 것이다.

기본적으로 보수(conservation)는 새로운 것을 받아들이기보다 관습과 전통을 유지하려는 속성을 갖는다. 보수가 학교를 중심으로 관습과 전통, 기득권을 영속하려는 움직임에 대한 반작용으로 등장한 것이 바로 애플을 중심으로 하는 교육과정 재개념화 운동이다. 1918년 교육과정 분야의 최초 저작물로 알려진 보비트(F. Bobbitt)의 《교육과정(The Curriculum)》을 보면 교육과정 전문가들의 생각을 엿볼 수 있다.

> 초기의 교육과정 전문가는 물론 현재의 교육과정 전문가들을 지배하고 있는 교육과정 구성의 핵심적인 원리는 교육과정은 각기 다른 지능과 능력을 가진 개인들을 각기 다른 성인의 역할에 맞도록 준비시키기 위해 분화되어야 한다는 것이다. _106쪽

애플은 성인의 역할을 다양하게 규정하는 것은 불평등한 사회적 책임을 함축하는 것이며, 이는 곧 불평등한 사회적 권리와 특권을 불러온다고 주장한다. 초기 교육과정 전문가들의 관심은 상호의존적 사회에서 개개인을 알맞은 위치에 배치하는 데 있었다. 한편 듀이는 사회의 상호의존성에 대해 구성원 간 활발한 교섭과 상호

작용을 통해 서로의 관심사를 나누는 것이 중요하다고 보았다. 이것을 민주주의의 기초로 생각했기 때문이다. 그러나 비슷한 시기에 활동했던 보수적 교육과정 전문가들은 개개인을 알맞은 위치에 배치하는 근거로 상호의존성을 활용했다. 다시 말해 수준 높은 지식을 가진 사람이 그렇지 못한 사람들을 관리·통제하는 것이 당연하다고 생각한 것이다. 애플은 피니(C. Finney)의 말을 인용하여 피교육자의 상황에 따른 교육과정의 분화에 대해 다음과 같이 말했다.

> 우둔한 사람들이 스스로 생각할 수 있도록 가르치기보다는 유능한 지도자들이 그들 대신 생각해주고, 그 결과를 그들에게 훈련 주입시키는 것이 더 바람직하다. _108쪽

계속해서 애플은 지능과 민족, 사회의 관계를 언급한다. 보비트와 스네든(D. Snedden)은 교육과정의 분화가 지능에 의해 이루어져야 한다는 논리에 찬성하면서 거기에 더하여 사회계층과 민족적 배경도 고려해야 한다고 주장했다. 아울러 손다이크(E. L. Thorndike)는 미국사회 안에서 천부적인 재능과 높은 지능을 가진 사람들로 사업가와 과학자, 법률가를 꼽았는데, 그 시대에 그런 직업을 가진 사람들은 거의 다 중류층의 영국계 신교도들뿐이었다. 보비트가 학교교육 목표로 제시한 '이상적 성인(ideal adult)' 역시 특정 계층의 아이들에게만 해당되는 목표로, 상당수 아이들의 삶과는 거리가 있었다. 즉 초기 교육과정 전문가들이 말하는 상호의존적 사회란, 시민 모두가 공정하고 정의롭게 기회를 나누는 사회가 아니라 문화적·경

교사, 책을 들다

제적 재생산의 결과에 따라 저마다 알맞은 위치에 배치되는 사회를 의미했다.

이 같은 상황에서 교육과정 개혁자들은 일종의 딜레마에 직면했다. 그 당시 사회는 급속한 산업화로 인해 농업자본이 공업자본화되고, 기술공학의 발전과 이민 등으로 전통적 공동체 문화가 무너지면서 사회적 유대가 약해지고 있었다. 이러한 위기 속에서 과학과 기술의 언어는 교육자들에게 사회적 유대를 강화할 수 있는 새로운 의미를 제공하였다. 그러나 휴브너(D. Huebner)의 주장에서도 알 수 있듯이 과학과 기술의 범주 및 절차는 개인을 추상화함으로써 교육자와 학생들을 상호관계 속에서 파악할 수 없게 만들었다. 휴브너는 과학과 기술의 언어로 사회적 유대를 강화한 방식을 다음과 같이 정리했다.

첫째, 그러한 언어는 교육문제와 교육정책에 대해서는 물론 학교와 사회 간의 관계에 대해서 그리고 교실에서 무엇이 이루어지며, 무엇이 이루어져야 하는가에 대해서 이전의 기술방식보다 훨씬 강력한 설명력을 갖는 기술방식을 제공해주었다. 둘째, 그러한 언어는 학교에서 왜 어떤 일이 일어나며 또 일어나지 않는가의 원인과 이유를 설명해주는 언어이다. 셋째, 그러한 언어는 교육자들로 하여금 통제 및 예언과 조작을 더욱 용이하게 해준다. _112쪽

애플은 과학과 기술의 언어가 당시 교육 개혁자들의 행위를 정당화해줄 뿐만 아니라 다양한 집단과 개인이 해야 할 행동을 규정

해주는 격려자의 역할을 했다고 주장한다. 즉 과학과 기술의 언어가 정치적으로 이용당했다고 본 것이다. 초기 교육과정 학자들은 그들의 보수성을 기능과 능력이라는 과학적이며 중립적인 언어로 명료화함으로써 교육과정이 동질성과 사회통제를 유지하려는 보수적 이해관계에 기여하게 했다.

경제적 재화와 용역이 불평등하게 분배되고 있는 것과 마찬가지로 교육에서는 지식이 불평등하게 분배되고 있다. 만약 우리들이 학교를 개선하고자 한다면, 우선 권력집단과 학교를 통하여 분배 보존되고 있는 문화와의 역사적 관련성을 인식해야 한다. _114쪽

이러한 애플의 생각은 그의 이론을 '저항담론'이라 부르는 이유가 되기도 했지만, 결국 그가 지속적으로 제기했던 질문은 바로 '학교는 누구를 위하여 기능하고 있는가?'였다.

잠재적 교육과정과 갈등의 본질

잠재적 교육과정이란 보통 교사가 제시하는 공식적인 교육목표 속에는 언급되지 않지만 암암리에 효과적으로 가르쳐지고 있는 규범과 가치들을 말한다. _117쪽

애플은 갈등이 학교교육의 생산 기능과 사회화 기능을 촉진하

교사, 책을 들다

는 것 이외에도 두 가지의 이유에서 중요성한 의미를 지닌다고 보았다. 하나는 학교에서 갈등을 다루는 방식이 불평등한 사회 속에서 자원을 획득하는 정당한 방법이 무엇인가에 대한 학생들의 의식에 영향을 미친다는 것이다. 다른 하나는 사회나 도덕 같은 의도적으로 설정된 교과교육보다 '우발적인 학습'이 학생들의 정치적 사회화에 더 중요한 역할을 한다는 것이다. 학생들은 가정이나 또래 집단에서 맺는 대인관계 양식을 통해 권위에 대한 태도를 습득하지만, 학교 역시 가정 못지않게 정치적 사회화를 형성하는 데 기여한다. 애플은 교육과정 매체와 교수에 함축된 잠재적 가정 중에서도 다음 두 가지가 특히 중요하다고 보았다.

> 첫 번째의 가정은 그들이 갈등의 본질과 유용성에 관해 부정적인 입장을 취하고 있다는 것이며, 두 번째는 인간을 가치와 제도를 창조하고 재창조하는 존재로서가 아니라 그것을 받아들이기만 하는 수동적인 존재로 보고 있다는 것이다. 이러한 가정들은 교육자들의 경험을 이끄는 기본원리로 작용하고 있다. _120쪽

애플은 드리븐(R. Dreeben)의 말을 빌려 학교가 특정한 사고방식을 학생들에게 분배하고 내면화시킴으로써 그들로 하여금 산업사회의 안정에 공헌하는 직업 및 정치제도를 받아들이도록 하고, 그것에 따라 살아가도록 하여 결과적으로 사회의 안정에 기여하게 한다고 주장한다. 대부분의 학교에서 가르치고 있는 사회 및 과학교과가 이런 잠재적 교수의 명백한 증거가 된다는 것이다.

특히 애플은 초중등학교의 과학교과의 경우 비현실적이고 보수적인 관점에서 갈등의 기능을 다루고 있다고 보았다. 브루너(J. S. Bruner) 이후 도입된 학문중심 교육과정은 과학을 근본적인 원리에 따라 조직된 지식체계로 인식하거나 때로는 검증을 위해 수집된 자료 정도로 간주했다는 것이다. 그는 학교에서 가르치고 있는 과학적 관점은 실증주의적 이상에 기초하고 있으며, 과학적 탐구란 수락된 타당성의 기준을 만족시켜주는 것으로 개인적이고 정치적인 영향을 받는 일 없이 항상 경험적으로 검증되는 것이라고 가르치는 상황을 문제 삼았다.

> 만약에 이러한 현상이 경제 및 정치구조와 개인의 관계를 보는 기본적인 관점으로 일반화된다면, 그것은 학생들의 순종을 강화하고 '적절한 통로'를 통하여 그들을 그러한 구조로 유도함으로써, 그리고 지식에 관한 다른 관점들은 자연스럽지 못하다고 보는 사고의 기본적 규칙을 제시함으로써, 그 구조를 정당화하게 된다. _128쪽

애플은 갈등에 관한 기본적 가정들을 은연중에 습득하는 또 다른 과목으로 사회교과를 꼽는다. 교육과정을 통해 '사회의 모든 요소들이 서로 기능적으로 관련되어 있으며, 각 요소들이 수행하는 기능은 사회 유지에 공헌하고 있다'고 가르친다는 것이다. 즉 학교는 사회의 내적 불일치와 갈등을 사회의 원활한 기능을 저해하는 것으로 보고, '합의'야말로 무엇보다 중요한 사회적 특성으로 간주한다는 것이 애플의 생각이었다. 이 같은 사실에 비추어볼 때 가르

치고 배우는 내용과 방법을 결정함에 있어 구성원 간의 민주적 소양에 기초한 '합의'가 중요하다는 것을 알 수 있다. 이러한 합의는 애플이 말한 강요되는 합의와는 다른 성격의 것이다. 또한 교과내용은 보편적 시민을 기른다는 관점에서 구성되어야 하며, 수업과 평가의 과정에서도 이러한 원칙을 지켜야 한다.

> 학교교육이 보수적 가치를 지니고 있다는 사실은, 학교에서 이루어지는 대부분의 교육활동에서 학생들은 가치 창조자가 아니라 가치 전수자 혹은 수용자임을 암암리에 강조하고 있다는 데서도 명백하게 드러난다. _129쪽

애플이 보기에 사회적 패러다임은 원래 끊임없이 변화하는 것으로서 때때로 그것은 계급갈등과 사회적 · 경제적 모순에 의해서 전개된다. 그런데 학교는 놀랍게도 초기의 교육과정 학자 및 교육자들이 표명했던 이데올로기적 입장을 그대로 고수하고 있다는 것이다. 그는 당시 개발된 학문중심의 사회과 교육과정에서 갈등은 허용 범위 안에서 해결되어야 하고, 제도의 끊임없는 변화는 별로 바람직하지 못하다는 가정이 기본적으로 깔려 있다고 지적했다. 1970년 미국의 교수연구센터에서 개발된 교육과정은 일반화된 원리들을 체계화하는 '개념구조' 접근방법을 취하고 있었다. 학생들은 역할 놀이와 탐구활동에 참여하면서 이런 원리를 습득했다. 애플은 '정치조직은 갈등을 해소하고 인간 사이의 상호작용을 원활하게 한다'는 일반 원리에서 다음과 같은 원리들이 도출될 수 있다고

보았다. 그러나 흑인이나 라틴계 사람들이 과연 이러한 기술을 지지할지는 의문이라고 말한다.

① 개인들의 행동은 일반적으로 받아들여지고 있는 규칙의 지배를 받는다.
② 가족 구성원은 규칙과 법의 지배를 받는다.
③ 공동사회 구성원은 지도력과 권위의 지배를 받는다.
④ 인간 간의 평화로운 상호작용은 사회통제에 이존하여 유지되고 있다.
⑤ 정부의 형태는 정치체제에 참여하는 사람들의 통제에 의하여 결정된다.
⑥ 안정된 정치조직은 시민들의 생활의 질을 향상시킨다. _132쪽

애플은 사회과 교육과정이나 교실 수업에서 갈등을 사회적 현상이나 사고의 범주로서 거의 다루고 있지 않다는 점을 들어, 과학과 사회교과가 암암리에 합의의 관점을 광범위하고도 강력하게 유포하고 있다고 주장한다. 물론 이 합의는 앞에서 언급한 대로 암묵적으로 강요된 합의일 가능성이 크다. 한편 다렌도르프(R. Dahrendorf)는 갈등을 변화하는 사회의 필연적 산물이자 본질적으로 진보로 이끄는 힘이라고 보았다. 사회의 질서는 변화에 대한 규제이며, 사회 현실은 폐쇄적 기능체계가 아니라 갈등과 유동성이라는 것이다.

의도하지는 않았지만 학교생활 중에 자연스럽게 배우게 되는

잠재적 교육과정은 학교 공간 및 풍토, 교우관계, 교사의 태도 같은 요소들에 영향을 받는다. 애플은 잠재적 교육과정을 형식적으로 편성하지 않았으나 은연중에 학생들에게 형성되는 구성물로 정의한다. 이렇게 보면 '의도하지 않았으나'라는 말이 겸연쩍게 들릴 정도다. 애플이 말하고자 하는 것은 '드러나지 않는 의도'에 있다. 그가 이 책을 쓰고 난 뒤 30년이 지난 오늘의 미국 교육을 어떻게 보고 있는지 알아보는 것은 그래서 의미가 있다. 제임스 빈(James Beane)과 공저한 《마이클 애플의 민주학교》의 한 대목을 살펴보자.

> 연방정부의 정책이 국가 수준의 성취기준과 표준화되고 상세화된 교육과정, 그리고 국가 수준 일제고사의 방향으로 학교들을 몰아세운다. 이러한 정책들은 부작용이 심할 것이라는 뚜렷한 증거가 있음에도 불구하고 감행된다. … 인구센서스 자료에 따르면 미국의 인구 구성은 날이 갈수록 다양해지고 있지만, 교육과정은 서구 문화 전통을 고수해야 한다는 압력이 여전히 거세게 작용한다. 경제계의 요구가 갑자기 우리 교육계의 중요한 목표가 되었다. _《마이클 애플의 민주학교》, 21쪽

1900년대 초기 교육과정 시대, 1970년대 교육과정 재개념화 운동 때와 비교해봐도 현재 미국의 교육환경은 크게 달라지지 않은 것으로 보인다. 이쯤 되면 잠재적 교육과정의 개념 자체가 바뀌야 하지 않나 싶다. 표면적으로 드러나지는 않으나 학습자들에게 영향을 미치려는 의도로 은연중에 작용하는 교육과정으로 말이다.

한편 2000년 이후 한국의 교육상황은 애플이 학교가 '보수적 가치'를 지향한다고 말한 1980년대에 비추어 어떻게 달라졌을까? 여전히 학생들은 지식의 수용자 위치에 머물러 있고, 권력은 암암리에 지배 이데올로기를 전파하고 있을까? 한국의 경우 정권의 성격을 막론하고, 교육 분야에서 교육정책이나 입시제도, 교육과정을 통해 그 영향력을 행사해왔다. 최근 논의되고 있는 국가교육위원회 설립 움직임은 이 같은 현실을 극복하기 위한 노력의 일환이다.

학습자의 사회적 배경에 따른 교육 격차는 점점 커지고 있다. 특히 코로나19 감염병 사태로 도입되었던 원격수업은 이미 존재했던 교육 격차와 양극화를 사회적 담론화로 이끌었다. 그런데도 한국 교육에 있어 정부의 영향력은 예전만큼 강력하지 않은 것으로 보인다. 그보다는 좋은 일자리를 향한 경합, 경쟁적 대학입시, 사교육의 확대가 두드러지면서 교육에 대한 시장의 개입은 더 확대되었다. 시장논리가 정치논리를 견인하며 영향력을 증폭시키고 있는 형국이다.

체제경영과 통제의 이데올로기

애플이 일관되게 제기하는 질문은 이데올로기가 교육자들의 의식 속에 어떻게 침투하고 있는가 하는 것이다.

교육과정과 교육학 일반에서 기술적 효율적 과학적인 관점들의 언어 및 논리 구조가 맡고 있는 잠재적인 역할은 어떤 것인가? 그러한 관점에 의해서 누가 이익을 얻는가? 그러한 관점에서 도출되는 범주와 의식의 형태들이 어떻게 사회경제적 이해관계 메커니즘으로 기능하는가? 그러한 이해관계에 의해 도움을 받고 있는 것은 실제적인 개인들인가 아니면 추상화된 개인들인가? _145쪽

과학적 경영논리가 처음으로 교육과정에 들어온 것은 1918년 보비트에 의해서였다. 공장에서 표준화된 제품을 빠르게 대량으로 생산하던 '일관작업열(assembly line)'은 사회 전반에 영향을 미쳤다. 그것은 최소 투입으로 최대 산출을 얻고자 하는 효율성 추구로 이어졌고, 기대하는 결과를 얻기 위해 적용 가능한 일반 원리를 찾게 만들었다. 기술적 합리성(technical rationality)에 의한 과학적 교수기법은 같은 내용을 여러 교실에서, 각기 다른 교사가 가르칠 때 기준을 정하는 방법이었다.

이러한 메커니즘은 앞서 제기한 애플의 질문에 기술공학적 방식으로 응답한다. 산업현장에 적용했던 체제경영 논리가 교육 분야에 도입되고, 통제의 이데올로기가 작동하게 되는 것이다. 애플이 이 책을 통해 논리실증주의를 바탕으로 하는 기술, 효율, 과학을 계속해서 비판하는 것은 이와 같은 이유에서 비롯한다. 그는 지식과 상징이 이런 원리들의 여과장치를 통해 선택되고 조직된다고 보았다. 또한 이런 원리들은 스스로를 정당화하며 우리 상식의 일부를 이룬다고 생각했다. 애플은 교육목표를 '측정 가능한 학습자의 행동'으로 진술하는 것에 반대한다. 이와 관련해 교육 분야에서 체

제경영 기법의 선구자인 포팜(W. J. Popham)은 이렇게 말했다.

행동적 목표 진술에 반대하는 사람들은 교수의 질을 끝도 없이 하락시키는 불명료한 사고를, 비록 조장하지 않는다 하더라도 허용하고 있는 것이다. _147쪽

포팜의 입장에서 보면 교육의 목표를 행동적으로 상세하게 기술해야 학습자가 목표에 이르렀는지 알 수 있고, 나아가 교사 간, 학급 간 비교가 가능하다. 그러나 애플은 행동적 목표 진술에 반영된 가정들, 즉 교육에서의 체제경영에 이데올로기적 기초를 제공하는 가정들을 비판한다. 이러한 가정들은 암암리에 지적 갈등과 가치 갈등을 간과하면서 도덕적 질문과 기술적 질문을 분리하는 시대착오적인 과오를 범한다는 것이다. 아울러 교육에서 체제 용어(system terminology)의 사용이 증가한 것을 두고 비현실적이라 지적하고, 그 이유를 사회·정치적 측면에서의 보수적인 신념에서 찾았다. 다시 말해 학교에서 가르치는 지식은 지배적인 사회제도를 반영하며, 계속해서 그것을 재생산하고 있다는 것이다.

체제적 접근은 정밀하고 과학적인 분석을 위한 것이라는 생각이 일반적이다. 그러나 산업현장과 학교의 차이점에 대한 숙고 없이 교육에 적용되는 체제적 접근은 효율성에만 관심을 둘 뿐 다른 형태의 가치 판단은 배제한다. 이를 두고 휴브너는 '기술주의적'이라 말하지만, 애플은 인간 행동에 대한 순진무구한 환원주의적 접근 경향은 1930년대 철학에서 연유한 것으로서 지금의 교육과정을

정당화하기에는 이미 한계를 드러내고 있다고 보았다.

교육이론의 '기술주의적' 모델 속에 깊이 박혀 있는 보수주의적 경향
의 가장 전형적인 예로는 사회적 현실과 일방적이고 무비판적인 관계
를 맺고 있는, 추상화된 개인의 창조를 들 수 있다. _151쪽

기술주의적 모델은 지적인 것은 감정으로부터 분리되어 있고,
또한 행동으로 구체화할 수 있다고 여긴다. 애플은 이런 환원주의
적 사고방식이 인간 행위의 본질을 근본적으로 잘못 이해하고 있다
며 비판한다. 모든 인간 행동을 구체화해야 한다고 생각하는 교육
자들이 도덕적 선택을 조작이라는 슬로건으로 대체시키고 있다는
것이다. 그는 교육과정을 구안하고 교육환경을 조정하는 일은 본
질적으로 정치적·도덕적 과정이라고 생각했다. 이어서 애플은 우
리에게도 익히 알려진 타일러(R. W. Tyler)의 교육과정 모형˙을 거론
한다. '한 체계의 효율성은 그 체계의 목표 달성도에 달려 있다'는
가정에 따르면, 질서라는 명목 아래 체제의 목표에 상반되는 견해
들이 갈등하고 조정되는 정치적 과정을 간과하게 만든다는 것이다.
기술적 합리성의 동기는 명백히 경제적 효율성의 추구다. 당연
히 현대사회에서 기술주의는 보수의 전유물이 아니다. 국가의 경영

˙ 타일러의 합리적 교육과정 개발 모형은 학교가 달성해야 할 교육목표의 추출, 설정된 교
  육목적을 달성하기 위한 학습경험의 선정, 선정된 학습경험의 조직, 교육목표에 따른 평
  가 등 네 단계로 구성되어 있다. 교육목표를 먼저 추출한다고 해서 '목표중심 교육과정 모
  형'으로도 불리는 이 모형은 단계적으로 이루어지며 피드백 체계를 이룬다.

수단으로 작용하는 효율성 추구는 이미 우리 삶 속에 깊숙하게 들어와 있다. 그리고 여기에서 교육과 정치, 교육과 경제 사이의 갈등 상황이 생긴다. 교육 본연의 목적을 지향하고자 하는 편과 교육을 이익 실현의 도구로 생각하는 편 사이에 간극이 발생하는 것이다. 현대사회에서는 국가와 시민의 갈등에 앞서 구성원끼리 서로의 이익과 욕구가 충돌한다. 2000년대에 이르러 교육은 지배 이데올로기보다 시장논리의 개입력이 커지는 상황을 맞았다. 1980년대의 문화적 재생산이 지배 권력에 의한 이데올로기적 계층 분리를 가져 왔다면, 2000년대 이후 문화적 재생산은 시장의 영향력 아래서 발생하고 있다. '금수저 흙수저'로 불리는 수저계급론은 경제적 동기에서 비롯한 계층 분리 현상을 반영한다.

애플은 체제적 언어의 특징에 대해서도 이야기한다. 체제적 언어는 비록 숨겨져 있지만, 사람들에게 교육의 정교함을 믿게 만드는 힘이 있어서 어떤 문제를 체제용어로 표현하면 대중들은 그것이 과학적이라고 믿는다는 것이다. 하지만 체계적 절차의 내용은 공허한 것에 불과하며, 체제적 사고는 교육 문제에 적용될 수 있는 형식 혹은 방법론에 불과하다고 주장한다.

교사들 역시 수업 공개와 평가의 장면에서 '학습목표를 구체화하라'는 요구를 받는다. 이는 수업 계획 단계에서 학생들의 행동을 예측할 수 있다는 가정에 기초한다. 즉 수업 행위를 정교한 계획에 따라 차례대로 수행하는 일련의 과정으로 보는 것이다. 이 같은 통념은 교실 안에서 일어날 수 있는 비예측적이며 역동적인 상황을 배제함으로써 학습자의 성장 가능성을 도외시한다. 이렇게 교육에 체제경영 절차를 적용할 때 나타날 수 있는 문제점을 극복하기 위해 애플이 제시한 대안을 다음과 같다.

첫째, 교육자들은 산업적인 목적에서 차용된 것이 아닌 다른 형태의 체제이론을 심층적으로 분석해야 한다.

둘째, 체제경영 자체 내의 논쟁에 참여함으로써 그것이 안고 있는 이론적 실제적 문제를 인식해야 한다. _164쪽

애플은 이런 방법을 통해 교육자들이 자기수정이라는 원래의 맥락에서 괴리된 피상적이며 일방적인 체제이론의 차용을 멈출 수 있을 거라고 보았다. 이는 학교 밖의 시선으로 자신을 객관화하여 교육자 개인과 구조의 관계를 탐색함으로써 극복이 가능하다. 그러나 현실에서 교육자들은 체제의 일부로 기능하기 일쑤이며, 그 속에서 자신을 방어하는 문화를 형성한다. 교사들의 공부는 구조와 개인, 학교와 사회 사이에 놓인 간극들을 교육적 시선으로 탐색하도록 돕는다.

일상적 범주와 명명 과정

애플은 사람들이 일상적으로 사용하는 기본적인 가정에 관심을 두지 않는다는 사실이 별로 놀랍지 않다고 말한다. 왜냐하면 그런 가정들은 잘 드러나지 않고 말로 표현되어 있지 않으며, 명백히

밝히기도 어렵고 형식화하기는 더욱 어렵기 때문이다. 또한 우리의 일부가 되어서 표현할 필요가 없다는 것도 그 이유라고 밝힌다. 그러나 그는 긴 안목으로 볼 때 학교의 교육과정을 이해하게 해주는 문제의식과 비판적 사고를 중시해야 한다고 주장한다. 그 이유는 다음과 같다.

첫째, 교육과정 전문가들은 학생 및 다른 사람들에게 영향을 미치는 교육제도를 만들고 유지시키는 데 있어 큰 역할을 하고 있다. 따라서 교육과정 전문가들은 그들을 이끌고 있는 논리와 의도를 인식해야 한다. 특히 명시적 잠재적인 이데올로기와 정치적 목적을 의식해야 한다.

둘째, 합리적인 탐구행위 자체가 비판적 사고를 요구한다. … 그들은 연구를 수행하고 학생들을 다루는 데 있어 체계성과 통제의 개념을 그들의 실천적 이론적 활동의 이상으로 삼아왔다. 이러한 생각은 행동적 목표 진술과 교육 분류에 잘 나타나 있다. 이러한 목표 진술과 분류는 오늘날에는 별로 효력이 없는 합리성의 개념에 기초하고 있는 것이며, 제한된 관점을 가지고 있을 뿐 아니라, 역사적으로나 경험적으로 볼 때 부적절한 것이다. _173-174쪽

논리실증주의를 바탕으로 한 과학적 교수기법을 지지하는 학자들은 합리성이 정연한 논리구조를 갖춘 신념과 개념, 그리고 한때 교육과정을 지배했던 지적 패러다임에 기초를 두고 있다고 말한다. 그러나 애플의 생각은 달랐다. 그는 합리성을 전문가 집단이

나 개인이 취하는 특정 시기에 특정한 지적 입장을 말하는 것이 아니라, 어떤 학문 영역이 기존의 이론과 주장을 비판하고 변화시킬 수 있는 조건과 절차로 보았다. 요컨대 애플이 말하는 비판적 관점은 우리의 상식적 사고를 지배하고 있는 기본적인 가정과는 반대로 항상 현상 간의 관계를 파악하는 것이다.

첫째, 탐구의 대상이 되고 있는 문제는 그것이 어떻게 발달해왔으며, 어떤 조건에서 형성되었는가 하는 역사적인 시각에서 파악되어야 하며, 동시에 겉으로 드러나지 않는 모순과 미래의 경향도 파악되어야 한다.

둘째, 탐구되고 있는 대상은 그것이 바깥으로 드러내고 있는 특성에 의해서 뿐 아니라, 그것이 다른 교인들과 맺고 있는 보이지 않는 관계에 의해서도 규정된다. 이러한 관계들이야말로 대상을 현재의 모습으로 있게 하여 그것에 제1차적인 의미를 부여해주는 것이다. _179-180쪽

애플은 에델만(M. Edelman)의 말을 빌려 임상적 언어와 사회통제에 대해서도 말한다. 교육자들이 사용하고 있는 언어 형태는 그들의 현실에 질서를 부여할 뿐만 아니라 암암리에 지위와 권력 그리고 권리를 정당화한다는 것이다. 도움을 주면서 동시에 제도와 기존의 권력 분배에 봉사하는 자유주의적 관점의 모순을 검토해야 한다는 것이 에델만의 생각이었다. 같은 입장에서 애플은 자유주의적·임상적 관점과 치유적 언어 및 '도움을 준다'는 구실 아래 붙여진 이름들은 학교에서 이루어지고 있는 통제를 은폐한다고 말한다.

이러한 가정은 다음과 같은 특징들을 갖는다.

첫 번째 특징은 연구자 혹은 교육 실천가들이 제도에 의해서 이미 다르거나 일탈된 것으로 명명된 개인들을 연구하거나 다루고 있다는 것이다.

둘째, 임상적이며 '도움을 준다'는 관점들은 어떤 문제가 생겼을 때 그것의 원인을 제도보다는 개인의 결점에서 찾으려는 경향이 강하다.

셋째, 제도에 의해 붙여진 이름과 정의를 받아들이는 연구자와 실천가들은 이러한 범주 내에 있는 사람들 모두가 동질적이라는 가정을 한다. _195-196쪽

학교를 공장 모델에 비유한 클리바드(C. Kliebard)는 효율성 논리가 학교에 적용된 것은 산업사회에서의 사고와 행동에 본질적 준거를 제공해주는 이데올로기, 다시 말해 표준화된 기법, 이익, 계속된 분화, 노동의 통제 및 합의를 핵심으로 하는 도구적 이데올로기에서 기인한다고 보았다. 애플은 선택의 전통이 지배집단과 계층의 계속된 지배에 공헌하는 문화자본을 정당한 지식으로 전환하고, 학생들을 다루기 쉬운 범부로 만들어내는 기능을 수행한다고 말한다. 아울러 기술적 지식은 학생들을 생산에 공헌하는 능력에 따라 계층화시키는 미묘한 여과장치의 역할을 한다고 생각했다.

우리의 규범적 지적 활동이 헤게모니의 유지에 공헌한다는 사실을 인식하기는 어렵다. 그러나 그러한 활동들이 사회의 실제적인 지배체제

교사, 책을 들다

와 맺고 있는 관계를 밝힘으로써, 학교에서 문화적 경제적 재생산의 메커니즘이 어떻게 작용하고 있는가를 알 수 있다. _206쪽

여기서 지극히 현실적인 문제를 한 가지 짚어보자. 전문가들은 애플의 주장대로 학생과 사람들에게 영향을 미치는 교육과정을 만들고, 그것을 유지하는 데 중요한 역할을 하고 있을까? 적어도 우리 교육현실에서는 기존의 질서를 유지·강화하는 것보다는 각 영역에서 분출하는 요구를 조정하는 것을 더 중요시한다. 교육과정을 설계할 때 전문가는 스스로 자기 영역의 확대를 주장하거나 이미 제출된 요구를 조정하는 역할을 수행한다. 이것은 새로운 지배 이데올로기일까, 아니면 경제적 관점에서 비롯한 영역 이기주의일까? 교육과정을 둘러싼 이해는 국가와 교육 대상 사이에서 벌어지는 이데올로기 전수를 넘어 교육을 통해 다양한 이해 요구를 관철하려는 시장논리, 그리고 각 학문 영역의 유지 논리와 밀접하게 닿아 있다.

이데올로기의 재생산을 넘어서

학교에서 다루는 지식의 성격에 관해 애플만큼 독특한 관점으로 접근한 사람들이 또 있을까 싶을 정도로 그는 이 문제를 집요하게 파고들었다. 애플은 이 책의 첫 장에서 교육과정 속에 숨어 있는 이데올로기적인 내용을 밝히기 위해 다음과 같은 의문을 제기한다.

학교에서 가르치고 있는 지식은 누구의 지식인가? 누가 그것을 선정하는가? 왜 그것은 특정한 방식으로 조직되고 가르쳐지는가? 그리고 그것은 왜 특정한 집단에게만 가르쳐지는가? _18쪽

그리고 마지막 장에서 이 의문을 보다 자세히 다룬다.

학교에서 가르치고 있는 지식은 누구의 지식인가, 왜 그 지식은 특정한 방식으로 특정한 집단에게 가르쳐지고 있는가, 그것이 선진 산업사회의 문화적 권력과 생산양식의 통제 및 재화와 용역의 분배 간의 복잡한 관계 속에서 수행하는 명시적 잠재적 기능은 무엇인가 _209쪽

앞에서 언급한 타일러의 합리적 모형은 블룸(B. Bloom)과 메이거(R. Mager)를 거치면서 교육목표 분류학, 행동적 수업목표 설정 등으로 더 구체화되었다. 그런데 타일러는 학습목표를 분명히 하고, 이를 수행하기 위한 학습경험을 선정·조직해야 한다고 말할 뿐 교육과정에서 '어떤 지식'을 다루는지, '누구에 의한, 누구를 위한 지식'을 다루는지는 말하지 않았다. 이를 두고 애플은 학교에서 다루는 지식 문제를 정면으로 직시하지 않는 교육과정은 학교에서 불평등을 보존·강화할 뿐이라고 주장한다. 다시 말해 단순한 부의 대물림이 아니라 부의 대물림을 자연스럽게 받아들이도록 하는 규범과 성향을 분배하는 곳이 학교라는 것이다. '문화적 재생산'의 기초가 된 이런 생각은 한때 계급적 지향을 드러내는 것으로 이해됐다. 그러나 '금수저 흙수저' 이야기가 대중적으로 회자되면서 계층 분리

교사, 책을 들다

는 더 이상 저항담론에서만 머무는 주제가 아니게 되었다. 한마디로 금수저 흙수저 이야기의 학술 버전이 문화적 재생산이며, 문화적 재생산의 현실 버전이 바로 '수저계급론'인 것이다.

애플은 교육을 둘러싼 통치 이데올로기의 전수 측면에 집중하여 문화적 재생산 논리를 밝히려 들었다. 그러나 오늘날 개인의 성취에 영향을 미치는 요소들은 훨씬 다양하고 복잡한 양상을 띤다. 우리는 '금수저 흙수저'라는 말을 들을 때 지배 이데올로기보다는 가정환경을 먼저 떠올린다. 지배 이데올로기가 계층 분리를 심화시켰다 할지라도 당장의 금수저 흙수저 논리는 개인의 역량을 부모의 지원으로 환원시킨다. 애플이 1980년대의 보수적 기획을 비판하면서 '문화적 재생산'을 이야기했다면, 2000년대 한국에서는 보수와 진보를 가리지 않고 격차 해소를 요구하는 목소리가 크다. 이러한 관점에서 볼 때 교육을 통해 격차를 해소하려는 노력은 학교 차원을 넘어 사회 전반의 불평등을 해소하려는 총체적 접근을 동반해야 한다.

애플은 교사의 역할이 인간주의적 차원을 넘어 보다 관계적이어야 한다고 보았다. 인간 개체들 사이의 관계뿐만 아니라 인간과 구조, 그리고 인간과 제도 사이의 관계에 대해 진지하게 질문을 던질 수 있어야 한다는 것이다. 이는 곧 교사가 교육제도의 정치적·경제적 현실을 다룰 수 있어야 한다는 말이다. 그래서 교육활동을

• 지금은 대중적 상징이 된 '금수저 흙수저론'은 본시 "은수저를 물고 태어나다(born with a silver spoon in his mouth)."라는 오래된 영문 관용구를 기원으로 본다. 수저계급론은 이를 금수저, 흙수저로 명료하게 대비시켜 계층 분리를 설명한다.

최일선에서 실행하는 교사가 교육활동의 원천인 교육정책 및 교육
과정의 설계 과정에 참여해야 한다는 논리가 성립한다.

> 교사들이 자신들의 일을 외부의 간섭이나 지시를 따르는 대신 전문성
> 을 가지고 스스로 관리하는 문제는 교육에 투여되는 자원이나 교육과
> 정의 필수 요소를 둘러싼 문제에만 국한되는 것이 아니다. 이 문제는
> 수업을 어떻게 실행할 것인가 하는 것에서도 발생한다. _《마이클 애플의
> 민주학교》, 47쪽

애플의 깊은 통찰력이 엿보이는 대목은 권력과 지식, 이해관계
가 어떻게 서로 얽혀 있고 어떤 방식으로 드러나는지, 그리고 헤게
모니가 경제적, 문화적으로 어떻게 드러나는지를 낱낱이 밝혀야 한
다는 주장에서 한 걸음 더 나아가 다음과 같이 사고한 점이다.

> 이와 동시에 그러한 것들이 숨김없이 밝혀졌을 때 우리들이 느끼게
> 되는 개인적 집단적 무력감 자체도 효과적인 지배문화의 한 측면임을
> 알아야 한다. _216쪽

애플은 이런 무력감 역시 이데올로기의 한 형태로 우리가 가
장 가치 있게 여기는 것을 부정하는 사회적 조건에 의해 구체적인
행동을 취할 수 없게 만든다고 보았다. 그리고 갈등을 덮고 합리화
하는 것 또한 헤게모니를 관철시키는 한 형태라는 것이다. 앞서 언
급했지만 현대사회에서 헤게모니의 각축은 국가와 시민 사이에서

교사, 책을 들다

거의 일어나지 않고, 과거에 비해 그 비중도 훨씬 약해졌다. 그보다는 각 경제 주체와 이해관계가 얽혀 있는 영역들 사이에서 상호 충돌한다. 따라서 개인이 느끼는 무력감은 국가가 조장하는 이데올로기의 전수 측면이라기보다는 따라잡기 힘든 사회적 조건에서 발생한다. 과거 권위주의적 정권하에서는 원인 해소의 창구를 정부 당국으로 단순화시킬 수 있었지만, 지금은 다양하고 복잡한 사회적 작동 탓에 호소할 곳을 찾기 어렵다. 개인적·집단적 무력감이 심화하는 이유다. 무력감의 원인을 정확히 특정할 수가 없으니 누굴 대상으로 투쟁하고 요구할 것이냐가 불명확해지는 것이다. 이와 관련하여 애플은 이 책 말미에 몇 가지 문제를 제기한다.

> 우리는 우리가 확실성에 도달할 수 없을 것이며, 우리의 대답과 행동이 상황에 따라 변하고 모호성으로 가득 차 있다는 사실을 정직하게 대면할 수 있을 것인가? 그렇다면 우리는 어떻게 행동할 수 있을 것인가? 이러한 딜레마에 대처해나갈 수 있는 하나의 방법은, 넓은 의미에서의 합리성은 우리들에게 변증법적인 비판적 이해를 요구하고 있으며, 이러한 비판적 이해는 정치적 행동의 일부임을 깨닫는 것이다.
> _222쪽

애플은 교육과정 설계의 쟁점을 합리모델을 적용하여 해결할 수 있는 기술적 문제로 보지 않았다. 그보다는 듀이에서 휴브너로 이어지는 긴 노선을 따라 교육과정을 복잡하고 지속적인 환경 설계의 과정으로 생각했다.

교육과정을 '사물'로 생각하지 말라. 강의 계획서 혹은 하나의 연구 과정으로도 생각하지 말라. 대신 계속 재구성되는 상징적·물질적·인 간적 환경이라고 생각하라. 만약 교육과정이 충분히 사회적이고 개 인적인 것이 되고자 한다면, 그 설계 과정은 기술적인 것뿐 아니라 심 미적이고 윤리적이며 정치적인 것까지도 포함하지 않으면 안 된다. _

《학교지식의 정치학》, 267쪽

애플이 《교육과 이데올로기》를 처음 펴낸 1979년 이후로 많 은 시간이 흘렀다. 그 사이 애플이 가졌던 문제의식은 어떻게 변했 을까? 이후에 나온 그의 저작들을 살펴볼 때 그가 제기한 문제들 은 여전히 유효한 측면이 있다. 오늘날 자본과 시장의 주도로 이루 어지는 문화적 재생산은 더욱 노골적으로 진행되고 있고, 교육개혁 을 위한 시도는 여러 곳에서 방해받고 있다. 애플은 《학교지식의 정 치학》에서 데일(R. Dale)의 말을 빌려 그 동맹-교육과 사회 정책에 서 학술적으로 새로운 '헤게모니 블록'으로 불리는 새로운 동맹-이 지향하고 있는 목적을 '보수적 현대화'라는 말로 표현한다. 보수적 현대화 과정에서 민주주의는 소비 관행으로, 시민권은 소유적 개인 주의로 그 의미가 축소되어 왔다는 것이다. 그리고 타인에 대한 적 의와 공포에 뿌리를 둔 정책이 유지되도록 강요되어 왔다고 주장 한다.

민주주의를 마치 상품화된 재화처럼 소비하는 풍경이 있다. 이

기획 안에서 구성원끼리 경쟁하고 다투며 서로 유리한 고지에 올라서기 위해 소모적 에너지를 쓰게 된다. 특히 아주 가까운 사람끼리도 특정 주제에 한해서는 경쟁 상대가 되고, 한쪽이 이득을 보면 다른 한쪽은 손해를 보게 되는 상황이 생긴다. 예를 들어 복지예산을 어느 쪽에 지출할 것이냐 하는 문제는 필연적으로 청년과 노인 사이의 갈등을 전제한다. 미디어 역시 사실을 전달하는 것에 앞서 대중에게 노출되는 것이 그 자신의 생존에 유리하기 때문에 더욱 선정적이고 자극적인 기사를 쓴다. 공적 산물의 성격을 지녀야 할 미디어가 점점 더 시장논리의 지배를 받고 있는 것이다. 디지털 세상에서 일상의 네트워크화는 이런 현상을 더욱 가속화한다.

'자유'라는 개념은 현실 논리 속에서 어떻게 해석될까? 자유의 개념을 처음 배울 때는 모든 강제로부터 벗어나는 것을 개념화하지만, 자라면서 이 개념이 모든 사람에게 같은 의미로 해석되지 않는다는 사실을 알게 된다. 어떤 이들에게 자유는 전적으로 '자본의 자유로운 이동'과 같은 의미를 갖는다. 여기서 파생한 '자유민주주의'의 개념을 알아보자. 진보는 '자유'를 누구에게도 예속당하지 않고 모두가 평등하게 누릴 수 있는 권리로 생각하는 반면, 보수는 기득권에 대한 방해 없이 자유롭게 경쟁할 수 있는 권리로 생각한다. 즉 보수가 생각하는 자유민주주의는 명확하게 경제적 동기를 함의하고 있다. 이 경제적 동기가 더욱 고도화된 자유주의가 신자유주의다.

이어서 '공정'의 개념도 살펴보자. 통념상 공정은 도덕적·윤리적·절차적으로 차별 없는 상태를 뜻한다. 그러나 어떤 이들에게 공정은 옳고 그름의 문제가 아니라 경쟁에서 이길 수 있는 조건의 문제가 된다. 이미 축적된 자원을 바탕으로 자유롭게 경쟁해봤자 결과는 뻔하다고 생각하기 때문이다.

의미가 어휘를 매개로 개념화되는 과정은 필연적으로 누군가의 이익에 봉사하고, 누군가는 소외시키도록 작동한다. 이것은 가르치고 배우는 과정을 '특정의 절차와 방법'으로 치환하는 수업혁신에도, 매뉴얼과 연수 쇼핑에 기대는 교사에게도 정확히 해당하는 말이다. 절차와 방법 위주의 교육혁신은 오히려 교사들을 탈전문화의 길로 이끈다. 교사들이 왜 잘 짜인 지도안을 찾는지, 왜 연수 이수가 형식적으로 이루어지는지 살펴볼 일이다.

학교에서 다루는 지식이 누구에 의해 정해지고, 누구의 이익에 기여하는가 하는 의문은 접어 두고, 그저 지식을 전달하는 데에만 매달린다면, 일상적 이해에 매몰되어 그것에 순응하는 결과로 귀착될 수밖에 없다. 요즘 화제인 '교육과정 재구성'의 경우도 마찬가지다. 지식의 본질에는 다가서지 못한 채 기존의 지식을 이리저리 필요에 따라 옮기고 나누고 합쳐본들 진정한 교육은 보장하기 어렵다. 교육과정은 전문가가 세심하게 고려하여 구성한 것이므로 교사는 현장에서 실행만 하면 된다는 관행적 사고가 바뀌지 않는 한 모든 것은 공허한 노력에 불과하다. 교육과정은 국가의 것이 아니다. 교육과정은 국가와 구성원이 함께 만들어가는 가르침과 배움의 방향이자 내용이며, 또한 가르치고 배우는 자가 함께 만들어가는 경험의 총체이기 때문이다.

교사, 책을 들다

네 번째 책

인간의 존엄성을 생각하는
역량담론

《역량의 창조》

마사 누스바움 지음 | 한상연 옮김 | 돌베개

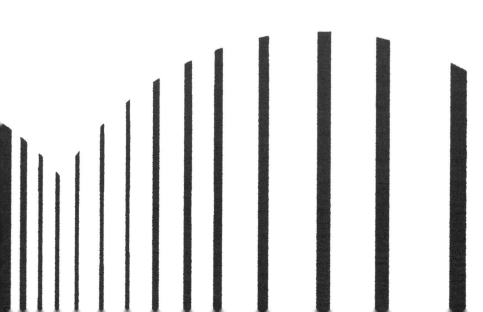

함께 읽으면 좋은 책

《시적 정의》
마사 누스바움 지음 | 박용준 옮김 | 궁리 | 2013

《학교는 시장이 아니다NOT FOR PROFIT》
마사 누스바움 지음 | 우석영 옮김 | 궁리 | 2016

《인간성 수업》
마사 누스바움 | 정영목 옮김 | 문학동네 | 2018

《자유로서의 발전》
아마르티아 센 지음 | 김원기 옮김 | 갈라파고스 | 2013

⋮

2001년 OECD에서 미래 핵심역량의 범주를 구분하여 제시한 이래로 교육계는 역량담론의 풍년이다. 국가교육과정에서도 핵심역량을 제시하고 있으며, 각 시도교육청 역시 지역의 특색을 반영한 역량 기준들을 내세우고 있다. 이러한 현상은 2016년 다보스포럼과 알파고 충격을 거치면서 단순 암기식 지식교육만으로는 미래 시민으로 살아갈 역량을 키울 수 없다는 문제의식에 의해 더욱 가속화되었다. 아울러 2020년 전 세계를 강타한 코로나19 감염병 사태는 교육 전반에 걸쳐 이전과 다른 새로운 상상을 우리에게 요구하고 있다. 코로나 이전과 코로나 이후의 교육은 접근방식부터 달라져야 한다는 말까지 나오고 있는 상황이다.

최근 두루 쓰이는 '역량(competencies)'은 특정 과제를 처리하기 위한 지식, 기술, 태도의 집합을 뜻한다. 대체로 인지, 사회·정서, 행동 영역을 포함한다. 한편으로 역량은 학생들이 교육을 통해 성취해야 할 최소 목표이기도 하다. 역량에 대한 문제의식은 그동안의 교육이 지식 습득 위주로 이루어지면서 실제로 사회에서 요구하는 능력 요소와 부합하지 않는다는 반성 속에서 빠르게 퍼졌다. 교육계는 물론 사회 전반에서 역량을 이야기하면서 그동안 우리가 의심 없이 받아들였던 역량담론에 대한 진지한 고찰이 필요하다는 생각이 피어났다.

역량담론은 미래사회를 주도적으로 이끌어나갈 시민을 키우는 데 있어 충분한 정당성을 바탕으로 하고 있는가? 모든 사회 구성원이 평등하고 정의롭게 교육에 참여할 수 있다는 가능성을 전제하고 있는가? 나아가 다른 성(性), 다른 문화, 다른 환경에 있는 사람들이 의심 없이 받아들일 수 있을 정도로 일반성을 가지고 있는가? 이러한 질문들과 함께 역량은 오로지 학교교육을 통해서 학생들에게 축적되는 것인지, 아니면 학교 안팎을 막론하고 삶의 전 과정에서 창조해나가야 할 생애 과제인지도 따져볼 문제다.

마사 누스바움(Martha C. Nussbaum)은 《역량의 창조(Creating Capabilities)》를 통해 이 같은 물음에 답하고 있다. 누스바움은 1947년 미국에서 태어나 법철학자, 정치철학자, 윤리학자, 고전학자, 여성학자로 활동해왔다. '인간다운 삶에는 무엇이 필요한가?'라는 부제가 말해주듯 이 책에서는 인간다움에 대한 깊은 사유를 바탕으로 핵심역량을 제시한다. 이 책의 가치는 GDP 접근법, 공리주의 접근법, 자원 중심 접근법 등 능력 있는 인간에 대한 기존의 접근법을 하나하나 비판하면서 자신의 역량관을 펼쳐 보인다는 데 있다. 특히 GDP 접근법을 반복적으로 비판함으로써 생산의 총량을 따지고 순위를 매기며, 달성해야 할 기준을 정하는 일이 국가와 개인의 삶을 이끌어가는 주요 원동력이 된 상황을 개탄한다.

코로나19 감염병이 지구촌을 뒤덮고 있는 지금, 각 국가들은 방역을 위해 인적·물적 자원을 총동원하고 있다. 월드오미터*는 코로나19와 관련하여 각국의 확진자 수, 사망자 수 등의 통계를 실시간으로 중계한다. 여기서는 국가 단위로 이루어지는 감염병과의 전쟁 상황에 대해 비교하기 쉬운 데이터로 순위를 매긴다. 신기한 것은 이 순위가 국가별 GDP 순위와 거의 일치한다는 점이다. 이 통계는 또한 코로나19 감염병이 선진국을 중심으로 빠르게 확산되었다는 사실을 보여준다. 선진국의 경우 인구밀도와 밀접 접촉 가능성이 높아서라고 생각할 수도 있지만, 선진국일수록 높은 수준의 의료와 방역 기술을 보유하고 있다는 점을 감안하면 단순히 인구밀도와 밀접 접촉 문제만으로 확진자가 폭증했다고 보는 것은 무리가 있다. 감염병의 매개로 작용한 급격한 도시화, 사람과 물류의 빈번한 이동, 국가 간의 활발한 교류 상황에서도 GDP는 국가경쟁력의 가장 확실한 기준점이었다.

GDP 접근법은 무엇에 강조점을 두고, 무엇을 소홀히 하면서 발전해온 것일까? 교육에서 GDP 접근법은 어떤 방식으로 작동하며, 무엇을 유지하려 하고 무엇을 회피하거나 소외시킬까? 각국이

---

* https://www.worldometers.info/coronavirus/

예외 없이 받아들이고 있는 국가 단위 규모의 경제와 교육은 어떠한 상관관계를 가지고 있을까?

이 같은 질문을 통해 누스바움은 알게 모르게 우리 삶의 표준으로 자리 잡은 GDP 접근법을 정면에서 비판하고, 인간의 개별성과 고유성 위에서 대안을 찾고자 한다. 이를 위해 인도에서 여성으로 산다는 것이 어떤 의미를 갖는지를 추적하고, GDP 접근법이 삶의 질을 제대로 보여주고 있는지도 관찰한다. 그리고 이 관찰 결과를 근거로 핵심역량 열 가지를 제시한다.

다음으로 국가와 개인을 지탱해왔던 여러 역량 접근법을 분석·비판하고 인간이 누려야 할 근본권리를 성찰한다. 인권, 문화, 사회적 약자, 젠더, 동물의 권리 등 누스바움이 관심을 둔 영역들은 행위 주체자로서 인간 개인을 특별히 강조한다. 이는 그동안 선보였던 역량의 성격과는 다소 결이 다른 것으로 시민 개개인의 삶의 질을 추구하는 방식이다. 교사와 아이들은 단지 수업에서만 만나지 않는다. 교사는 수업을 포함한 전체 교육활동을 매개로 아이들과 관계를 맺는다. 지금 당장 아이의 성취에 기뻐하기도 하지만, 장차 아이가 이룰 가능성까지도 살핀다. '사람은 실제로 무엇을 할 수 있고 또 무엇이 될 수 있는가?', '사람이 누릴 수 있는 실질적 기회는 무엇인가?'와 같은 물음은 당장 행해야 할 것이 아닌 훗날의 가능성을 예비하는 진지한 통찰이다. 바로 이런 인간 고유의 가능성에 무게를 두고 교육적 관계를 추구하자는 것이 누스바움의 제안이다.

《역량의 창조》에서 누스바움이 주장하는 바는 두 번째 장인 '핵심역량'에 다 드러나 있다. 첫 번째 장은 두 번째 장을 뒷받침하는 근거로 작용한다. 즉 GDP와 삶의 질을 비교하는 내용은 '핵심역량'을 이끌어내기 위한 논리적 근거인 셈이다. 이어서 '여러 가지 접근법'은 앞장인 '핵심역량'을 보완하는 내용을 담고 있다. 결과적으로 이 세 장이 《역량의 창조》의 전부라 해도 과언이 아니다. 혼자 책을 읽거나 학습공동체에서 교재로 사용할 경우 앞의 세 장(필요하다면 8장 추가)을 중심으로 집중적인 읽기와 토론을 진행하면 좋겠다.

GDP와 삶의 질

한 국가의 진정한 부는 국민이다. 국민이 오랫동안 건강하고 창의적인 삶을 누릴 환경을 만들어내는 것이 개발의 진정한 목적이다. 이 간단하지만 강력한 진실은 물질적·금전적 부를 추구하는 과정에서 종종 잊히곤 한다. _12쪽

누스바움은 GDP가 부의 분배를 무시하는 단순한 평균치에 불과하기 때문에 삶의 질을 제대로 보여주지 못한다고 비판한다. 그는 경제성장의 성과를 자랑하는 보고서가 불평등과 박탈감에 시달리는 사람들을 위로해주지 못한다고 보고, 이론을 말하는 새로운 접근법을 위해 인도에서 여성으로 산다는 것의 의미를 탐색한다.

인도 서북부 구자라트주의 대도시 아흐메다바드에서 살아가던 30대 초반의 여성 바산티는 남편의 학대를 견디다가 이혼한 뒤 친정으로 돌아간다. 그곳에서 바산티는 가난한 여성을 돕는 NGO 여

성자영업자조합(Self Employed Women's Organization, SEWA)의 도움으로 자립에 성공한다. 이후 이 조합에서 제공하는 교육 프로그램을 통해 읽고 쓰는 법을 배우면서 사회적·경제적 독립과 정치적 참여의 중요성을 깨닫게 되고, 지역사회의 가정폭력과 맞서 싸우는 일에도 열심히 참여한다.

누스바움은 바산티가 처한 상황의 특징을 포착하여 적절히 분석하고, 필요한 조치를 권고할 이론에 대하여 고민한다. 바산티의 체구가 작은 것은 어린 시절 영양상태가 좋지 않았기 때문인데, 이는 빈곤의 결과였을 뿐 아니라 성차별의 결과였다. 인도의 불평등한 재산법과 상속법은 바산티와 같은 여성들의 처지를 더욱 어렵게 한다. 인도 전체로 보면 남성의 75.3퍼센트가 읽고 쓸 줄 아는 반면 여성의 문자해독률은 53.7퍼센트에 그친다. 누스바움은 문자해독률의 남녀 격차 요인을 기대수명과 건강에 따른 격차 요인과 관련이 있다고 보았다. 가난한 가정에서 태어난 바산티는 결혼생활 내내 남편의 폭력에 시달렸다. 그녀의 신체보전과 건강은 끊임없이 위험에 처했고, 존엄성은 침해당했다. 바산티는 자신을 학대하는 남편 말고는 모든 사회적 관계로부터 분리되었다. 이혼 후에 그녀의 의식을 깨어나게 한 곳은 여성자영업자조합(SEWA)이었다. 바산티가 SEWA를 통해 자신의 사회적 위치가 어디에서 비롯되었는지를 알게 될수록 그전에는 몰랐던 문제도 중요해진다. 이 모든 과정이 개인의 노력으로만 이루어지는 사회는 공공성이 결여되어 있는 사회다. 누스바움은 SEWA와 같은 다양한 공공정책이 바산티가 '선택하고 행동할 기회 및 자유'에 어떤 영향을 미쳤는지 알아보는 과정이 중요하다고 말한다.

숫자에 불과한 1인당 GDP가 아무리 높다 한들 바산티의 삶
과는 아무런 관련이 없다. 구자라트주 어디엔가 외국자본의 투자
로 평균적인 부가 늘어나더라도, 그녀의 문제는 해결되지 못한다.
GDP는 부의 분배를 무시하는 단순한 평균치이기 때문이다. 누스
바움은 찰스 디킨스의 《어려운 시절》에서 한 장면을 빌려와 GDP
접근법의 허상에 대해 말한다. 소설 속에서 선생님은 전학생인 곡
마단 소녀 씨씨 주프에게 교실을 5천만 파운드의 돈이 있는 국가로
상상해보라고 말한다.

"20번 여학생, 돈이 5천만 파운드 있으면 부자 국가라고 할 수 있지
요? 여러분은 부자 국가에 사는 거지요?" _26쪽

이 질문을 받은 씨씨는 "모르겠어요."라고 답한 뒤 울면서 교실
을 뛰쳐나간다. 나중에 그는 친구 루이자에게 선생님의 질문에 대
답하기 힘들었다고 말한다.

"누가 그렇게 많은 돈을 가졌는지, 그중에 내 것도 있는지 몰라서 대
답할 수 없었어. 이제 생각해 보니 나하고는 아무 상관이 없는 거였
어. 어차피 내 몫은 하나도 없을 테니까." _26쪽

씨씨 주프의 이 말은 그 어떤 이론보다 GDP 접근법의 허구성
을 잘 설명하고 있다. 바산티가 살았던 지역의 1인당 평균 GDP가

아무리 상승하더라도 그녀의 삶에는 영향을 미치지 않는 것처럼 국가가 부자라고 해서 모든 개인이 풍족한 삶을 사는 것은 아니기 때문이다. 이러한 측면에서 소설 속의 선생님은 국가가 부자이면 모든 개인도 부자라는 거짓 명제를 강요하는 폭력을 저질렀다. 우리에게 필요한 것은 선생님이 강요하는 접근법이 아니라 씨씨 주프와 같은 문제의식에서 출발하는 접근법이다. 즉 모든 사람에게 삶의 목적을 성취할 기회와 방법을 열어주는 접근법이 필요하다. 물론 모든 시민에게 인간의 존엄과 발전의 기회를 완벽하게 보장해주는 국가는 존재하지 않는다. 그러나 누스바움이 말하는 역량 접근법은 최소한 이런 현실을 꿰뚫어 보는 눈을 우리에게 제공한다.

핵심역량

역량의 개념

우리가 흔히 역량이라고 할 때, 영어로는 'competencies'라는 단어를 사용한다. 그러나 누스바움이 말하는 역량의 영문 번역은 'capabilities'다. 원서 제목이 《Creating Capabilities》라는 것에 비추어볼 때 누스바움이 말하는 역량은 배우거나 익히는 것이 아닌 '창조(creating)하는 것'이다. 이는 인간을 인적자원 개발의 대상으로

• 경우에 따라 capabilities를 '토대역량'으로 번역하기도 한다. 토대역량은 행위주체성을 지닌 개인이 원하는 삶의 기능을 선택하고, 그에 따라 행동할 수 있는 기회의 범위를 일컫는다. 이것은 누스바움이 말하는 역량의 의미와 전적으로 같다.

교사, 책을 들다

볼 것이냐, 고유성을 가진 창조적 주체로 볼 것이냐의 차이를 간명하게 드러낸다. 누스바움은 역량 접근법을 인간의 삶의 질을 비교평가하고 기본적 사회정의에 관한 이론을 세우기 위한 접근법으로 정의한다. 그가 말하는 역량 접근법의 개요는 다음과 같다.

1) 사람을 목적으로 보면서 총체적 잘살기나 평균적 잘살기가 무엇인지 묻고 사람이 어떤 기회를 활용할 수 있는지 살핀다.

2) 선택과 자유를 중요하게 생각하고, 기회와 실질적 자유를 증진하는 사회가 좋은 사회라고 주장한다. 이때 선택과 자유는 오롯이 사람 자신의 몫이다.

3) 가치다원주의 입장도 확고하게 견지한다. 사람마다 핵심역량을 달성한 정도는 양적, 질적으로 다르기 때문에 역량을 단일 수치 척도로 환원해 평가하면 반드시 왜곡이 생긴다고 보기 때문이다.

4) 사람의 구체적 특징을 이해하는 것이 역량의 성취를 이해하는 근본이라고 본다.

5) 아주 뿌리 깊은 사회적 부정의와 불평등, 특히 차별이나 소외의 결과인 역량 실패에도 관심을 기울인다. 사람의 역량과 삶의 질을 끌어올리는 것이 정부와 공공정책의 시급한 과제라고 본다. _33-34쪽

누스바움이 말하는 역량이란 한마디로 '이 사람은 무엇을 할 수 있고 무엇이 될 수 있는가?'라는 물음에 대한 대답이다. 아마르티아 센(Amartya K. Sen)은 역량을 실질적 자유이자 선택하고 행동할

수 있는 기회의 집합이라고 정의한다. 한 사람의 고유 역량을 가리키는 동시에 그것과 정치적·사회적·경제적 환경의 조합이 만들어내는 자유나 기회라는 것이다.

누스바움은 복잡한 역량 개념을 알기 쉽게 설명하기 위해 실질적 자유를 '결합역량'이라고 부른다. 바산티의 사례를 살펴보면 결합역량은 구체적인 정치적·사회적·경제적 상황에서 선택하고 행동할 기회의 총합이다. 그리고 결합역량은 사람의 특성과 밀접한 관련이 있지만, 사람이 가진 특성의 일부이기 때문에 이 둘(결합역량과 사람의 특성)은 서로 구분되어야 한다. 누스바움은 고정적이지 않고 유동적이며 역동적인 사람의 상태를 '내적역량'이라고 일컫는다. 그는 이것을 선천적 능력이 아니라 훈련되거나 계발되는 특성과 능력으로 대부분 정치적·사회적·경제적·가족적 환경과의 상호작용 속에서 길러진다고 보았다. 다시 말해 바산티의 학습된 정치적 기량이나 바느질 솜씨, 새로 얻는 자신감과 과거에서 비롯한 두려움의 극복 같은 특성이 내적역량인 것이다.

내적역량과 결합역량의 구분은 중요하다. 누스바움은 이 두 역량이 서로 중첩되지만 엄연히 별개인 품위 있는 사회의 두 가지 과제와 일치한다고 말한다. 사회는 내적역량을 만드는 데는 능하지만, 사람이 내적역량에 맞게 기능할 기회가 활짝 열려 있는 것은 아니라는 것이다. 예컨대 내적역량의 차원에서는 누구나 종교의 자유를 누릴 수 있지만, 결합역량의 차원에서는 정부가 종교의 자유를 보호하지 않는 탓에 종교의 자유를 누릴 기회가 없는 사람들이 생길 수 있다. 결국 결합역량이 내적역량에다 기능을 선택할 수 있는 정치적·사회적·경제적 상황을 더한 것으로 정의된다는 점에서 개념 상 내적역량 없이 결합역량만 생성하는 사회를 떠올리기 힘들다는 것이 누스바움의 생각이다.

선천적 역량을 드러내기 위해 누스바움은 기본역량이라는 말을 사용한다. 그는 아기가 태어난 뒤에도 잠재력은 물론이고, 이미 환경에 의해 결정된 태아기의 내적역량에도 관심을 기울여야 한다고 보았다. 누스바움의 주장에 따르면 역량 접근법은 능력 우선주의적 관점, 즉 더 많은 능력을 타고난 사람이 우대받아야 한다는 관점에서 기본역량을 바라보지 않는다. 오히려 타인의 도움을 받아야 최저수준 이상의 결합역량을 확보할 수 있는 사람이 우대받아야 한다고 주장한다.

> 역량과 기능은 동전의 양면과 같은데, 기능은 한 가지 이상 역량의 적극적 실현이다. … 기능은 역량의 결과물이거나 실현물로서 상태와 행위다. _40쪽

누스바움은 역량과 기능을 비교할 때 염두에 두어야 할 것으로 '선택할 기회'를 말한다. 선택할 기회는 역량의 개념 안에 오롯이 담기는 또 하나의 개념이다. 예를 들어 굶주리는 사람과 단식하는 사람은 영양 섭취에 관한 한 똑같은 유형의 기능을 하지만, 똑같은 역량이 있다고 보기는 힘들다. 단식하는 사람은 단식하지 않겠다는 선택을 할 수 있지만, 먹을 것이 없어 굶주리는 사람은 굶주리지 않겠다는 선택을 할 수 없기 때문이다.

몇몇 정치적 견해는 국민이 건강하게 살아가고 보람 있는 일을 하며 종교의 자유를 누린다면 정부는 제 몫을 다한 것이라고 본다. 그러나 역량 접근법은 그렇지 않다. 사람이 실질적 자유를 누리기 위해서는 기능이 아니라 역량을 정치적 목표로 삼아야 한다고 주장한다. 일례로 건강을 증진하는 정책과 건강역량을 증진하는 정책 사이에는 도덕적으로 엄청난 차이가 있다. 건강역량을 증진하는 정책은 개인이 선택한 삶의 방식을 존중하지만, 늘 건강을 살필 수 있는 상황에 있는 사람과 살아가는 데 급급하여 건강에 신경을 쓸 여유가 조금도 없는 사람에게 동일한 선택의 기회가 주어졌다고 말하기는 어렵다. 이것이 누스바움이 건강을 증진하는 것과 건강역량을 증진하는 것에는 도덕적 차이가 있다고 말한 이유다. 누스바움이 역량 접근법에 윤리적 가치를 부여하는 것은 그 사회가 공정한 방식으로 육성하고 뒷받침해야 할 역량이 무엇인지를 묻기 때문이다.

10대 핵심역량

누스바움의 역량 접근법은 박탈당하면 인간다운 삶을 살 수 없을 정도로 중요한 자유의 영역을 보호하는 데 주된 관심을 기울인다. 또한 현재 사람들의 선호에서 가치를 도출하지 않으므로 지지자의 수가 아니라 논거의 질적 수준을 중시한다. 그의 역량 접근법에 의하면 정부는 국민에게 품위 있는 삶, 번영하는 삶을 제공하기 위해 다음과 같은 10대 핵심역량의 최저수준을 보장해야 한다.

1. 생명(life): 평균수명을 누리며 살 수 있게 해줘야 한다.

2. 신체건강(bodily health): 양호한 건강을 누릴 수 있어야 한다.

3. 신체보전(bodily integrity): 자유롭게 이동할 수 있어야 한다.

4. 감각, 상상, 사고(senses, imagination, and thought): 감각기관을 활용할 줄 알아야 하며, 상상하고 사고하고 추론할 줄 알아야 한다.

5. 감정(emotions): 주변 사람이나 사물에 애착을 느낄 수 있어야 한다.

6. 실천이성(practical reason)*: 선(善) 관념을 형성할 수 있어야 한다.

7. 관계(affiliation): ① 다른 사람과 더불어 살고 … 다양한 사회적 상호작용에 참여할 수 있어야 한다. ② 자존감의 사회적 토대를 마련해주어야 한다. … 인종, 성별, 성적 지향, 민족적 배경, 사회계급, 종교, 국적 등에 근거한 차별이 사라져야 한다.

8. 인간 이외의 종(other species): 동물이나 식물 등 자연계에 존재하는 모든 것에 관심을 기울이고 관계를 맺으며 살아갈 수 있어야 한다.

9. 놀이(play): 웃고 놀 줄 알아야 하고 여가를 즐길 수 있어야 한다.

10. 환경통제(control over one's environment): ① 삶에 지대한 영향을 미치는 정치적 선택 과정에 효과적으로 참여할 수 있어야 한다. ② 재산을 소유할 수 있어야 한다. _48-50쪽

누스바움은 역량을 무엇보다 개인의 것으로 보았다. 집단의 역량도 개인의 역량에서 나온다는 것이다. 역량 접근법은 사람을 목적으로 대우하라는 원칙을 옹호하고, 각 개인의 역량을 만들어내

* 삶의 계획을 비판적으로 성찰하는 역량

는 것을 목표로 삼아야 한다고 강조한다. 특히 핵심역량 목록의 각 항목은 이질적이어서 어느 하나로 환원될 수 없다고 말한다. 누스바움은 인간존엄성을 존중하기 위해서는 모두에게 10대 핵심역량을 최저수준 이상으로 광범위하게 보장해줘야 한다고 주장한다.

우리에게 가장 많이 알려진 역량담론 중 하나는 OECD 핵심역량이다. 이는 1997년부터 2003년까지 진행한 미래교육 프로젝트의 결과로 나온 '핵심역량 정의 및 선정 프로젝트(DeSeCo Project)'와 2015년부터 진행하여 2018년에 발표한 'OECD 교육 2030'을 포함한다. DeSeCo 프로젝트는 역량의 목표를 개인과 사회의 성공으로 본다. 역량의 범주로는 도구를 상호작용적으로 사용하기, 이질적 집단에서 상호작용하기, 자율적으로 행동하기 등이 있다. OECD 교육 2030은 역량의 목표를 개인과 사회의 웰빙(well-being)에 둔다. 역량의 범주로는 새로운 가치 창출, 긴장과 딜레마 조정, 책임감 갖기가 있다. 두 역량담론 모두 미래사회를 대비하는 인적자원 개발의 중요성을 강조한다.

역량(competencies)에 대한 관심은 1990년대 초반 직업교육 쪽에서 생겨났다. 이때 역량의 개념은 어떤 과제를 성공적으로 수행하기 위해 동원할 수 있는 지식, 기술, 태도의 집합체였다. 한국은 2015 개정 교육과정 총론에 지식정보처리, 창의적 사고, 공동체, 의사소통, 심미적 감성, 자기관리 등 여섯 가지 범주의 핵심역량을 도

• OECD(2018), The OECD Learning Framework 2030
  https://www.oecd.org/education/2030-project/

교사, 책을 들다

입하였다. 이는 학생이 학교생활 전반을 통해서 길러야 할 능력으로 일반역량에 해당한다. 아울러 학생들이 교과학습을 통하여 그러한 능력을 갖추기 위해서 어떠한 지식과 기능 및 태도를 습득해야 하는지를 기본으로 하여 학습내용을 선정하고 조직하였다.* OECD 는 역량의 범주를 지식(knowledge), 기술(skill), 태도와 가치(attitude & value)로 분류한다. 이 같은 범주 분류에 따라 DeSeCo 프로젝트와 OECD 교육 2030, 그리고 2015 개정 교육과정의 핵심역량과 누스바움이 말하는 핵심역량을 표로 정리했다. 이러한 인위적 도식화는 내용을 한눈에 파악하기 쉽다는 장점이 있으나 때로 각 요소들이 갖고 있는 다양한 맥락을 단순화시키거나 숨긴다. 이 점을 경계하면서 다음 표를 참고하면 좋겠다.

분류	DeSeCo 프로젝트	OECD 교육 2030	2015 개정 교육과정	누스바움의 10대 핵심역량
지식	도구의 상호작용적 사용	새로운 가치 창출	지식정보처리, 창의적 사고	감각/상상/사고, 실천이성
기술	이질집단에서 상호작용	긴장과 딜레마 조정	공동체, 의사소통	감정, 관계, 놀이
태도와 가치	자율적 행동	책임감 갖기	심미적 감성, 자기관리	생명, 신체건강, 신체보전, 인간 이외의 종, 환경 통제

각 역량 간의 공통점을 볼 때 2015 개정 교육과정은 OECD 범주 분류와 유사하다. 그것의 적극적 표현이 창의융합적 인재 양성

---

* 교과역량은 성취기준에 반영된다. 역량을 반영한 성취기준은 단순한 지식 습득을 넘어 학생이 아는 것을 적용하고 지식을 통해 무엇인가를 할 수 있는지를 나타낸다. 한마디로 '아는 것'과 '하는 것'을 통합하기 위한 접근이다.

이라는 핵심역량의 목표이다. 이들 역량담론은 공통적으로 개인의 지식과 기술, 태도와 가치 함양, 개인의 학습 책무를 강조한다. 이는 곧 국가경제의 발전과 인재 양성을 위한 교육을 사고하고 있다는 뜻이다. 아울러 개인 상호 간의 이해와 욕구를 조절하기 위한 '의사소통 능력'과 '자기관리'를 내세운다. 여기서 요구하는 인간은 어떤 상황에서도 개인의 능력을 발휘할 수 있는 다기능적 인재이다.

이에 반하여 누스바움의 핵심역량은 여러 곳에서 국가의 책무를 강조한다. 특히 생명, 신체건강, 신체보전 등은 다른 역량담론에서는 거론하지 않은 것으로 이 핵심역량들은 국가 혹은 공동체의 책임을 강조한다. 그중에서도 '인간 이외의 종'은 동식물에 대한 인간의 관심을 말하는데, 이 역시 다른 역량담론에서는 찾아볼 수 없는 것으로 누스바움만의 독특한 사고를 알 수 있는 대목이다. 결국 기존의 역량담론과 누스바움의 핵심역량의 차이는 그 목표를 교육을 통한 인적자원 개발로 보느냐, 생애 전반을 통한 인간다운 삶의 영위로 보느냐다. 여기서 전자의 목표는 누스바움이 반복해서 지적하는 GDP 접근법의 연장이라 할 수 있다. 물론 OECD 교육 2030에서 개인과 사회의 웰빙을 목표로 삼은 것은 DeSeCo 프로젝트에서 한 단계 진전한 것이다.

교육과정에서 제시하는 역량은 해당 국가의 조건과 환경, 그리고 당대의 사회적 요구를 담아 설정한다. 어떤 역량 접근법이든 지식 전달 위주의 교육으로부터 자신의 삶을 개척하기 위한 능력 및 타인과 관계하는 방법을 키워 사회적 관계에 참여하는 인간을 기르는 데 목표를 둔다. 이를 두고 지식 자체보다 지식을 습득하는 방법에 중점을 둔 것이 아니냐는 비판도 있지만, 어떤 역량 접근법도 지식교육 자체를 도외시하지 않는다. 오히려 잘 구조화된 역량은 지식의 습득과 생성, 연결로 이어지는 미래지향적 지식교육을 전망한다.

누스바움의 역량 접근법은 교육을 통해 학습자의 삶을 지원하는 것을 넘어 생애 전반에 걸쳐 개인의 노력과 국가의 지원이 통합돼야 함을 주장한다. 요컨대 교육과정을 통해 제시하는 역량(competencies)이 공식적 학교교육이 지향해야 할 바를 담고 있다면 누스바움의 역량(capabilities)은 학령기 대상자뿐만 아니라 모든 시민의 삶을 풍요롭게 하기 위한 접근법이라 할 수 있다.

역량의 순위와 최저수준

10대 핵심역량은 다소 추상적이다. 그러면 누가 이 역량들을 구체화하는가? 대체로 각 국가의 헌법체계가 핵심역량을 구체화한다. _57쪽

바산티의 사례에서도 알 수 있듯이 개별적 인간만을 바라봐서는 역량 문제를 해결하기 어렵다. 역량의 구체화는 제도적 절차로 뒷받침될 때만 의미 있게 보호할 수 있다. 달리 말해 개인이 기회를 추구할 자유를 명시한 헌법체계가 없는 나라에서는 역량 접근법이 생명력을 갖기 힘들다. 물론 제도의 정착만으로 개인의 역량을 보장할 순 없다. 제도와 개인을 이어주는 다양하고도 촘촘한 사회적 매개와 교육, 시민적 소양을 동반하지 않는다면 제도만으로 개인의

기회를 보장하기는 힘들기 때문이다. 헌법이나 법률 등의 제도적 장치는 개인의 역량을 구현하는 데 있어 가장 기본적인 전제 조건이다.

각 역량은 고유한 가치와 중요성을 지니므로 둘 이상의 역량이 충돌하는 상황은 비극이라고 누스바움은 말한다. 어떤 선택을 하든 적어도 한 가지 역량은 보장받지 못하기 때문이다. 그는 표준적인 비용 편익 분석으로는 이처럼 비극적인 선택을 해야 하는 상황을 제대로 파악할 수 없지만, 역량 접근법의 관점에서는 문제와 답을 알아내기 쉽다고 주장한다. 결과적으로 역량 접근법이 널리 인정받는다면 비극적 선택을 해야 하는 상황이 펼쳐질 때 지금처럼 수수방관하는 일은 사라질 것이라는 것이 누스바움의 생각이다. 역량 접근법이 지금 당장 역량의 최저수준 이상을 보장해주지 못해도, 그것에 가까이 다가갈 방법을 고민할 것이라 보았기 때문이다. 이러한 측면들은 누스바움이 말하는 역량에 '가능성'과 '잠재성'을 동시에 부여한다.

어려운 처지에 놓인 사람을 구제할 때 당장 생계에 보탬이 될 물품을 지원하는 것은 중요하다. 그러나 사회적으로 자립할 수 있는 후속 조치가 따라오지 않는다면 그 사람의 처지를 변화시키기는 힘들다. 근본적인 문제 해결을 위해서는 도움이 필요한 사람에게 어떤 가능성과 잠재성이 있는지 살피는 것이 중요하다. 지금 바로 실천으로 옮길 수 없지만, 앞으로 자신과 사회를 위해 기여할 것이라고 생각되는 역량, 그것이 곧 가능성이자 잠재성이다. 학습이 더딘 학생에게 한 문제의 정답을 알려주는 것과 학습하는 방법을 교육하는 것은 가능성과 잠재성 측면에서 다른 접근이다.

누스바움은 10대 핵심역량의 각 항목은 서로를 뒷받침해주는 관계라고 보았다. 그중에서도 관계 역량과 실천이성 역량은 다른 역량을 체계화하고, 그 안으로 녹아들어 간다는 점에서 독특한 구조적 역할을 한다고 말한다. 개인의 실천이성 역량은 한마디로 올바른 선택을 할 수 있는 역량이다. 결국 어떤 정책이 훌륭하다는 것은 개인의 실천이성 역량을 존중해주는 것을 의미한다. 이때 모든 개인은 양심과 종교의 자유(혹은 종교를 선택하지 않을 자유)를 갖고 있다는 것을 전제해야 한다. 또한 사람은 사회적 존재로서 존중받는 것이 중요한데, 이때는 관계 역량이 기여한다. 이러한 관점에서 볼 때 어떤 의료서비스가 공공의 목적을 달성한다는 구실로 개인의 프라이버시를 무분별하게 침해하는 것은 부적절한 처사라 할 수 있다.

최근 코로나19가 유행하는 국면에서 우수한 방역 관리를 보여줬다는 한국의 사정을 보면, 감염 경로를 추적하는 과정에서 개인의 사생활이 노출될 위험이 있다는 문제가 계속해서 제기되어 왔다. 누스바움이 말하는 관계 역량은 이런 방역 관리 시스템이 과연 개인의 사회적 존재를 존중하는지를 묻고 있다. 이 문제에 대한 대안은 아마도 더 큰 유행을 막기 위한 체제와 개인 간의 '사회적 계약'이 될 것이다. 요컨대 개인의 동의가 없는 사생활 침해는 관계 역량 측면에서 부적절한 것이고, 사회적 존재로서 개인을 존중하는 행위도 아니다.

누스바움은 10대 핵심역량 목록에서 가장 중요한 것은 최저수준 개념이라고 말한다. 더불어 자신의 역량 접근법은 부분적 사회정의 이론으로서 모든 분배 문제를 해결하지 못하고, 다만 광범위한 사회적 최저수준을 구체적으로 보장하려 노력할 뿐이라고 밝히고 있다. 사회정의 이론으로 분배 문제를 해결할 수 없다는 말은 의미심장하다. 정의로운 사회는 이론이나 정책으로만 이뤄지는 것이 아니라 각 구성원의 의지와 노력의 산물이기 때문이다. 누스바움은 사회정의의 최저수준을 정할 때 공상적 이상주의에서 비롯된 극단론을 경계해야 한다고 주장한다. 한쪽 극단에서는 사회정의의 최저수준을 너무 높게 정해 세계 그 어떤 국가도 달성하지 못하는 일이 벌어지고, 다른 한쪽 극단에서는 사회정의의 최저수준을 너무 낮게 정한 탓에 인간존엄성이 요구하는 수준에 미치지 못하는 사태가 일어난다는 것이다. 일각에서는 누스바움의 이론이 현실을 무시한 채 인간의 고유성과 존엄성의 이상적 가치를 추구한다고 비판하지만, 오히려 누스바움의 주장은 철저하게 현실에 기반하고 있다. 우리가 경계해야 할 것은 양극단이며, 여기에서 나온 이분법적 사고다.

누스바움은 울프(J. Wolff)와 드샬리트(A. De-Shalit)의 주장을 빌려 생산적 기능이 다른 역량의 수준을 한층 더 끌어올리는 구실을 한다고 말한다. 그리고 관계 역량은 여러 영역에서 다른 역량의 형성을 도와주기 때문에 생산적 기능이라는 것이다. 한편 유해한 약점은 생산적 기능과 정반대되는 개념으로, 역량을 빼앗겨 삶의 여러 영역이 엄청난 악영향을 받는 것을 가리킨다. 바산티 이야기에서는 남편의 폭력이 유해한 약점으로 작용했다. 가정폭력으로 '신체보전' 측면에서 보호받지 못한 바산티는 건강과 정서적 행복 역량, 관계와 실천이성 역량 등이 손상될 위험에 처했었다. 그러다 생

교사, 책을 들다

산적으로 기능하는 교육을 받고, 여러 방면에서 다양한 선택의 기회를 누릴 수 있게 되었다.

누스바움은 10대 핵심역량을 놓고 최우선으로 보장할 역량의 순위를 매겨야 하는 불가피한 상황도 분명 있을 수 있다고 말한다. 그럴 때는 생산적 기능과 깊은 관련이 있고, 유해한 약점을 제거하기 쉬운 역량을 최우선으로 보호해야 한다고 주장한다. 이 같은 원칙을 세워두면 비극적 선택을 할 수밖에 없는 상황이 닥쳤을 때, 상당히 도움이 된다는 것이다. 이것은 희소한 자원을 집중적으로 투자하는 것이 최선의 대안일 때도 마찬가지다. 이러한 접근은 누스바움의 역량 접근법에 현실성을 더한다.

인적자원 개발 측면에서는 도달해야 할 평균적 역량을 개인에게 제시하는 정도로 그친다. 비용의 부담이나 사회적 관계의 구축 등은 여전히 개인의 몫으로 남는다. 평균적 역량을 계발하기에는 사람들은 저마다 다양한 층위의 삶을 살아가고, 그들이 처한 상황도 제각각이다. 이럴 때는 여러 가지 역량 중에서도 국가나 공동체가 시급하게 보장해야 할 역량을 고려해야 한다는 것이 누스바움의 논리다. 즉 공동체 안에 속한 사람 중 적어도 생명 유지나 신체보전을 위협당하는 일은 없어야 한다는 것이다. 이는 다양한 요구 중에서 무엇을 먼저 보장해야 할지 고민하는 공동체의 의사결정에 도움을 주는 방식이기도 하다.

앞에서 살펴본 1, 2장을 통해 누스바움이 하고 싶은 이야기는 거의 다 전달되었다. 1장 '정의를 원하는 여성'에서는 인도의 구자라트주 바산티의 생생한 사례를 들어 GDP라는 경제적 개념이 개인의 존엄을 지켜주지 못한다는 것을 보여준다. GDP가 삶의 질을 제대로 보여주지 못하다는 것을 규명한 누스바움은 2장에서 역량 접근법의 등장 이유와 근거, 역량의 개념을 토대로 10대 핵심역량을 제시하였다. 그리고 10대 핵심역량과 더불어 사고해야 할 중요한 조건으로 역량의 순위와 최저수준, 생산적 기능과 유해한 약점 등에 관하여 설명했다. 이것이 인적자원 개발 측면에서 제시되는 역량(competencies)과 다른 점이다. 역량이란 모든 시민이 평균적 삶을 유지하는 데서 끝나는 개념이 아니다. 모든 인간은 고유의 사정과 속성이 있고, 그(그녀)를 둘러싸고 있는 환경도 다층적이기 때문에 역량을 제시하는 것만으로는 시민 개개인의 삶의 질을 구체적으로 개선하기 어렵다. 그러므로 생산적 기능을 촉진하고 유해한 약점에 대응하기 위한 교육을 하는 것이 중요하다.

3장부터는 앞에서 공부했던 핵심내용을 다시 설명하는 형식으로 구성되어 있기 때문에 1, 2장을 충분히 이해했다면 어렵지 않게 내용을 파악할 수 있다. 다시 말해《역량의 창조》는 다분히 두괄식으로 서술되었으며 누스바움이 주장하는 결론, 즉 10대 핵심역량을 먼저 제시한 다음에 여기에 설명을 더하는 방식을 따르고 있다. 그러므로 1, 2장을 집중적으로 읽어 전체적인 이해를 도모하고, 3장부터는 이를 보완한다는 생각으로 읽는 것이 좋겠다. 앞서 설명했듯이 학교교육을 통해 길러주어야 할 핵심역량과 모든 시민을 대상으로 하는 누스바움의 역량 접근법을 기계적으로 비교할 필요는 없다. 그러나 삶은 학교를 벗어나도 계속되기 때문에 개인과 사회의 관계, 시민과 국가의 관계 속에서 개인은 어떻게 역량을 창조하고, 국가는 어떤 방식으로 역량을 보장할 것인지를 연계하여 생각하는 것은 매우 큰 의미를 갖는다.

여러 가지 접근법

누스바움이 역량 접근법의 비교 대상으로 제시하는 접근법은 GDP 접근법, 공리주의 접근법, 자원 중심 접근법, 인권 접근법 등이다. 각 접근법의 선악을 구분하는 것은 그다지 의미 있는 일이 아니다. 한 사회에서 이런 접근법은 둘 또는 그 이상이 혼재되어 있거나 중첩되어 나타나기 때문이다. 따라서 각 접근법이 가지고 있는 배경과 의의, 문제점 등을 알아보는 것이 더 중요하다. 특정 사회가 어떤 접근법을 선호한다면 반드시 그럴만한 배경이 있다. 누스바움은 어떤 접근법을 선택하느냐의 문제를 넘어 사회적 배경과 맥락, 구조를 이해하고, 사회의 개선 방안과 함께 사고할 것을 당부한다.

GDP 접근법

앞에서 누스바움은 GDP 접근법을 강하게 비판하였다. 우리는 GDP의 평균적 상승이 삶의 질 개선과 무관하게 나타난다는 여러 증거들을 이미 알고 있다. 그런데도 왜 GDP 접근법은 오늘날 국제사회에서, 개별 국가에서 거의 빠짐없이 적용되는 것일까?

우선 GDP 접근법은 측정하기가 비교적 쉽고 투명하다는 점에서 매력적이다. 국가는 다양한 이해집단의 집합체다. 주권은 시민 개개인에게 있지만, 실제로 권한을 행사하거나 이해를 조정하는 것은 국가의 역할이다. 시민의 세금으로 운영되는 국가는 운영의 효율성과 투명성을 가시적으로 보여줘야 하는 책무를 갖는다. 바로 이럴 때 국가총생산, 1인당 국민소득 같은 지표가 널리 쓰인다. 즉 시민들의 이해와 요구를 받아들이고 조정하며 평가받는 수단으로 GDP 접근법은 설득력을 갖는다. 국가가 올바른 방향으로 나아가고 있다고 확인시켜 주는 경제성장 역시 GDP 지표를 사용하는 경우가 대부분이다. 여기에는 국가별·지역별 성과를 상대지표로 보는 것이 합리적이라는 국가와 시민들의 대략적 합의가 깔려 있다. 이렇듯 GDP 접근법은 그 나름의 장점으로 인해 많은 나라에서 경제성장 모델로 채택되어 왔다. GDP 접근법이 갖는 장점을 정리하면 다음과 같다.

> 첫째, 측정하기가 비교적 쉽다. 화폐가치를 잣대로 다양한 유형의 재화와 서비스를 양적으로 비교할 수 있기 때문이다. 둘째, 투명하다는 점에서도 매력적이다. 실적을 부풀리기 위해 데이터를 날조하기 힘들기 때문이다. 셋째, 경제성장은 국가가 올바른 방향으로 나아가는 최소한의 한 걸음이 될 수 있으므로 경제성장 성과를 적어도 한 국가나 지역의 성과에 대한 상대지표로 보는 것은 합리적이다. _66-67쪽

그러나 세계화 시대에서 1인당 GDP의 증가와 1인당 실질적 가계소득의 증가는 긴밀한 상관관계가 없다는 주장도 만만치 않다. 평균 개념에 바탕을 둔 모든 접근법과 마찬가지로 GDP 접근법도

분배의 문제를 전혀 고려하지 않는다. 1인당 GDP는 부가 어디에 있는지, 누가 부를 지배하는지, 부유하지 않은 사람은 어떻게 사는지 알려주지 않는다. 곡마단 소녀 씨씨 주프도 5천만 파운드라는 돈에 자신의 몫이 있는지 전혀 확인할 수 없었다. 부유한 나라에 사는 피폐한 개인의 삶은 종종 평균이라는 숫자에 가려진다.

누스바움의 말에 따르면 GDP 접근법은 삶의 질의 요소가 어떻게 다른지도 알려주지 않는다. 전체 경제만 탄탄하면 빈부격차가 조금 벌어져도 괜찮다고 보는 것이 GDP 접근법이라는 것이다. 이는 매우 중요한 문제로 국가의 성공을 위해 시민을 동원할 수 있다는 논리를 내세운다.

> 1인당 GDP만 꾸준히 증가하면 정상적으로 '발전'하는 국가로 보기 때문에 당장 해결해야 할 시급한 문제를 간과하게 만든다. _70쪽

GDP 접근법에 지나치게 의존하는 경우 개인의 삶이 가려질 수 있다는 것을 씨씨 주프의 이야기를 통해 확인했다. 우리 주변에는 여전히 많은 씨씨 주프가 있다. 이것은 집단에서 거둔 성과의 총합이나 평균은 한 개인이 안고 있는 다양한 사회·정서·인지의 문제를 맞춤형으로 해결하지 못한다는 사실을 말해준다.

공리주의 접근법

국민의 삶의 질을 총효용 또는 평균효용이라는 잣대로 측정하는 방식을 공리주의 접근법이라 한다. 여기서 효용이란 선호를 충

족시키는 수준을 말한다. 누스바움의 말에 따르면 공리주의 접근법은 '사람이 자신의 삶을 어떻게 느끼느냐'로 삶의 질을 측정한다. 그러므로 전체 집단보다는 인간 개인에게 관심을 기울인다는 장점이 있다. 그러나 이 접근법은 GDP 접근법과 마찬가지로 삶을 뭉뚱 그려 이해한다는 단점도 가지고 있다. 최하위 계층이 극심한 고통을 겪더라도 대다수가 잘살면 국가 전체의 평균 효용이나 총효용은 상승한다. 이는 매우 중요한 측면이다. 국가 전체의 평균 효용이 높게 측정된다면 일부 최하위 계층의 극심한 고통을 외면할 가능성이 높기 때문이다. 예컨대 공리주의 관점에서 노예제와 고문을 금지하는 것은 인도주의 차원에서가 아니라 사회의 총만족 수준을 높이는 데 비효율적이라는 불분명하고 경험적인 이유에서 금지한다는 것이다.

누스바움은 공리주의 접근법이 사람에게 관심을 기울이긴 하지만, 그 수준은 별로 깊지 않다고 말한다. 현실의 선호를 얼마나 잘 충족하는가의 관점에서 사회적 목표를 정하는 공리주의 접근법은 종종 불공정한 기존 질서를 강화한다. 한마디로 공리주의 접근법은 자유를 과소평가한다. 그러나 선택하고 행동할 자유는 수단일 뿐만 아니라 그 자체가 목적이 된다. 누스바움은 표준적인 공리주의 접근법이 이런 측면들을 포착하지 못한다고 보았다.

자원 중심 접근법

보유한 자원을 국민에게 평등하게 분배하는 국가일수록 자원을 잘 이용하는 국가라는 발상에서 나온 자원 중심 접근법은 GDP

접근법을 평등주의 관점에서 재해석한 접근법이다. 누스바움은 이 접근법이 분배에 큰 관심을 기울이긴 하지만, 문제점을 피해가기는 힘들다고 말한다. 자원, 즉 소득과 부는 사람이 실제로 무엇을 할 수 있고 무엇이 될 수 있는가를 뜻하는 역량을 대체하지 못한다는 것이다. 누스바움은 뿌리 깊은 사회적 불평등에서 연유하는 차이 역시 자원을 기능으로 전환하는 능력의 차이를 낳는다고 보았다. 아울러 GDP가 아무리 골고루 분배되었다 해도 오염되지 않은 환경에서 살아갈 자유와 같은 기본적 자유를 대신하지 못한다고 말한다. 따라서 기본적 자유를 보장하기 위해서는 소득과 부의 증가보다는 합당한 공공정책이 필요하다는 것이다.

인권 접근법

역량 접근법과 인권 접근법의 배경에는 사람에게 몇 가지 핵심 권리가 있고, 사회는 이 핵심 권리를 존중하고 지지해야 한다는 생각이 깔려 있다. 역량과 인권 모두 문화를 교차 비교할 근거를 제공하고, 헌법을 통하여 보장해야 하는 것이 무엇인지 알려준다는 점에서 유사한 역할을 한다. 누스바움은 역량 접근법이 기본적 인권 개념에 대해 철학적으로 명확한 태도를 보일 뿐 아니라 구체적으로 정리하여 설명할 힘이 있기 때문에 몇 가지 측면에서 표준적 인권 접근법을 보완할 수 있다고 보았다. 즉 역량 접근법은 인권과 인간 존엄성 사이의 관계, 인간의 권리와 인간이 아닌 종의 권리 관계를 표준적 인권 접근법보다 명확하게 설명해준다는 것이다.

누스바움에 주장에 따르면 역량 접근법은 기본적 정의에 뿌리를 둔 근본권리를 강조한다. 아울러 세상이 어떻게 돌아가든 인간다운 대우를 받아야 한다는 정당한 외침이 있다는 사실을 상기시킨다. 그러므로 아무리 GDP나 1인당 GDP, 총효용이나 평균효용의 극대화를 추구하는 사회라 해도 이 다급한 외침에 주목해야 한다는 것이다. GDP 접근법부터 역량 접근법까지 앞에서 살펴본 여러 가지 접근법을 표로 정리하면 다음과 같다.

구분	GDP 접근법	공리주의 접근법	자원 중심 접근법	인권 접근법	역량 접근법
배경	발전경제학	공리주의	기계적 평등주의	인간의 근본권리	인간개발 보고서
접근방식	데이터 축적 및 분석	평균 효용과 총효용	GDP 접근법을 평등주의 관점에서 재해석	인간의 핵심권리를 존중하고 지지	사회정의의 최저 수준과 헌법의 핵심
장점	측정의 용이함과 투명성 상대지표의 합리성	'사람'에게 관심을 기울임	소득과 부를 다목적 기본자원으로 이해하고 평등한 분배를 촉구	인간의 근본권리 보장은 국가 의무 부유한 국가는 가난한 국가를 지원할 의무가 있음을 설명	표준적 인권접근법을 보완 공정한 사회를 위한 비판적 사고가 가능 인간의 권리와 인간 이외의 종에 대한 권리 설명
단점	경제성장과 삶의 질은 무관 GDP와 인간개발지수는 무관	삶을 뭉뚱그려 이해 삶의 구성 요소를 하나의 단위로 측정 불공정한 기존 질서를 강화	사회적 불평등에서 연유하는 차이를 개선하지 못함 소외당하는 집단의 정당한 항의를 무시	국가의 불간섭과 소극적 자유 개념은 국가와 가정의 관계에서 해로움	헌법 제정이나 해석 기준, 국가 정책 및 집행 적용 어려움 GDP 접근법 차원에서 합리적 지표 관리 난망이라는 비판이 가능

근본권리와 세계시민의식

자유와 정치적 정당화

역량 접근법은 역량 개념을 중심으로 사회정의의 최저수준과 헌법의 핵심을 설명하고, 핵심역량 목록을 정당화한다. 그 과정에서 헌법구조가 보호해야 할 구제적 역량을 국가에 맡기는 해법을 받아들여서는 안 된다는 것이 누스바움의 생각이다. 민주국가에서는 아무것도 강요해서는 안 되지만 '이행'의 문제는 다르다는 것이다. 누스바움은 몇몇 역량은 모든 국가에 중요하며 국제무대에서 그것을 옹호해야 한다고 주장한다. 이와 함께 보편적 자유 개념을 장려해서는 안 되는 이유를 다음과 같이 밝힌다.

> 첫째, 자유의 증진이 일관된 정치적 프로젝트가 될 수 있는지 분명치 않기 때문이다. 어떤 자유는 다른 자유를 제한한다. 정치 캠페인에 거액을 기부할 부자의 자유는 투표권의 동등한 가치를 제한할 수 있다. 둘째, 모든 자유를 바람직한 사회적 목표로 간주하는 일관된 정치적 프로젝트가 있더라도, 역량 접근법의 정치적 윤리적 목표를 받아들이는 사람이 그 프로젝트를 반드시 지지해야 하는지가 분명하지 않기 때문이다. … 남성의 자유를 제한하지 않으면 젠더 정의(gender justices)는 제대로 보장받지 못한다. _92-93쪽

이러한 관점에서 평등이나 광범위한 사회적 최저수준을 추구하는 사회는 여러 방식으로 자유가 제한될 수밖에 없는데, 주로 유

익하지 않은 자유 먼저 제한된다. 누스바움은 보편적 자유 개념이 일반 시민에 두루 적용되지만, 개개인이 가진 고유한 특성을 주목하는 데는 한계가 있다고 보았다.

> 공정한 정치를 지향하는 모든 사회는 인간의 자유를 핵심적인 것과 부차적인 것, 이로운 것과 해로운 것, 특별히 보호할 가치가 있는 것과 보호할 가치가 없는 것으로 나누어 평가해야 한다. _94쪽

10대 핵심역량 목록은 다양한 역할을 한다. 그중 하나가 헌법을 제정하고 해석하는 데 있어 정치적 원리의 기준이 되는 것이다. 인도의 경우 교육과 인간존엄성 사이의 관계를 명확히 밝힌 법원의 판결을 계기로 초중등 의무교육을 보장하는 헌법 개정이 이루어졌다.

누스바움은 역량 접근법이 자유의 내용에 관심을 기울여야 하는 이유가 하나 더 있다고 말한다. 이는 정치적 자유주의의 철저함에서 비롯되는데, 품위 있는 사회의 정치적 원리는 다양한 포괄적 교설(롤스의 표현으로 종교, 철학, 도덕, 가치관 등을 말한다)을 존중하며 포괄적 교설 간 중첩적 합의를 목표로 삼는다는 것이다. 또한 역량 접근법은 시민에게 특정 종교적·형이상학적 견해에 뿌리를 둔 정치적 교설을 지지하라고 요구하지 않는다는 점에서 시민을 존중하는 '정치적 자유주의'의 한 형태라고 주장한다.

우리는 흔히 교육혁신의 종착점을 '제도화'라고 말한다. 혁신 초기에는 몇몇 열정적인 활동가들의 헌신이 매우 큰 역할을 한다.

그러나 사람의 헌신에만 의존하는 혁신은 지속가능성을 갖지 못한다. 사람이 바뀌더라도 혁신을 계속할 수 있는 동력이 필요한데, 그것이 바로 제도화다. 누스바움은 10대 핵심역량이 헌법을 제정하거나 해석하는 정치적 원리의 기준으로 제 역할을 다하기를 희망한다. 사람의 헌신이 제도화로 이어질 때 더 큰 순기능과 지속가능성을 갖는 것처럼 말이다. 사실상 누스바움이 주장하는 역량 접근법은 역량의 최저수준 보장이 사회정의의 필요조건이라는 점에서 규범적 성격을 띤다.

> 내 규범적 역량 접근법은 공정한 사회를 만들기 위해 무엇을 해야 하는지 묻는다는 점에서 더 많은 비판적 사고를 가능케 한다. 종종 그렇듯 윤리에 신경 쓰지 않는 의사결정이 만연한 현실에서 이런 물음은 그 자체로 이미 발전이다. _97쪽

센과 더불어 누스바움은 발전정책 전문가가 윤리규범과 정의의 기준을 끈질기게 묻고 따진다면 정책 방향이 훨씬 좋아질 것이라 주장한다. 시민들이 소망하는 공정한 사회는 비판적 사고에서 비롯한다. 그러나 경제와 정치의 영역에서 종종 윤리를 고려하지 않은 의사결정이 일어난다. 이러한 이유에서 누스바움은 윤리규범과 정의의 기준을 묻는 일은 그 자체로 이미 발전이라고 말한다. 한편 정치적 절차는 종종 의사결정의 공정성을 위해 여러 가지 장치를 도입한다. 공론화 또는 숙의 절차도 그중 하나이고, 여론조사와 다수결 등 민주주의를 유지하는 절차들도 그렇다. 그러나 절차

의 공정성 못지않게 중요한 것은 '무엇이 공정한가'를 묻는 것이다. 현대사회는 개인과 집단의 이해와 욕구가 충돌하는 곳이다. 절차적 공정성은 결과에 승복하는 논리는 될 수 있어도, 공정 그 자체의 의미와 이유를 따지지 않는다는 점에서 윤리적이며 정의로운 의사결정과는 거리가 있다.

> 이론적 견해를 제시하는 사람은 자신의 논거를 개괄적으로 설명한 뒤 그 견해가 매우 강력한 윤리적 직관 및 판단과 어울린다는 것을 보여주는 분명한 사례를 제시해야 한다. _99쪽

여기서 '분명한 사례'는 대체로 이야기로 주어진다. 이는 누스바움이 인간존엄성에 어울리는 삶의 개념이 10대 핵심역량의 중요한 요소라고 논증할 때 쓴 방법이기도 하다. 이야기가 교육적 역할을 한다는 것은 이론 연구만으로는 떠올리기 힘든 해결 방안이다. 누스바움이 즐겨 쓰는 '서사적 상상력(narrative imagination)'은 '사회적 참여(social participation)'를 동반하는 개념이다. 사례 속에 담긴 이야기가 없다면 타인의 다양한 삶의 조건을 이해하기 힘들다.

아울러 누스바움은 종교적 견해 지지자와 세속적 견해 지지자가 역량 접근법을 밑거름 삼아 점차 '중첩적 합의(overlapping consensus)'에 도달할 수 있음을 보여주려 노력한다. 종교와 세속은 분리와 배제의 영역에서 독립적으로 존재하는 것이 아니라 역량 접근법을 토대로 얼마든지 공통점을 추출하고 공감대를 형성할 수 있다고 보기 때문이다. 결과적으로 누스바움은 중첩적 합의에 도달할

교사, 책을 들다

수만 있다면, 역량 접근법이 다원주의 사회에서 정치적 원리의 기준이 될 수 있다는 사실이 밝혀질 것이라고 기대한다.

욕구 복지주의와 사회계약론적 견해

공리주의적 입장에서는 삶에 관해 완전한 정보가 주어지는 삶이 최상의 삶이라는 관점을 옹호한다. 역량 접근법과 정교한 공리주의가 어떻게 다른지 살펴볼 때, 특히 선호는 왜곡되기 쉬우므로 수없이 수정해야 한다는 다수의 견해가 있다. 누스바움은 이들 견해가 대체로 완전하고 포괄적인 정보를 바탕으로 선호를 수정할 수 있을 때 어떤 선호가 드러나는지 묻는다는 점에서 '복지주의적 견해'라고 부르는 것이 타당하다고 말한다.

경제학자인 하사니(J. Harsanyi), 브랜트(R. Brant), 햄턴(J. Hampton)은 도덕적으로 받아들여질 만한 결론을 얻기 위해 공리주의에 역량 접근법의 핵심을 이루는 몇 가지 도덕적 요소를 덧붙였다. 인간의 동등한 존엄성 개념, 실천이성이 대단히 중요한 역량이라는 생각, 누구도 타인의 근본권리를 제거할 권리가 없다는 생각 등이 그것이다. 이들의 견해를 살펴본 누스바움은 공리주의의 한 갈래인 욕구 복지주의에 도덕적 요소를 덧붙인다고 해서 공리주의 이론이 역량 접근법만큼 만족스러운 이론이 되지는 않는다고 말한다. 모든 공리주의 견해는 도덕적 요소를 집어넣어 제약을 가한다 해도 이질적 삶의 요소를 하나로 종합하려는 시도에서 벗어나지 못하고, 결국 최상의 사회적 총합 또는 평균을 추구하겠다는 약속으로 귀결된다는 것이다.

누스바움은 별도의 사회정의 이론이 없다면 불공정하거나 부당한 계급질서에 적응했을 때 나타나는 선호를 알아내기란 불가능에 가깝다고 보았다. 그러나 공리주의 접근법은 사회정의 이론을 제시하기를 거부한다. 누스바움의 말에 따르면 욕구는 선에 관한 정보에 민감하게 반응하는 인격의 이지적이고 해석적인 측면이다. 무엇보다 우리가 지지하는 견해가 안정적일 수 있는지 알아내는 데 도움을 주는 것이기도 하다. 누스바움은 어떤 견해가 안정적일 수 있다고 밝히는 것은 그 견해를 수용 가능한 정치적 견해로 정당화하는 과정의 일부라고 보았다.

이어서 누스바움은 롤스의 사회계약론 가정이 네 가지 골치 아픈 문제를 낳았다고 말한다. 미래 세대의 정의 문제, 국가 간 정의 문제, 장애인을 공정하게 대우하는 문제, 인간 아닌 동물의 대우와 연관된 도덕적 문제 등이 그것이다. 그중에서도 장애인을 공정하게 대우하는 문제와 인간 아닌 동물의 대우와 연관된 도덕적 문제를 설명하지 못한다는 점은 롤스의 정의이론이 가진 심각한 약점이라고 보았다. 누스바움의 말에 따르면 고전적 사회계약론의 계보를 잇는 롤스의 이론은 칸트주의의 영향을 받았다. 특히 장애인의 정의를 생각할 때 칸트주의의 윤리적 요소에 내포된 문제점이 극명하게 드러난다는 것이다. 칸트는 높은 수준의 도덕적 합리성을 발휘하는 인간만 존중받을 가치가 있을 뿐 중증의 인지장애인은 존중받는 대상이 되지 못한다고 말했다.

롤스의 정의이론을 비롯한 모든 사회계약론은 계약 당사자의 신체적·정신적 능력이 대체로 동등하다고 가정하기 때문에 사회계약이 참가자 모두에게 이익이라고 주장한다. 따라서 사회계약론은 사람이 사회를 이루며 살아가는 원동력을 이타주의, 즉 타인에 대한 사랑이 아니라 자신의 '이익'으로 본다. 누스바움은 이런 사회계약론의 기본 가정 아래서는 아무리 소득과 부를 재분배한다 해도 바로잡기 힘들 정도로 심각한 권력과 부의 불평등 상황에 대처하기 어렵다고 말한다. 또한 롤스는 인지장애인과 인간 아닌 동물은 모두 합리적 사고능력이 없기 때문에 정의 문제의 대상이 될 수 없다고 생각했다. 이와 달리 누스바움은 지각능력에서 유래하는 행위주체성이 있고 생존 욕구를 보이는 존재는 정의이론을 이해하거나 평가할 능력이 있든 없든 간에 정의 문제가 제기될 수밖에 없으며, 정치적 정의이론의 주체가 될 수 있다고 주장한다.

자유주의, 결과주의, 의무주의

누스바움은 중첩적 합의가 자신과 생각이 다른 사람을 억압하라고 요구하지 않는다고 말한다. 어느 사회에나 지배적인 정치적 교설의 특정 측면을 받아들이지 않는 사람, 이를테면 여성 참정권에 반대하거나 인종분리 정책을 지지하는 사람은 꼭 있기 마련이라는 것이다. 그러나 이런 사람도 다른 사람의 권리를 침해하거나 폭력적 소요사태를 불러일으키지 않는 한 사회 속에 계속 살면서 자기 생각을 자유롭게 표현할 수 있어야 한다고 말한다. 그릇된 사상을 가진 사람이 많아져 사회의 안정성이 위협받는다 해도, 상당한 시간이 흐른 뒤에는 현대사회의 주요 포괄적 교설 대부분은 롤스와 더불어 자신이 인정하는 정치적 원리를 지지한다는 사실이 밝혀질 것으로 전망한다.

> 모든 정치적 견해는 도덕적 문제를 바라보는 태도가 분명해야 하고
> 공정함, 인간존엄성의 동등한 존중 같은 명확한 가치를 정치적 원리
> 의 기초로 삼아야 한다. … 시민에게 요구되는 것은 정치적 원리인 역
> 량 접근법의 기본 개념을 정치적 목적으로만 승인하고 정치의 영역에
> 서 기능하는 것으로 여기되 포괄적 삶의 지침으로 이해하며 승인하는
> 것은 삼가는 자세다. _112쪽

누스바움은 역량 접근법이 중첩적 합의의 대상이 되기를 바라는 정치적 교설이라고 생각한다. 따라서 그 어떤 포괄적인 윤리적 교설도 권장해서는 안 되며, 역량 접근법을 세계주의의 한 형태로 봐서도 안 된다고 주장한다. 누스바움의 역량 접근법은 종교적·세속적 교설의 다원성 존중을 핵심 목표로 삼고 있기 때문이다.

결과주의 접근법은 무엇이 선인지를 정한 뒤 그 선의 관점에서 올바른 선택을 정의한다. 반면에 의무주의 접근법은 무엇이 의무인지, 무엇이 올바른 행동인지를 먼저 정한 다음 올바른 행동에 한해서만 선을 추구할 수 있다고 주장한다. 누스바움의 말에 따르면 역량 접근법은 의무주의와 밀접한 관련이 있다. 의무주의에서 가장 비중 있는 선조인 칸트는 존중과 공정함에 바탕을 둔 도덕성을 충족시킬 때만 도덕적 행위주체는 행복을 추구할 수 있다고 보았다. 다시 말해 사람의 근본권리를 침해하면서까지 사회복리를 추구해서는 안 된다는 것이다.

다른 측면에서 역량 접근법은 의무주의자가 곧잘 선호하는 절차주의적 관점과 선명하게 대비되는 결과 지향적 관점이라 할 수 있다. 누스바움은 이것을 롤스의 예시를 빌려와 명쾌하게 설명한다. 케이크를 공정하게 나눠 먹는다고 가정할 때, 분배의 공정함을 따지는 한 가지 방법은 그 결과를 살피는 것이다. 즉 각자가 균등한 몫을 먹었으면 공정한 분배가 이루어졌다고 할 수 있다. 다른 방법은 분배 절차를 살펴보는 것이다. 이 방법에 따르면 자르는 순서를 정한 다음 먼저 케이크를 자르는 사람에게 나중에 먹으라고 해도 공정한 분배가 이루어질 수 있다.

누스바움이 보기에 롤스의 정의이론은 절차를 중시하는 두 번째 분배 방식을 더 선호한다. 반면에 역량 접근법은 첫 번째 분배 방식을 더 선호한다. 역량 접근법에 따르면 우리가 어떤 사회를 놓고 '최소한 공정한 사회라고 할 수 있는가?'라고 물을 때, 역량이 확실하게 보장되었는지를 집중적으로 헤아려봐야 한다는 것이다. 그러나 결과를 기준으로 정의를 평가한다고 해서 역량 접근법이 결과주의의 한 갈래가 되는 것은 아니다. 누스바움은 역량 접근법이 무엇이 사회적 선인지를 알려주는 포괄적 견해가 아니라 구체적인 정치적 권리에 관한 부분적 설명이라고 말한다.

역량 접근법은 사람이 얼마나 잘 사는지를 알아내는 데 관심이 있다. 이런 의미에서 역량 접근법은 사회복리 증진에 초점을 맞추는 접근법으로, 다시 말해 선호와 충족의 관점이 아니라 역량의 관점에서 이해하려는 접근법으로 분류해야 마땅하다. _118쪽

정치적 감정과 역량의 이행

누스바움의 역량 접근법은 사회계약이 계약 당사자 서로에게 이익이라는 생각(고전적 사회계약론)에 기대지 않는다. 그 대신에 이타주의에 의지한다. 이타주의적 행동 동기가 왜 어떻게 생기는지, 이타주의적 행동 동기와 경합하는 다른 행동 동기는 무엇인지, 사회에 유익한 방향으로 이타적 감정을 증진하기 위해서는 어떻게 해야 하는지를 두고 많은 이야기를 해야 한다는 것이다. 누스바움은 이타주의 증진을 위해서 무엇보다 가족, 사회규범, 학교에 관해, 그리고 정치제도가 시민을 정치에 끌어들이는 방식에 관해 깊이 생각할 필요가 있다고 말한다. 더불어 시민은 정치적 감정을 어떻게 표출하는지, 정치적 감정의 구조는 무엇인지, 정치적 감정이 어떻게 상호작용하는지도 개념적으로 따져봐야 한다고 말한다.

일반적으로 역량 접근법의 목표를 달성하는 방법에 관해서는 여러 견해들이 있다. 먼저 핵심역량 목록에 등장하는 모든 역량은 똑같이 중요하므로 그중 하나를 다른 것보다 우위에 놓으면 완벽한 정의를 달성할 수 없다는 주장이다. 헌법의 설계 방법 및 제도적 구조에 관해서도 몇 가지 권고를 한다. 그뿐만 아니라 핵심역량의 여러 영역에서 특정 기능을 강요하는 대신 선택할 기회를 주는 목표를 세워야 한다고 정책 결정자에게 권고한다.

역량 이행에 관한 심층적 권고는 상당 정도 맥락의존적이다. … 역량은 고립된 원자 같은 것이 아니다. 하나가 다른 하나의 실마리 구실을 하며 상호작용하는 많은 기회의 집합이다. _120쪽

교사, 책을 들다

모든 국가에서 교육을 생산적 역량 중 하나로 선택한다. 누스바움은 교육을 받으면 취업의 기회에 한 걸음 다가서거나 정치적 목소리를 낼 수 있다고 말한다. 앞서 보았던 바산티의 사례를 통해 알 수 있는 것은 재산권은 또 하나의 생산적 역량이며, 관계 역량은 생산적 역량의 구실을 한다는 것이다. 누스바움은 어떤 사회든 유해한 약점의 유형을 찾아낸 뒤 거기에 희소 자원을 최우선으로 투자해야 한다고 주장한다. 유해한 약점이 역량 실패를 불러오고 주변화, 낙인찍기, 집단무력감 등을 유발한다고 보기 때문이다. 이러한 주장은 역량 실패를 다루는 공동체의 역할에 대해 묻는다. 즉 개인의 역량강화를 목표로 하는 사회라 할지라도 역량 실패에 대해서는 '집단 중심 처방'을 내놓아야 한다는 것이다.

문화의 다양성

누스바움은 역량 접근법을 인권운동의 한 갈래로 보기 때문에 역량 접근법과 인권의 관계를 조명한다. 인권운동은 모든 사람에게 근본권리가 있다는 가장 보편적이고 영향력 있는 견해로 그 뿌리는 서구사회에 있다. 그래서인지 세계 발전경제학계에서는 제국주의를 거론하며 인권에 거부감을 갖는 흐름이 아직도 강력한 영향력을 발휘하고 있다는 것이다. 누스바움은 이런 잘못된 주장이 되풀이되지 않으려면 역량 접근법을 널리 알려야 한다고 말한다.

또한 누스바움은 역량 접근법이 현실에 근거하며, 인권운동과 달리 심오한 이론적 개념을 동원하지 않는다고 말한다. 그 대신에 역량 접근법은 사람이 일상적 삶과 다양한 맥락에서 자신과 타인에게 던지는 물음, 곧 '나는 무엇을 할 수 있고 무엇이 될 수 있는가?', '나는 현실적으로 무엇을 선택해야 하는가?'라는 질문에 답한다는 것이다. 역량 접근법은 현실에 발을 딛고 있기 때문에 인권과 제국주의를 둘러싼 혼란스러운 추상적 논쟁을 얼마든지 피해갈 수 있다는 것이 누스바움의 생각이다.

다원주의와 문화적 가치의 문제를 살필 때는 어떤 문화도 단일체가 아니라는 점을 기억할 필요가 있다. 누스바움은 한 문화의 다양한 목소리를 듣고 싶다면 전통적 설명이 외면하기 쉬운 소수자, 여성, 농민 등의 견해를 찾아봐야 한다고 말한다. 특히 인간존엄성 개념을 역량 접근법의 지침으로 활용하면 전통 속에 담긴 다양한 입장을 평가할 수 있다는 것이다. 누스바움은 문화적·종교적 표현의 자유를 대단히 중요하게 보기 때문에 역량 접근법에 문화적 다원주의를 반영하기 위해 노력한다.

> 첫째, 핵심역량 목록은 인간존엄성 개념에 관한 비판적·규범적 논증의 결과물이다. … 핵심역량 목록은 제약을 두지 않는다. 지속적 수정과 점검의 대상이다.
> 둘째, 역량 접근법은 10대 핵심역량 목록의 각 항목을 추상적으로 또 일반적으로 설명한다.
> 셋째, 핵심역량 목록은 롤스의 말을 빌리면 외따로 있는 '불완전한 도덕 개념'의 일부다. 핵심역량 목록은 정치적 목적으로 등장한 것일 뿐

교사, 책을 들다

문화와 종교를 기준으로 사람을 편가르는 형이상학적 개념에 뿌리를
둔 것은 아니다.

넷째, 역량 접근법은 모든 시민의 10대 핵심역량을 최저수준 이상으
로 끌어올리는 것은 정부의 임무라고 본다.

다섯째, 다원주의에 필요한 자유가 핵심역량 목록의 항목으로 자리 잡
고 있다.

마지막으로, '식민주의' 비판자는 핵심역량 목록 작성자의 의도에 의
구심을 품는다. … 역량 접근법은 내정 개입 행위를 결코 용납하지 않
는다. _130-133쪽

누스바움은 정당화와 이행의 문제를 별개로 보자고 주장하면
서 핵심역량 목록은 세계 어디서나 정치적 원리의 기초로서 정당화
될 근거가 충분하다는 견해를 밝힌다. 또한 한 국가에서 반인도주
의적이고 야만적인 사태가 벌어지더라도 민주주의 자체의 힘으로
해결할 기회가 있는 한 강제 개입은 오류라고 말한다. 국민의 동의
를 토대로 형성된 국가 주권은 역량 접근법에서 대단히 중요한 위
상을 점하기 때문이다.

세계시민의식

국민이 자유를 누리고 자신의 역량을 깨닫는 것이 중요한 역량
접근법에서는 국가가 수행해야 할 도덕적 역할이 있다. 그러나 정

의의 관점으로 오늘날의 세계를 들여다보면 기본적 삶의 기회부터 불평등하다는 것이 누스바움의 생각이다. 아울러 이런 불평등이 존재한다는 간단한 사실 자체가 불평등을 해소하기 위해 노력해야 할 충분한 이유가 된다고 말한다. 결과적으로 부유한 국가는 빈곤에서 벗어나려고 애쓰는 가난한 국가를 지원해야 한다는 것이다.

누스바움은 오늘날 가난한 국가가 직면한 많은 문제들이 과거에 부유한 국가가 천연자원을 수탈하고 산업화를 지연시킨 데서 비롯되었다고 보았다. 그러므로 부유한 국가와 가난한 국가 사이에 부를 재분해하는 것은 과거의 잘못을 치유하는 적절한 방법이라는 것이다. 이 같은 과거 지향적 근거 말고도 국가 사이의 부를 재분배해야 하는 현재 세계의 특징도 언급한다.

> 세계경제는 부유한 국가와 거대기업의 지배를 받고 있다. … 세계은 행과 IMF의 정책이 보여주듯 글로벌 경쟁의 규칙 역시 여러 면에서 부유한 국가에 유리하기만 하다. 이것이 현재 세계의 특징이며, 이는 가난한 국가는 부유한 국가와 도저히 대등하게 경쟁할 수 없다는 결론에 도달하게 한다. 이 불균형을 바로잡기 위해서는 가난한 국가가 현재 어떤 상황에 처했는지, 국가 사이에 부를 어떻게 재분배해야 하는지 등의 문제를 심사숙고해야 한다. _140-141쪽

누스바움은 세계시민이 품위 있는 삶을 누릴 권리가 있다면 그에 상응하는 의무도 있어야 한다고 보았다. 그러면서 부유한 국가의 경우 적어도 GDP의 2퍼센트를 가난한 국가를 원조하는 데 지

교사, 책을 들다

출할 것을 제안한다. 더불어 다국적 기업, 국제기관, 국제협약, 비정부 기구 등도 일정한 역할을 하며 세계시민의 역량을 보장하는 데 힘써야 한다고 주장한다. 그러나 이러한 접근이 곧 책임의 고정화를 의미하는 것은 아니며, 세계가 가진 유동성은 큰 변화가 일어났을 때 즉시 의무의 분배에 영향을 미친다고 말한다. 그러므로 책임은 고정되어 있다기보다 언제나 잠정적으로 할당된다는 것이다.

과거 글로벌 정의 접근법 중 하나인 칸트와 롤스의 2단계 협상은 첫 번째 단계에서 각 국가가 국내에 적용할 글로벌 정의의 원리를 정하고, 두 번째 단계에서 대표를 보내 협상을 벌이는 식이다. 누스바움은 경제적 분배에 관한 협정을 비롯해 그 어떤 협정도 문제 삼지 않는 상태에서 진행되는 2단계 협상은 국민이 아닌 국가 간 협상인 데다가 각 국가 내부의 의무와 기회를 바꿀 수도 없기 때문에 한계가 분명하고 내용도 빈약하다고 비판한다.

결과주의 관점에서도 글로벌 정의를 달성하는 방법을 논한다. 그중에서도 몇몇 결과주의자들은 개인의 자선행위로 글로벌 정의를 해결할 수 있다고 주장한다. 이 같은 주장에는 결과주의 접근법과 공리주의 접근법의 문제점이 고스란히 드러나 있다. 누스바움은 제도의 역할을 마냥 무시하는 것도, 삶의 전 공간이 공리주의적 도덕에 함몰되고 마는 것도 다 문제라고 말한다. 그렇게 되면 개개인의 복리와 상관없이 공동체의 총효용이 정책 결정의 우선순위가 될 위험이 커지기 때문이다. 누스바움이 여러 번 지적했듯이 총효용은 개개인의 행복에는 관심이 없다. 누스바움은 오늘날 광범위하게 진행되는 개인의 자선행위가 가진 문제점을 다음과 같이 설명한다.

먼저, 무수한 집합행위(collective-action) 문제를 일으킨다. 정의로운 국가는 각자의 공정한 편익과 부담의 몫을 할당하는 방식을 찾지만, 각각의 의지에 따라 행동하는 개인은 비능률적으로 조정 없이 행동할 것이다. 둘째, 공정성 문제를 일으킨다. 기부 약속을 이행하지 않는 사람이 많아지면 뾰족한 해결책이 없다. 누군가가 자신의 몫 이상을 기부해야 기부 수요가 충족될 수 있다. _143-144쪽

누스바움은 민간 부문의 기부 활동도 나름대로 생산적 기능을 하지만, 이것이 동등한 존중이나 역량 강화 같은 지극히 중요한 가치를 증진하는 데 도움이 되는지는 따져봐야 한다고 말한다. 만약의 경우 글로벌 엘리트가 민주적으로 선출된 정부보다 더 막강한 권력을 휘두를 수도 있다는 것이다. 결국 우리에게 필요한 것은 글로벌 문제의 제도적 해법이라는 것이 누스바움의 생각이다. 제도에 의지하지 않는 글로벌 문제의 핵심은 쉽게 극복하기 힘든 실천적·개념적 난관에 부딪히기 쉽기 때문이다.

결론적으로 누스바움은 핵심역량을 보장하기 위한 국제협정을 비준하라고 각 국가를 설득하는 것이 바람직하다고 말한다. 아울러 글로벌 문제의 제도적 해법은 최소 수준에서 분산적 성격을 띠어야 한다고 주장한다. 이때 제도적 해법의 주체는 국가로 '세계국가'가 아니라 최소한의 민주적 적법성을 갖춘 국가가 이 문제를 제도적으로 풀 수 있는 현실적 주체라고 보았다. 부유한 국가는 자국민의 문제를 해결할 의무와 함께 가난한 나라를 지원할 의무도 있다는 것이다. 끝으로 누스바움은 역량 접근법이 글로벌 문제의 해법을 아

직 제대로 이론화하지 못했다고 고백하며, 그 해법을 찾아내는 것이 향후 우리의 과제임을 밝힌다.

역량 접근법의 철학적 뿌리

누스바움은 역량 접근법이 깊게 파고드는 근본권리와 정의 문제는 사람이 어떤 기회를 누리는가 하는 문제와 깊이 관련된다고 보았다. 또한 역량 접근법의 철학적 뿌리를 소개하는 것은 이론을 정당화하기 위해서가 아니라, 깊은 호소력을 가진 역량 접근법이 포괄적 가치관을 수용하는 사회에서 충분히 중첩적 합의의 대상이 된다는 것을 보여주기 위해서라는 것이다.

누스바움은 자신의 역량 접근법이 고대 그리스와 로마의 철학 사상에 가장 중요한 뿌리를 두고 있다고 밝힌다. 스미스, 칸트, 마르크스도 큰 영향을 미쳤으며 롤스의 연구는 정치적 자유주의와 관련해 중요하고, 그린(T. H Green), 바커(E. Barker) 등의 주장과는 유사성을 갖는다고 말한다.

아리스토텔레스와 스토아학파

아리스토텔레스는 여러 저작을 통해 다양한 차원의 인간역량을 말하는데, 이는 역량 접근법의 선천적 역량, 계발된 내적역량, 결합역량 등과 대체로 일치한다. 특히 역량 접근법과 마찬가지로 다양한 목표를 단 하나의 잣대로 비교하는 것은 불가능하다는, 이른바 '통약불가능성(incommensurability)'* 문제를 대단히 중요하게 다룬다. 또한 아리스토텔레스는 품격 있는 정치라면 통약불가능한 다양한 선을 증진하는 가운데 시민의 능력을 키우는 데 관심을 기울여야 한다고 보았다. 특히 시민 전체가 아니라 '시민 개개인'의 선을 증진하는 데 힘써야 한다는 것이다. 이러한 관점에서 그는 국가가 시민 중 일부를 항구적으로 예속하여 사회의 번영을 추구하는 플라톤의 공동 번영 개념에 반대한다. 플라톤과 달리 아리스토텔레스는 시민 개개인의 허약함을 이해한 철학자였다. 그는 정부의 역할을 강조하며, 허약한 시민을 위한 교육, 맑은 물, 깨끗한 공기를 제공해야 할 의무가 있다고 주장했다.

> 아리스토텔레스는 시민의 선택에 어울리는 삶을 살 수 있도록 역량을 길러주는 것이 정부가 해야 할 일이라고 보았다. _155쪽

이러한 시사점에도 불구하고, 누스바움은 아리스토텔레스의 철학사상에는 몇 가지 중대한 한계가 있다고 보았다. 첫째는 그가 그리던 이상적 도시는 민주적이었지만, 정작 정치에 참여하는 집단의 범위는 대단히 협소했다는 점, 둘째는 모든 사람은 평등하며 성별, 계급, 민족과 상관없이 존중받아야 한다고 생각하지 않았다는

---

* 토마스 쿤(T. S. Kuhn, 1970)이 정리한 개념으로 패러다임의 전환이 일어났을 때, 기존의 패러다임과 새로운 패러다임을 비교할 수 있는 직접적인 기준은 없다는 것이다. 예컨대 종교에 있어서 불교와 기독교의 세계관이 다르기 때문에 어느 것이 더 낫다고 보기 어렵듯이 패러다임 역시 '서로 다른 세계관'이라고 말한다.

교사, 책을 들다

점, 마지막으로 어떻게 살아야 하는가에 관한 포괄적 견해는 사람마다 다른데도 정부가 선택의 기회를 제공해 다양성을 존중해야 한다는 생각을 떠올리지 못했다는 점이다.

스토아학파는 아리스토텔레스 사상이 갖고 있는 결함 중 첫 번째와 두 번째 것은 바로잡았으나 세 번째 결함은 바로잡지 못했다. 모든 사람은 존엄하고 존중받을 가치가 있다고 가르쳤던 스토아학파는 남성과 여성, 노예와 자유민, 신분이 고귀한 사람과 비천한 사람, 부유한 사람과 가난한 사람 할 것 없이 모든 사람에게는 도덕 능력이 있다고 주장하였다. 이는 자연법, 즉 실정법 영역 밖에 있는 사람에게도 지침으로 적용되어야 하는 도덕법의 핵심이라고 할 수 있다. 누스바움은 스토아학파가 존엄성은 중요하나 물질적 조건은 중요하지 않다고 가르쳤다는 점에서, 외적 제도가 어떤 제약을 가하든 내면의 정신은 언제나 자유로울 수 있다고 주장할 소지가 다분하다고 보았다. 그는 이 점을 분명하게 보여주는 사례로 노예제에 대한 세네카의 편지를 들었다. 편지에서 세네카는 노예주에게 노예를 완전한 인간이자 동등한 인간으로 존중하라고 당부하지만 뒷전에서는 노예제를 자유롭고 존엄한 내면의 삶에 어울리는 제도라고 옹호했다.

17세기와 18세기: 자연법 사상

사람은 허약한 존재라는 아리스토텔레스의 사상과 모든 사람은 동등하게 존중받아야 한다는 스토아학파의 사상이 뒤섞여 17, 18세기 자연법 사상이 나타났다. 이 두 사상의 매력적인 결합은 오랫동안 지속되었고, 주류 기독교 사상과도 잘 어울렸다. 누스바움은 이러한 결합을 보여주는 흥미로운 인물로 로저 윌리엄스(Roser Williams)를 꼽는다. 윌리엄스는 양심은 모든 사람이 동등한 존엄성을 누릴 수 있는 원천이며, 양심의 자유를 박해 없이 보장받는 외적 조건 역시 중요하다고 주장했다. 전자의 주장은 스토아학파에서 영향을 받은 것이요, 후자의 주장은 아리스토텔레스의 영향을 받은 것이다.

　18세기 역량 접근법의 철학적 뿌리와 관련해 대단히 중요한 서적이 있는데, 바로 스미스의 《국부론》이다. 스미스는 "가난이 성관계와 출산까지 가로막는 것은 아니지만 자녀 양육에 불리하게 작용하는 것만은 분명하다. 흙이 차갑고 날씨가 나쁘면 나무는 금방 말라 죽는다."라는 말을 남겼다. 《국부론》의 다른 부분에서도 임금만으로 먹고살기 힘든 계급은 모두 가난과 기근, 높은 사망률로 고통을 겪는다고 설명했다. 누스바움은 스미스가 스토아학파와 사상적으로 단절한 뒤 사람의 기본욕구에 관한 아리스토텔레스의 견해를 받아들여 자신의 이론을 한 단계 발전시켰다고 보았다. 한마디로 스미스는 역량 접근법의 핵심을 두루 깨우친 인물이라는 것이다. 인간의 능력이 초기 형태로 또는 미계발된 형태로 세상에 모습을 드러내기 때문에 인간존엄성에 어울리는 수준으로 성숙하려면, 주변 환경이 신체적 건강과 정신적 발달 등을 도와야 한다는 스미스의 생각은 그가 역량 접근법을 정확히 이해하고 있었음을 보여준다.

　18세기 중반 아메리카 식민지 주민 역시 사람은 누구나 동등한

교사, 책을 들다

존엄성과 권리가 있다는 스토아학파의 주장에 주목했다. 그들은 미국의 〈독립선언서〉에 정부의 임무를 다음과 같이 못 박았다. "우리는 다음 사실을 자명한 진리라고 생각한다. 즉 모든 인간은 평등하게 태어났고 창조주는 생명권, 자유권, 행복추구권 등 양도 불가능한 권리를 인간에게 부여했다. 이제 인간은 이 양도 불가능한 권리를 확보하기 위해 정부를 조직했다. 정부의 합법적인 권력은 인민의 동의로부터 유래한다." 그리고 임무를 제대로 수행하지 못하는 정부는 언제든지 바꾸고 뒤엎을 수 있다고 단호하게 밝혔다.

미국 건국 초기 정부의 개념에 녹아든 스토아학파와 아리스토텔레스의 사상은 토머스 페인(Thomas Paine)의 저서 《인권》을 통해서도 확인할 수 있다. 페인의 말에 따르면 정부 창설은 인간의 타고난 권리이고, 정부의 목표는 '개인과 집단 모두의 선'을 추구하는 것이다. 페인은 당시 정부가 '비참함을 만들어내고 증폭시키는 구실'만 했다고 지적하면서 조세제도를 철저히 점검할 것을 제안했다. 누진세를 강화하고, 확보한 세금을 청년, 노인, 실업자의 인간 역량을 지원하는 데 지출해야 한다는 것이다. 또한 국가 부담 의무 초등교육, 노인에 대한 현금보조금 지급, 공공근로를 통한 실업의 완화 등을 지지하면서 시민의 생애주기에 따른 맞춤식 지원은 정부의 의무라고 주장했다.

이렇듯 정부가 인간의 복지를 지원해야 한다는 주장이나 역량 접근법의 기본 개념은 최근에 나타난 것이 아니라, 유럽과 북아메리카 양쪽에서 발전한 주류 자유주의 계몽사상의 일부라고 할 수 있다. 이러한 사실은 누스바움의 역량 접근법 역시 지난 역사에서 통찰을 이끌어내는 방식으로 구성되었음을 말해준다.

　　19세기와 20세기: 공리주의와 자유지상주의에 맞서 역량 접근법
　　19세기 영국에서 존 스튜어트 밀은 정치적 자유와 인간개발 사이의 관계를 명확히 밝혀냈고, 여성이 기회의 차별 때문에 피해를 본다고 목소리를 높였다. 밀의 사후에는 T. H. 그린이 인간역량 개념을 폭넓게 정의하며 다양한 활동을 펼쳤다. 그는 아리스토텔레스의 사상을 근거로 모든 사람이 사회적으로 충분한 보호를 받는 가운데 다양한 선택을 할 수 있는 조건을 만들어내는 것이 자유를 보장하는 올바른 방법이라고 주장하며, 공리주의와 자유지상주의를 거부하는 데 앞장섰다. 또한 무상의무교육법, 공장안전규제법, 노동시간제한법, 아동노동금지법 등을 지지했으며, 여성도 남성과 동등하게 교육받을 권리가 있다고 주장했다. 그러나 여성의 참정권은 지지하지 않았다는 점에서 밀을 뛰어넘지는 못했다.
　　역량 접근법의 뿌리를 이루는 사상은 미국으로 건너와 뉴딜 시대와 '위대한 사회' 시대에 노동권을 보호하는 다양한 입법, 의무교육제도 확립, 가난한 가정의 어린이 교육에 대한 지원, 차별에 취약한 소수자 보호정책 수립에 막대한 영향을 주었다. 누스바움이 말하는 역량 접근법의 철학적 뿌리는 이처럼 고대 그리스부터 미국의 근현대에 이르기까지 두루 걸쳐 있다. 이를 정리하면 다음과 같다.

구분 / 내용	아리스토텔레스	스토아학파	17, 18세기 자연법 사상	19, 20세기
인간관	인간은 기본적으로 허약한 존재	모든 사람은 존중받아야 할 동등한 존재	아리스토텔레스와 스토아학파의 인간관을 동시에 수용	모든 사람은 사회적으로 보호받는 가운데 다양한 선택을 할 수 있는 존재
국가의 역할	시민의 역량 증진	지도자의 자의적 지배를 부정하고 공화정을 대안으로 제시	핵심적 인간역량 개발과 서민 교육에 관심을 갖는 것	모든 사회 구성원의 보편적 자유를 보장
시사점	통약불가능한 다양한 선을 증진하는 가운데 '시민의 개개인'의 능력을 증진	실정법 영역 밖에 있는 사람에게도 동등한 존재라는 지침 적용	의무교육, 누진조세 제도, 현금보조금 등으로 국민의 기본 복지를 유지	공리주의와 자유지상주의를 거부
한계	역량 증진의 대상이 도시에 거주하는 성인 남성에 국한 다양성 증진에 대한 사고 미흡	존엄성은 중요하나 물리적 조건은 소홀히 함	자유주의 계몽사상이 역량 접근법을 정당화하는 근거가 되기엔 너무 지엽적	여성 참정권을 충분히 보장하지 못함

역량과 현대의 여러 쟁점

사회적 약자와 교육

발전경제학계의 오랜 내부 논쟁은 빈곤과 사회적 약자에 관한 것이었다. 가난은 소득과 관련된다는 것이 통념이지만, 센의 관점에 따르면 가난은 역량 실패에서 비롯한다. 즉 가난이란 다양한 요인으로 인해 기회를 실현하지 못한 결과라는 것이다. 이러한 관점은 개인의 상황과 가정의 불평등 문제에 관심을 갖게 한다. 또한 센은 기아 문제를 식량 원조나 분배로 타개할 수 없다고 주장한다. 센이 제시하는 진짜 해법은 취약 인구의 역량 실패 문제를 거론하고, 고용과 생필품을 얻을 수 있는 자원을 제공하는 것이다. 누스바움은 볼프와 드샬리트의 말을 빌려 사회적 약자의 입장을 다음과 같이 설명한다.

> 볼프와 드샬리트는 삶의 모든 요소들을 하나의 양적 스케일로 측정할 수 없다고 하면서 이 방법을 강하게 거부한다. 그들이 보여준 것은 다양한 삶의 요소들을 합계한 접근방식은 가장 중요한 것을 놓칠 수밖에 없다는 점이다. 특히 사회적 약자가 처한 상황을 서술하고 상황 개선을 위한 전략을 세울 때 그렇다. 사회적 약자가 처한 상황은 다양하며, 다양한 측면이 개입함에 따라 서로에게 독립적으로, 소득과 부와 무관한 채로 의미심장하게 달라진다. _173쪽

사회적 약자에 대한 분석과 연동해서 볼프와 드샬리트는 접근 방식을 두 가지 방향으로 확대한다. 첫째, 주요 역량의 출현과 부재 뿐만 아니라 역량의 안전에도 초점을 맞춘다. 오늘은 물론이고 내일도 역량이 있을 거라는 안전한 기대가 필요하다는 것이다. 둘째, 각 역량의 개별적인 중요성에 집중하면서 또 다른 불이득을 산출하는 역량을 고려한다. 불이득이 어떻게 한데 묶이는지, 특별한 역량이 다른 사람에게 개방될 때 어떤 결실을 맺는지 연구하기를 추천한다. 그들은 가난한 여성의 가정폭력, 교육, 신용도 등을 분석하면서 서로 지지하고 존중하는 관계를 형성하는 '관계역량'이 생산적 결과를 낳는다고 주장한다. 고립된 처지에서는 어떤 역량도 실현하기 힘들다는 것이다.

누스바움은 센과 함께 자신의 역량 접근법이 여성불평등 문제

교사, 책을 들다

를 중요하게 다룬다고 말한다. 그 이유는 여성불평등을 대단히 중요하고 본질적인 문제로 보기 때문이며, GNP 접근법이나 공리주의 접근법 같은 표준적 발달 접근법보다 왜 역량 접근법이 더 뛰어난지를 생생하게 보여주는 리트머스 시험지이라고 생각하기 때문이다. 누스바움은 여성불평등 문제를 살피면 가정을 사회정의가 미치지 않는 '사적 영역'으로 바라보는 고전적 자유주의의 결함을 알 수 있다고 주장한다.

인도에서는 여성의 전통적 역할에 도전하고 자주성과 평등의 메시지를 알리는 여성 단체를 정부가 앞장서서 지지한다. 누스바움은 실천이성 역량과 관계역량이 정치적으로 중요하다는 관점에서 볼 때, 이러한 정책은 얼마든지 정당화될 수 있다고 말한다. 또한 누스바움은 성적 지향을 인간역량 관점에서 설명한다. 성적 지향에 따른 차별은 낙인효과를 낳고, 평등하지 않은 사람이 있다는 관념을 조장하기 때문이다.

> 핵심역량 목록이라는 렌즈를 끼고 성적 지향을 살피다보면 비슷한 사람은 비슷하게 대해야 한다는 외견상 공정한 정책은 물론 낙인과 위계를 뿌리 뽑는 정책, 정부를 향해 불평등의 뿌리를 방치하지 말라고 촉구하는 정책을 추구하게 된다. _177쪽

누스바움은 장애 문제에는 여러 측면이 있으며, 그중 하나가 동등한 존중 개념을 토대로 장애인의 역량을 지원하는 일이라고 말한다. 다시 말해 장애인을 비장애인과 동등하게 대우하고자 할 때

장애인이 필요로 하는 사회적·경제적 지원은 무엇인지, 어떤 유형의 직업적응력을 갖춰야 하는지, 장애인의 사회적·시민적 권리는 무엇이어야 하는지 등을 해결하고 넘어가야 한다는 것이다.

> 장애인 역시 자신들의 정당한 요구를 관철하려면 사회적 협력의 목적과 존재 이유를 상호이익(경제적 관점에서만 평가한 협소한 상호이익)에서 찾아야 한다는 고전적 자유주의 이념에 의문을 제기해야 한다. _178쪽

장애인 문제와도 관련이 있는 돌봄노동 문제에 대해 누스바움은 공공 부문이 나서서 가족휴가와 의료휴가, 재가간호 등을 지원하는 식으로 문제를 해결해야 한다고 주장한다. 비록 정치적 어려움이 있더라도 국가는 삶의 마지막 순간을 돌보는 문제를 해결할 합리적 방법을 찾아내 보건의료 계획에 담아야 한다는 것이다. 또한 여성과 남성 사이의 역할이 서로에게 이익이 되는 방향으로 분담되어야 하고, 남성성을 바라보는 사회적 관념도 바뀌어야 한다고 말한다. 이를테면 연로해 거동이 불편한 부모의 몸을 씻기는 일을 남자가 해서는 안 되는 일로 보는 관념부터 없애야 한다는 것이다. 이러한 누스바움의 생각은 사회적 성역할과 장애인, 돌봄노동 문제가 각기 분리되어 있지 않다는 것을 보여준다. 사회적 성역할을 동등하게 전제하지 않고 장애인과 돌봄노동 문제를 말하는 것 자체가 남성과 여성의 상호이익이 아닌 남성만의 이익을 보장할 위험을 안고 있기 때문이다.

교육 문제로 넘어와서 누스바움은 수많은 인간역량을 계발할

때 교육이 중추적 역할을 한다고 보았다. 교육은 사회적 약자 문제
와 불평등 문제의 해결을 돕는 생산적 기능이라는 것이다. 누스바
움의 말에 따르면 교육은 직업 선택의 기회와 정치 참여의 기회를
확대하고, 더 나아가 외부 세계의 사람들과 생산적으로 상호작용하
는 데 도움을 준다. 무엇보다 교육은 인간존엄성을 보장하는 중요
한 수단이다.

> 역량 접근법은 처음 등장했을 때부터 교육의 중요성을 강조했다. 학
> 교교육, 가정교육, 비정부기구가 운영하는 성인 및 아동 발달 프로그
> 램 등을 모두 아우르는 교육은 사람이 기존에 지니던 역량을 한층 성
> 숙한 내적역량으로 바꿀 수 있다. 이 같은 변화는 그 자체로 귀중하며
> 평생에 걸친 만족감의 원천이다. _181쪽

이주민 자녀의 교육받을 권리를 놓고 다툰 플라일러 대 도
(Plyler v. Doe) 소송에서도 다수의 의견은 교육이 인간발달 및 기회
의 확보에 중추적 역할을 하기 때문에 동등하게 교육받을 권리와
인간존엄성은 떼려야 뗄 수 없는 관계라고 보았다. 누스바움은 교
육의 필요성에 대해 다음과 같이 말한다.

> 비판적으로 생각하는 능력, 다른 사람의 처지를 역지사지로 상상하
> 고 이해하는 능력, 세계 역사와 오늘날의 글로벌 경제질서를 이해하
> 는 능력 등 인문학 및 예술 관련 기술은 책임 있는 민주시민을 육성하
> 기 위해서는 물론, 성인이 나이에 걸맞게 광범위한 역량을 발휘하도

록 돕기 위해서도 반드시 필요하다. _184-185쪽

누스바움은 정부가 나서서 부모에게 자녀의 역량뿐만 아니라 기능도 함께 길러줄 것을 요구해야 한다고 주장한다. 어린이 의무 교육은 성인이 된 뒤 역량의 극적 확대를 가능하게 한다는 점에서 정당화된다는 것이다. 또한 양질의 교육은 역사적 맥락과 문화적·경제적 상황에 민감해야 한다고 보았다.

동물과 환경

누스바움의 역량 접근법은 인간 아닌 종에 대해서도 관심을 가져야 한다고 말한다. 여기에는 다섯 가지 기본 입장이 존재한다.

1. 인간역량 자체가 목적이지만 사람이 아닌 존재의 역량도 인간역량을 증진하는 수단으로서 중요할 수 있다.
2. 인간역량을 최우선으로 고려해야 하지만 사람은 사람이 아닌 존재와도 관계를 맺는다는 사실을 무시해서는 안 된다.
3. 모든 지각 있는 존재의 역량은 그 자체가 목적으로서 중요하다.
4. 식물을 비롯한 모든 살아 있는 생물의 역량은 생태계 일부로서가 아니라 독자적 존재로서 중요하게 생각해야 한다.
5. 1번에서 4번까지의 입장은 전부 미흡하다. 계(종뿐 아니라 생태계) 전체의 역량 증진 그 자체가 역량 접근법의 목적이다. _186-187쪽

누스바움은 사람을 부당하게 대우해도 괜찮다는 생각이 옳을

때만 동물을 부당하게 대우해도 괜찮다는 생각이 옳다고 말한다. 공리주의자들은 공리주의적 계산 결과를 근거로 동물에게 고통을 가해서는 안 된다고 주장하지만, 총효용에 비중을 두는 공리주의 입장에서는 인간이 공장식 축산업을 통해 만족과 고용을 얻는다는 것이 누스바움의 생각이다.

> 일반적으로 역량 접근법은 동물도 쾌락과 고통의 수동적 수용주체가 아닌 엄연한 능동적 행위주체라고 본다. 발상 자체가 색다르기 때문에 동물의 온갖 활동과 생명을 유지하려는 노력을 더 적절하게 존중해줄 수 있다. _189쪽

누스바움은 각각의 종이 어떻게 사는지 주의 깊게 살핀 뒤 고유한 삶의 방식에 맞게 살아가고 행동할 기회를 증진해야 한다고 주장한다. 역량 접근법의 결론에 따르면 모든 동물에게는 종 고유의 특징에 어울리는 삶의 기회를 최저수준 이상으로 누릴 권리가 있다는 것이다. 이 같은 견해는 모든 생명에 대한 존중에서 비롯한다. 다른 접근법에서는 찾아볼 수 없는(센 역시 인간 이외의 종에 대한 역량을 다루지 않았다) 누스바움만의 독특한 생각이다.

또한 누스바움은 역량 접근법이 환경 문제에서 중요한 역할을 해야 한다면, '미래 세대의 이익을 어떻게 고려해야 하는가'에 관한 입장을 분명히 밝혀둬야 한다고 말한다. 경제성장에만 관심을 쏟는 국가일수록 국민의 건강상태를 악화시키는 정책을 선택할 가능성이 높다. 따라서 환경이 국민의 건강에 미치는 영향과 경제에 미치

는 영향을 구분하는 것이 중요하다. 스웨덴의 10대 청소년 그레타 툰베리(Greta Thunberg)는 2018년 유엔 기후변화협약 당사국 총회 연설에서 역량 접근법이 미래 세대의 이익을 고려해야 한다는 메시지를 강력하게 전달했다.

"당신들은 자녀를 가장 사랑한다 말하지만, 기후변화에 적극적으로 대처하지 않는 모습으로 자녀들의 미래를 훔치고 있다."

우리나라에서도 툰베리의 생각을 지지하며 '글로벌 등교 거부(global climate strike)' 캠페인의 일환으로 청소년들의 시위가 있었다. '우리는 미세먼지 세대'라는 한 청소년의 말은 생태계가 미래 세대와 공유하는 자원이라는 점을 분명하게 알려준다. 현재의 편익을 위해 미래 세대를 위험에 노출시키는 것은 올바른 선택이 아니다. 역량 접근법은 이 같은 문제에 대해 미래 세대의 이익을 분명하게 고려하자고 주장한다.

헌법, 정치, 인간심리

누스바움의 역량 접근법은 애초에 최소한의 사회정의 문제에 초점을 맞추고 있기 때문에 법과 정치구조 문제가 핵심 지위를 점한다. 누스바움은 핵심역량과 사회정의의 최저수준에 관한 자신의 설명이 공정한 정치제도를 통해 구현될 정치적 원리의 밑거름이 될 것이라 전망한다.

특정 역량이 인간존엄성에 어울리는 삶을 살기 위해 중요하다면, 또한 사회의 '기본구조'는 핵심역량을 최저수준 이상으로 보장해야 한다면, 정치구조가 어떻게 핵심역량을 최저수준 이상으로 보장해야 한다면, 정치구조가 어떻게 핵심역량을 보장할 수 있는지 살펴야 한다. _195쪽

미국의 〈독립선언서〉를 보면 근본권리를 보장하지 못한 정부는 본질적 임무를 완수하지 못한 정부라고 규정해 놓았다. 이는 어떤 역량이 핵심역량 목록에 올랐다면 정부는 법률과 공공정책으로 그 역량을 보호하고 보장할 의무가 있다는 것이다. 누스바움은 헌법이 인정하는 핵심역량의 사법적 해석에는 몇 가지 특징이 있다고 보았다. 이들 특징은 역량 개념을 구체화하여 전달할 때 유용하므로 역량 접근법을 발전시키고 싶다면 주목해야 한다고 말한다.

첫 번째 특징은 쟁점으로 떠오른 역량을 중시하며 독립적으로 다룬다는 점이다.

두 번째 특징은 점진주의이다. 이때의 점진주의란 후속 판례가 선행 판례에 담긴 통찰을 확인하고 심화함에 따라 판례의 구조와 체계가 자리 잡아가는 것을 말한다.

세 번째 특징은 맥락주의다. 추상적 원리는 언제나 구체적 맥락 속에서 실현되는 법이다.

네 번째 특징은 항상 소수자가 동등한 대우를 받을 권리에 초점을 맞춘다는 점이다. _204-206쪽

누스바움의 주장에 따르면 민주주의라는 말 자체는 많은 것을 말해주지 않는다. 민주주의는 인간역량 강화와 인간존엄성 존중을 확고하게 지지하지만, 그것을 어떻게 강화하고 존중할 것인가의 문제는 정치구조가 공개적으로 논의해 처리하도록 맡긴다는 것이다. 그러므로 누스바움은 역량 접근법이 앞장서 정치구조가 이들 문제를 논의할 수 있는 장을 열어줘야 한다고 주장한다. 나아가 역량 접근법 이론가는 공공선택 이론, 참여민주주의 이론, 심의민주주의 이론에 관한 연구 성과를 수용해 자신의 이론을 한층 정교하게 디딤고 심화하는 과업을 수행해야 한다고 보았다.

> 공감과 연대의 감정이 뒷받침되지 않는 한 개인의 이익을 희생시키라고 요구하는, 그래서 부담이 큰 역량 실현 프로그램을 만들어낼 수 없다. _210쪽

누스바움은 정치감정을 두 부분으로 나눠 연구할 것을 제안한다. 먼저 인간심리에 관해 우리가 아는 것은 무엇인지, 특정 문화의 산물이 아닌 인간심리가 존재하는지를 물어야 한다는 것이다. 그다음으로 가족과 학교 등 다양한 사회 환경에 어떻게 개입해야 정치감정이 세계시민의 핵심역량 실현을 지지하는 방향으로 흐를지 고민해야 한다고 말한다.

누스바움은 역량 접근법을 깊이 이해하고 정당화하고 싶다면 인간발달 과정을 잘 알아야 하며, 정치감정이 사회 속에서 어떻게 형성되는지도 깊이 이해해야 한다고 말한다. 아울러 정치감정을 연

교사, 책을 들다

구할 때는 정치적 자유주의의 한계를 심사숙고해야 한다고 주장한다. 한편으로 사람의 감정을 잘 이해하기 위해서는 사람으로 산다는 것이 무엇인지 직접 경험하고 사람이 겪는 숱한 곤경을 다룬 글을 널리 읽을 것을 제안한다. 이것은 누스바움의 다른 저작에서도 자주 발견되는 '서사적 상상력(narrative imagination)'에 대한 설득력 있는 제안으로, 인간의 고통과 즐거움을 두루 살필 수 있는 방법이라 할 수 있다. 역량 접근법 이론가에게 서사적 상상력은 매우 중요한 사고의 원천이다. 누스바움은 역량 접근법 이론가라면 심리학의 경험적 연구에서 배울 수 있는 모든 것을 배워야 한다고 말한다. 다시 말해 소설, 전기, 자서전, 심리치료 사례 등을 열심히 읽으면 정치적 성취와 안정에 큰 영향을 미치는 인간 경험의 복잡한 요소를 더 깊이 이해할 수 있다는 것이다.

> 발전의 진정한 목적은 인간개발이다. 인간개발 이외의 목적을 상정하는 접근법과 척도는 삶의 발달과정을 간접적으로만 보여줄 뿐 사람이 가장 우선적으로 생각해야 할 것을 풍부하고 정확하게 반영하지 못한다. _215쪽

이러한 주장에도 불구하고 현실에서는 1인당 GDP가 여전히 삶의 질을 나타내는 척도로 활용되고 있다. 누스바움은 GDP의 영향력은 실로 막강하여 정책 입안 과정을 좌지우지한다고 말한다. 그러므로 GDP에 비중을 두는 국가는 경제성장 위주의 정책을 펼치게 되며, 이행해야 할 여러 책임은 소홀히 한다는 것이다.

오늘날 새로운 패러다임으로 전개되는 역량 접근법은 기존의 지배적 접근법과 달리 계급·종교·신분·성별에 상관없이 모든 사람의 동등한 존엄성을 강조하는 것을 출발점으로 삼는다. 즉 모든 사람이 동등한 존엄성에 어울리는 삶을 살아가게 하는 데 초점을 맞춘다. 또한 역량 접근법은 삶의 질에 대한 비교 설명과 기본적인 사회정의 이론을 무기로 지배적 접근법의 주요 결함을 바로잡으려 힘쓴다. 아울러 사회적으로 소외당하거나 주변부로 밀려난 집단을 향한 관심과 분배의 문제도 중시한다.

⋮

2001년 OECD가 DeSeCo 프로젝트를 통해 미래 핵심역량의 범주를 밝힌 이래 2030 학습 프레임 워크에 이르기까지 역량 담론은 그동안 교육계의 중심 이슈였다. OECD 역량담론이 '교육 2030'에 이르러 개인의 행위주체성을 강조한 것은 확실히 개인의 성공을 강조한 DeSeCo 프로젝트에 비해 한 단계 진전된 접근이라 할 수 있다. 그러나 여전히 세계는 GDP 중심의 경제발전 모델을 채택하고 있고, 교육은 경제발전의 도구로서 기능하고 있다. 이러한 정책적 역량담론은 총효용 기반의 공리주의적 접근, 인간 능력의 인적자본화, 시장화된 세계에서 경쟁력을 갖춘 다기능적 인재를 목표로 한 전략을 불러온다.

누스바움의 역량담론은 아마르티아 센의 '토대역량' 혹은 '잠재가능성'과 많은 부분 유사성을 공유하는데, 둘 다 인간이 무엇을 할 수 있고 어떤 기회를 가질 수 있는지를 눈여겨본다. 아울러 인적 자본 담론에서 기대할 수 없는 정의 구현과 불평등의 극복, 경제 윤리의 회복, 복지와 삶의 질 제고 등에 관심을 둔다. 우리가 흔히 말하는 미래 핵심역량과 누스바움의 역량담론에는 분명한 차별점이 있다. 미래 핵심역량이 '교육을 통해 어떤 역량을 기를 것인가, 이를 위한 교사와 학교의 역할이 무엇인가'를 중요하게 다룬다면, 누스바움의 역량담론은 '개인의 존엄성과 고유성을 어떻게 보장할 것인가, 이를 위한 국가의 의무는 무엇인가'를 중요하게 다룬다.

누스바움은 두 가지 방법을 써서 역량담론을 전개해나가는데 그중 하나가 구체적이고 생생한 삶의 실제를 반영하는 것이다. 이 책에서 누스바움이 인도 구자라트주에 사는 바산티의 삶을 추적하는 과정은 단순한 '여성의 삶'을 들여다보는 것 이상이다. 그 시선은 바산티가 억압에서 해방되어 자립을 획득하고, 교육을 통해 시민으로 깨어나는 과정을 추적한다. 이렇듯 10대 핵심역량의 많은 부분은 생생한 삶을 귀납적으로 반영한다. 또 다른 하나는 역사적 근거를 통해 역량담론을 정당화하는 방법이다. 이것은 아리스토텔레스에서 스토아학파, 그리고 근대에 이르는 역사적 과정을 통해 인간이 어떤 존재로 여겨졌는지 추적하고, 헌법과 정치구조가 인간 개개인의 역량을 계발하기 위해 어떻게 작동하는지 분석하여 가능성을 가진 존재로서 인간을 드러내는 방식이다.

결론적으로 누스바움은 역량을 교육에 가두지 않는다. 나아가 '역량교육'을 단순히 교수학습방법 차원의 문제로 보지 않는다. 학교 혹은 학교 밖에서 지식교육을 하는 중에, 학습자의 사회적 행위

중에, 건강과 체력을 기르는 중에 역량은 자연스럽게 길러진다. 역량이 교육을 통해서만 길러진다는 발상은 필연적으로 학교와 교사의 역할 강조로 이어진다. 누스바움의 접근은 이 같은 정책적 역량이 가진 한계를 분명하게 넘어선다. 사회적 약자, 젠더, 동물의 권리와 환경의 질을 따지는 것은 역량담론에 걸친 여러 사회, 정치, 경제, 문화적 요소를 들여다보는 통합적 관점이다. 한마디로 누스바움의 역량 접근법은 역량을 개인의 노력을 통해 발전시켜야 할 과제로 보는 것을 넘어 개인의 역량 증진을 위한 체제의 역할을 제시하고 있다는 점에서 보다 인간 친화적인 접근이라 할 수 있다.

교사, 책을 들다

교육은 가치 있는 것을
추구하는 활동

《윤리학과 교육》

R. S. 피터스 지음 | 이홍우 · 조영태 옮김 | 교육과학사

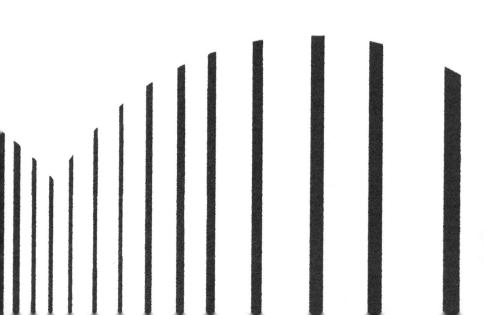

함께 읽으면 좋은 책

《교육의 개념》
이홍우 지음 | 문음사 | 2009

《브루너 교육의 과정》
Jerome S. Bruner 지음 | 이홍우 옮김 | 배영사 | 2017

《교육철학 1》
R. Bailey, R. Barrow, D. Carr, C. McCarthy 엮음 | 이지헌 옮김 | 학지사 | 2013

《피터스의 교육사상》
스테판 E. 쿠이퍼스 · 크리스토퍼 마틴 지음 | 이병승 옮김 | 서광사 | 2017

．
　　．
　　．

　　리처드 스탠리 피터스(Richard Stanley Peters)의 《윤리학과 교육(Ethics and Education)》을 읽은 사람들의 첫 반응은 '어렵다'는 것이다. 교육을 기대하고 읽었는데 철학 이야기로 일관하기 때문일까? '교육이란 무엇인가'를 따지는 것은 당연히 교육의 영역이지만, 기본적으로 철학의 영역이기도 하다. 이 책에서 피터스는 분석철학을 끌어와 교육의 개념과 준거를 예리하게 파고든다. 분석철학은 개념을 명확하게 규정하고, 여러 논의 형식에 들어 있는 논리적 가정을 정당화하는 일에 관심을 둔다.

　　피터스의 이 책은 다음에 공부할 듀이의 《민주주의와 교육》보다 50년 늦게 세상에 나왔다. 듀이 책에 나와 있는 교육의 쟁점들을 두루 다루고 있는데, 저자는 서문을 통해 윤리학의 입장이나 민주적 생활방식을 해석하는 방법에서 듀이의 《민주주의와 교육》과 뚜렷한 대조를 이루고 있다고 말한다. 아울러 이 책을 쓴 의도를 '다른 사람들을 위하여 몇 개의 이정표를 세워주고, 다른 사람들이 보나 여유 있게 또 자세하게 탐색할 수 있도록 지역의 윤곽을 그려주는 데 있다'고 밝히고 있다.

《윤리학과 교육》과 《민주주의와 교육》을 비교해서 읽다 보면 두 사람 사이에 놓인 시공간적 간격에도 불구하고, 그들이 주장하는 이론의 포괄성과 설명력이 극명하게 드러난다. 피터스가 말하는 교육이란 '무엇인가 가치 있는 것을 도덕적으로 온당한 방법으로 의도적으로 전달하는 것'이다. 이 말은 듀이의 주장과 여러 면에서 논리적으로 대응한다. 《민주주의와 교육》을 포함해 《교사, 책을 들다》에서 공부하는 다른 책들이 전통적 교육에 대한 비판과 개선의 내용을 다루고 있는 것에 반해, 《윤리학과 교육》은 인류가 쌓아온 문화유산을 전수한다는 전통적 교육 목적을 충실히 따르고 있다.

교육활동 과정에서 우리는 늘 무엇인가를 선택해야 하는 시간과 지점들을 만난다. 우리가 어떤 텍스트를 선택하든지 간에 비판적인 성찰 없이는 편협한 사고에 빠지기 쉽다. 교육을 바라보는 방향과 접근방식이 사뭇 다름에도 우리가 피터스의 책을 읽어야 할 이유가 여기 있다. 특히 최근 혁신교육에 관한 여러 이론과 실천을 지켜보면서 다른 결의 접근법을 통해 자기 갱신의 기회로 삼을 것을 제안한다.

《윤리학과 교육》은 크게 3부로 구성되어 있다. 1부는 교육의 개념으로 교육의 규범적 측면, 인지적 측면을 구분하여 다루면서

'성년식으로서의 교육'이라는 피터스 특유의 교육관을 선보인다. 2부는 교육의 윤리학적 기초로 평등, 가치, 이익, 자유, 인간 등을 '정당화'라는 분석 틀로 정리하고 있다. 3부는 교육과 사회통제로 권위, 벌, 훈육을 다루며, 특히 마지막 장인 '민주주의와 교육'에서 민주주의의 의미와 논리적 가정, 정당화, 학교 등에 대해 분석한다.

공부를 해야겠는데 시간이 허락되지 않아 단 한 권의 책을 선택해야 한다면, 듀이의 《민주주의와 교육》을 읽으면 좋겠다. 만약 한 권 더 읽을 여유가 주어진다면 피터스의 《윤리학과 교육》을 권한다. 이 두 권의 책은 '교육과 철학'이라는 주제를 각기 다른 방향에서 다른 방식으로 접근한다. 두 권을 묶어서 공부한다면, 어떤 교육철학을 선택할지와 무관하게 교육에 대한 통합적 안목과 균형 감각을 기를 수 있을 것이다.

교육의 개념 ———

피터스는 교육철학이 다루어야 할 주요 문제로 '교육', '수업', '대학', '학교' 등 교육의 특수한 개념들의 분석, 윤리학과 사회철학의 교육적 적용, 교육내용을 전달하는 활동에 대한 분석, 교육과정과 관련한 문제 등을 제시하였다. 그러나 《윤리학과 교육》에서는 '윤리학과 사회철학의 교육적 적용'에 관한 문제만을 다룬다. 이 책의 제목이 '철학과 교육'도 아니고 '교육철학'도 아닌 '윤리학과 교육'인 이유다. 그중에서도 '교육의 개념'을 분석하는 일은 피터스

의 관심사인 윤리학과 사회철학을 교육적으로 적용하기 위한 시작
이다.

교육의 개념적 기준

교육은 단 하나의 개념으로 정의되지 않는다. 교육을 개념화하
는 방식은 사회적 정의, 학교교육에 국한하는 정의, 교사와 학생을
전제하는 정의, 교육의 목표·과정·방법과 연동하여 내리는 정의
등 다양하다. 피터스는 분석철학적 방법을 동원하는데, 분석철학은
'언어의 의미를 분석하여 의미를 명료히 하는 것'을 일차적인 과제
로 삼는다. 비트겐슈타인(L. Wittgenstein)은 《논리철학논고》에서 "말
하여질 수 있는 것은 명료하게 말해질 수 있고, 말할 수 없는 것에
대해서는 침묵해야 한다."고 말했다. 피터스는 교육과 교육에 동원
되는 언어를 분석하여 그 의미를 명확히 하는 것으로 교육의 실제
에 다가서려 했다.

대부분의 사람들이 《윤리학과 교육》을 읽고 어렵다고 느끼는
것은 분석철학을 통해 교육의 개념에 접근한 탓도 있겠지만, 그보
다는 교육에 대해 우리가 가지고 있던 관념 탓이 클 것이다. 투입과
산출을 명확히 계량하거나 인과관계를 선명하게 제시하기 어렵고,
효과가 더디게 나타날뿐더러 그것이 어떤 교육으로 인한 효과인지
도 특정하기 어려운 교육의 속성은 언어나 기호만으로 교육을 분
석하기 힘들다는 것을 방증한다. 피터스가 정의하는 교육의 개념은

교사, 책을 들다

다음과 같다.

> 교육은 무엇인가 가치 있는 것이 도덕적으로 온당한 방법으로 의도적
> 으로 전달되고 있거나 전달되었다는 것을 함의하고 있다. … 교육은
> 무엇인가 가치 있는 것을 추구하는 활동이라는 점이다. _23-24쪽

피터스는 지력과 인격을 계발한다는 것은 곧 가치 있는 것의 계발에 구체적인 내용을 명시하는 것이며, 이것이 바로 어떤 사람을 교육한다는 말의 의미라고 밝힌다. 아울러 교육의 목적은 특정한 성취나 정신 상태를 명백히 규정함으로써 '교육받은 사람'이라는 형식적인 개념에 실질적 내용을 부여한다고 주장한다. 피터스의 방식대로 그가 한 말을 분석해보면 '무엇인가 가치 있는 것이란 무엇일까, 도덕적으로 온당한 방법이란 어떤 방법일까, 의도적 전달이란 무엇일까?'를 묻고 답하는 것이다.

교육은 모종의 가치 있는 것을 전달해야 한다는 것이 바로 '규범적 준거'다. 피터스는 이를 교육의 개념 속에 붙박여 있는 가치, 즉 '내재적 가치'라고 불렀다. 내재적 가치는 교육의 쓸모, 수단과는 다른 좀 더 고상한 무엇으로 피터스의 표현을 빌리자면 '인류의 문화유산'을 말한다. 피터스는 '지식의 형식'을 통해 인류의 문화유산에 입문한다고 보았다. 이때 지식의 형식이란 인간의 경험이 구조화되고, 분명해지며, 확장되는 독특한 이해 방식이다. 요컨대 당장의 쓸모에 구애받지 않는 가치 있는 진리를 탐구하는 것이다. 이처럼 교육받은 사람은 전체를 보는 안목을 지니고 있으며 원리를 이

해하고, 해당 사고에 대한 헌신을 갖는 사람, 즉 '인지적 준거'에 부합하는 사람이라는 것이 피터스의 생각이다.

다음으로 교육의 개념 중 '도덕적으로 온당한 방법'으로 지식이 전달되어야 한다는 말을 알아보자. 여기에 답하기 위해서는 먼저 인간 존재에 대한 규명이 필요하다. 인간이 어떤 존재냐 하는 것은 고대부터 학문하는 자들의 주된 관심사였다. 피터스는 인간을 이성을 가지고 있으며, 합리적으로 판단하고 행동하는 존재로 보았다. 그리고 합리적 이성을 가진 존재는 도덕적으로 온당한 방법을 사용한다는 것이다. 이때의 덕목으로는 진실 말하기, 성실성, 명료성, 비자의적 태도, 공평성, 일관성, 인간존중 등이 있다. 그중에서도 '인간존중'은 이 모든 것을 포괄하는 개념이다. 교육을 훈련과 애써 구분하려 했던 것도 도덕적 온당함, 즉 인간존중에 대한 강조라고 볼 수 있다.

이어서 '의도적 전달'이란 말을 살펴보면, 이것은 '가치 있는 지식'을 '도덕적으로 온당한 방법'을 사용해 전달하되, 이 과정에서 '학습자의 의도'를 존중해야 한다는 것이다. 피터스는 교육과정적 준거를 밝히면서 학습자의 의식과 자발성이 결여된 절차들은 모두 제외되어야 한다고 주장한다. 그러나 '학습자의 이해와 관심'에 주목하자는 말에는 반대 입장을 표명한다. 아이들이 흥미를 느끼지 못해도 계속 이끌어주는 것이 교사의 역할이라 생각하기 때문이다.

다시 말해 교육이란 모종의 가치 있는 '내재적 지식'을 전달하는 것으로 이는 규범적 준거에 해당한다. 인지적 준거는 내재적 가치를 내용 측면에서 구체화한 것으로 지식과 이해, 폭넓은 안목을 포함한다. 과정적 준거는 규범적 준거를 방법 측면에서 상세화시킨 것으로 내재적 가치를 실현하는 방법상의 원리다. 이를 도식화하여 정리하면 다음과 같다.

교육의 개념			
규범적 준거	내용의 구체화 (모종의 가치 있는 지식)	인지적 준거	지식, 이해, 안목 무기력하지 않은, 헌신을 포함한
	방법적 원리 (도덕적으로 온당한 방법)	과정적 준거	도덕적으로 온당한 방법 학습자의 의식과 자발성 존중 (의도적으로 전달)

성년식으로서의 교육

피터스는 '주형모형'과 '성장모형'이라고 불리는 두 교육이론이 도덕적·심리학적으로 결함을 가지고 있다고 주장한다. 두 모형에서 교육자는 학생의 마음속에, 학생과는 무관한 모종의 결과를 일으키기 위하여 일하는 초연한 조작자로 간주된다는 것이다. 피터스는 교육받은 사람을 모종의 정신 상태를 성취한 사람으로 보았다. 그 정신 상태란 바로 전달된 가치 있는 것을 통달하고(규범적 준거), 그것을 소중히 여기며(과정적 준거), 폭넓은 안목으로 그것을 볼 수 있는 상태(인지적 준거)를 말한다. 또한 그는 교육받은 사람이 되려면 일군의 지식과 모종의 개념 구조를 가지고 있어서 기술이나 방법상의 요령을 잡다한 사실의 집합 이상으로 끌어올릴 수 있어야

한다고 보았다. 교육받은 사람을 이렇게 전제할 때, 교사의 역할은
무엇일까?

교육의 초기 단계에서 교사가 해야 할 가장 중요한 일은 자기가 알고
있는 사고의 형식 안으로 학생들을 이끌어 들이는 일이다. … 교사와
학생은 모두 공동의 세계를 탐색하는 경험에 공동으로 참여하는 것이
다. … 훌륭한 교사는 학생들이 하루빨리 자기의 도움을 받지 않고 혼
자 힘으로 설 수 있도록 도와주는 사람이다. _74쪽

앞서 교사는 규범적 준거에 따라 도덕적으로 온당한 방법을 동
원해 의도적으로 지식을 전달하는 사람이라고 했다. 이러한 방법으
로 지식이 전수되는 과정을 피터스는 '성년식'에 비유한다. 가치 있
는 활동과 사고, 그리고 행동양식으로 학생들을 입문시키는 것이
바로 교사의 역할이라는 것이다. 이는 주형모형과 성장모형을 양극
단으로 몰아붙이며 나온 결론이다.

분화된 사고의 형식에서는 내용과 방법이 모두 '간주관적'이다. 지식
의 체계라는 것은 오랫동안 공적인 검토와 논의에 의하여 확립, 축적
되어 온 유산이며 또한 그 지식의 체계 안에 포함된 개념 구조는 수많
은 사람들의 안목을 일정한 방향으로 변화시켜 왔다. 확립된 지식을
사정하고 새로 발견된 지식에 비추어 그것을 수정 내지 조정하는 비판
적 방법이 있다는 것은 곧 지식을 가르치는 자나 배우는 자가 다 같이
따라야 할 간주관적 기준으로서의 공적 원리가 있다는 뜻이다. _75쪽

교사, 책을 들다

간주관적 공적 원리는 구성원 간, 이를테면 교사와 학생 사이의 주관적 경험이 공감대를 형성하면서 추구해야 할 원리를 가리킨다. 대단히 이상적인 교사와 학생의 모습이다. 피터스는 현대사회에서 교사가 합리적 이성에 따라 마음을 작동해야지만, 학생과 더불어 온전히 진리 탐구에 매진할 수 있다고 가정한다. 이러한 피터스의 가정은 바람과 당위를 현재 기점에서 편의적으로 사용했다는 비판을 받기도 한다. 존재해야 할 교사를 현존재로 전제하고, 바람에 기초하여 교육의 개념을 정의한 것은 교사와 학생을 철저히 이성적인 존재로 보고, 학교 상황을 지나치게 낭만적으로 그렸다는 점에서 이후 나머지 논의를 계몽에 머무르게 했다. 다음 글에는 피터스의 교육에 대한 도덕적이며 이성적인 관점이 잘 드러나 있다.

> 교사에게 요구되는 것은 학생에 대한 강렬한 애정이 아니라 인간적인 존중인 것이다. … 인간에 대한 존중은 상대방을 독립된 '의식의 구심점'으로 지각할 때 일어나는 감정이다. … 가르침의 마지막 꽃은 교사가 자기의 힘이 자라는 범위 내에서 최대한 기술과 인내와 열성을 가지고 자기의 '성역'을 탐색할 때 비로소 피어날 것이다. _83-87쪽

아이를 향한 교사의 열정은 교육 효과와 관련하여 매우 중요한 요소다. 그러나 상대를 독립된 의식의 구심점으로 생각하지 않는 열정은 방향을 상실한 동기나 다름없다. 피터스가 그의 저작에서 공통으로 강조하는 '인간에 대한 존중'은 가르침과 배움 사이에 일어날 수 있는 가장 이성적이며 합리적인 관계를 전제한다. 여기에

서 교사는 자신이 가르치는 학문의 원리뿐만 아니라 아동의 견해, 즉 탐색하고자 하는 세계에 대한 아동의 생각도 소중히 여겨야 한 다는 신념이 싹튼 것으로 보인다.

교사가 진정한 제자에 대해 생각할 겨를도 없을 만큼 자기 과 업에 몰두하면, 그에게 진정한 제자가 생기게 될지 모른다는 피터 스의 말은 이성적이며 도덕적인 교사관을 함축하고 있다. 이러한 관점에서 보면 교사는 아이 앞에 선 대단히 '진지한' 존재다. 아이 에게 배움의 열망을 불러일으키고, 아이를 가치 있는 활동이나 행 동양식으로 이끄는 것이 가르침의 강력한 동기가 되는 것이다.

> 교육자의 목적은 다른 사람들을 그러한 가치 있는 활동과 사고의 형 식으로 이끌어 들여서 그들로 하여금 그 내재적인 목적으로 위하여 그러한 활동 내지 사고의 형식을 추구하도록 하는 데에 있다. _89쪽

교육의 윤리학적 기초 ────

앞에서 살펴본 '교육의 개념'은 사실상 피터스 사상의 핵심 이다. 피터스가 말하는 평등, 가치, 이익 고려, 자유, 인간존중, 권위, 벌과 훈육 등은 모두 여기서 파생한 각론이라 할 수 있다. '교육의 윤리학적 기초'에서는 어떤 내용을, 어떤 방식으로 전수할 것인가 하는 문제, 즉 교육내용과 방법의 정당화 문제를 다룬다. 여기서도 '교육의 개념'과 마찬가지로 의미 분석, 논리적 가정, 정당화 등의

방식을 통해 논리를 전개해나간다.

정당화에 대한 고전 이론

피터스는 도덕적 지식에 확실성의 등급이 매겨지게 되는 데는 반드시 모종의 논거가 있어야 한다고 말한다. 그는 윤리학이 이 논거를 명확히 밝히는 일을 한다고 보고, 이런 측면에서 자연주의 이론을 비판한다. 피터스가 보기에 자연주의는 인간의 본성과 도덕적 논의의 행동 통제 기능 사이의 관련을 지나치게 직접적으로 맺는다는 '결함'을 가지고 있었다. 이를테면 아이들을 기르는 동안 우리는 아이가 하고 싶지 않아 하는 일도 그 일을 해야 한다거나 그 일은 좋은 일이라고 아이들을 설득한다는 것이다. 그리고 자연주의는 도덕적 판단의 객관성을 중요시한다는 점에서 윤리학 이론으로서 강점을 갖지만, 도덕적 논의의 '자율성'을 올바르게 강조하지 않는다고 비판한다.

이어서 피터스는 직관주의를 고찰하며, 직관주의가 윤리학의 자율성을 보장하는 면에서 큰 강점을 갖는다고 보았다. 이것은 직관주의 이론이 '좋다', '해야 한다'는 말을 관찰가능한 성질이나 관계를 나타내는 말로 보지 않는다는 점과 도덕적 판단은 사실적인 법칙에서 추론해낸 것이 아니라는 점에 주목한 것이다. 피터스는 직관주의 이론이 자연주의 이론보다 진일보했다고 평가하면서도 직관주의 역시 자연주의 이론의 주요 특징을 그대로 가지고 있다며 꼬집었다. 직관주의도 도덕적 문제를 이론적 문제의 범주에 포함시킨다는 것이다. 피터스는 '보는 것'의 궁극적인 경험은 사태나 활동에 관하여 사심 없이 명료하게 사고할 수 있는 사색인들이나 할 수 있는 것이라고 말한다.

> 윤리학 이론으로서의 직관주의에 대한 기본적인 반론은 도덕의 근본 원리에 대한 추구가 너무나 조속히, 또 너무나 임의적인 시점에서 끝나 버리게 한다는 것이다. _115쪽

자연주의와 직관주의에 이어 피터스가 비판의 대상으로 삼은 것은 '정서주의'다. 직관주의자들이 도덕적 판단을 수학적 판단처럼 객관적인 것이라고 생각하는 데 반해 정서주의자들은 도덕적 판단의 임의성을 공공연하게 받아들인다는 것이다. 이러한 정서주의는 '정서'나 '느낌'과 같은 도덕적 판단의 의미를 설명하는 데 있어 엄밀하게 분석되어 있지 않다는 것이 피터스의 생각이었다. 그는 정서주의 이론이 도덕적 판단의 의미를 승인 또는 거부의 정서, 태도, 느낌으로 설명한다고 보았다. 이때 거부의 개념은 그 이전에 '옳지 않다'는 생각을 논리적으로 가정하고 있으며, 느낌의 특징적 성격은 사정의 인지적 핵심에서 나온다는 것이다. 따라서 정서주의의 주요 결함은 이 이론이 정서라는 개념을 충분히 분석하지 않은 데서 기인한다고 생각했다.

이렇듯 피터스는 정당화에 관한 여러 고전 이론을 비판하면서 도덕적 원리의 합리적 기초를 추구할 수 있는 대안적 이론을 제시

하는데, 정당화 논의 형식이 바로 그것이다. 이는 도덕적 원리의 이면을 파고들어서 그 원리가 암암리에 당연한 것으로 받아들여지는 논리적 가정을 명백히 드러내는 논의의 형식을 말한다. 또한 피터스는 윤리학 이론을 확립함에 있어 '공적인 가정을 밝히는 것'에 비중을 둔다. 예를 들어 과학적인 활동을 하는 사람이 있을 때 우리가 알아내고 싶은 것은 그 사람의 개인적인 취향이 아니라 공적인 가정이라는 것이다.

> '의미'라는 것이 한 특정한 논의 형식 안에서 개념들 사이의 관계를 가리킨다고 하면, 논의 형식의 가정을 알아낼 때, 우리는 또한 그러한 논의 형식의 의미가 무엇인가 하는 것에 주의를 환기시키는 일을 한다고 볼 수 있을 것이다. _136쪽

평등, 이익의 고려, 자유

피터스는 교육의 기회균등 문제도 거론한다. 그는 교육의 내용과 방법을 말하기 전에 기회균등 문제를 논의하는 것이 논리적으로는 어긋난 것인지 모르나 심리적으로는 타당하다고 주장한다. 이는 교육의 기회균등 문제에 관심이 있는 사람들이 이 문제를 먼저 다루길 원해서이기도 하고, 교육의 내용 및 방법과 관련하여 근거를 제시하는 한 가지 논의 형식을 발전시키는 것이 의미가 있기 때문이라고 밝힌다. 따라서 '교육의 윤리학적 기초'의 맨 밑바닥을 형

성하기 위한 시도로서 다른 어떤 것보다도 공정이나 정의의 근거를 따져보는 일이 매우 타당하다는 것이다.

'평등'이라는 말은 '동일'이라는 말과 같이, 사람이나 물건을 비교하는 데에 사용되며, 사람이나 물건은 어떤 기준에 비추어서만 비교될 수 있다. 그러므로 비교의 기준이 명백히 드러나지 않는 한 '모든 인간은 평등하다'는 말은 무의미하다. _141쪽

이 말에서 한 가지 의문이 생긴다. '평등(equality, equity)'은 '동일(the same)'과 같이 사람이나 물건을 비교하는 데만 사용되며, 두 개념이 쓰이는 맥락과 배경은 같은 것인가 하는 의문 말이다. 평등은 대체로 사회학적 맥락에서 쓰이는 개념인 반면, 동일은 주로 사물의 모습이나 수량이 같음을 나타낸다. 그리고 두 단어의 개념적 설명을 떠나 '모든 인간은 평등하다'라는 말이 품고 있는 뜻이 신장이나 지능이 같다는 말이 아니라는 것은 명백하다.

'모든 인간은 평등하다'는 말이 사람들을 어떤 특정한 기준에 비추어 비교하였을 때 그 결과가 같다는 뜻으로 해석된다면 그 말은 언제나 틀린 말이다. 왜냐하면 인간은 신장, 체중, 지능, 감성 등의 기준에서 명백히 '평등'하지 않기 때문이다. _141쪽

지금 우리가 논의하는 교육사태 혹은 사회양상 안에서 말하는 평등을 신장, 체중, 지능, 감성에 해당하는 것이라고 생각하는 사람

교사, 책을 들다

이 있을까? 이는 인위적인 접근방식으로 평등의 개념을 규정함에 있어 무의미하고 불필요한 말로 시작하는 것이다.

> 그러나 '모든 인간은 평등하다'는 말이 이와 같이 하나의 사실적인 법칙으로 사용되는 경우는 거의 없다. 비록 문법적인 형식으로 보면 사실적인 진술이지만, 논리적인 기능으로 보면 그것은 대개 사실적인 법칙을 진술하는 것이라기보다는 하나의 규칙을 제성하는 것이디. 다시 말하면 그 말은 곧 '인간은 평등하게 취급되어야 한다'는 뜻이다. _141-142쪽

자기부정을 통해 다른 진술을 정당화하는 것처럼 보이지만, 이는 결국 앞서 자신이 한 말이 무의미하고 불필요한 진술이었음을 스스로 인정하는 꼴이다. 피터스는 '인간이 평등하게 취급되어야 한다'는 말은 대담하고 엄한 명령이라고 주장한다. 그러면서 예로 든 것이 천재아와 지적장애아를 똑같이 취급하는 경우의 문제점이다. 굳이 이런 예시를 든 의도야 알 수 없지만, 피터스가 아리스토텔레스의 말을 빌려 하고 싶었던 말은 '평등하지 않은 것을 평등하게 취급하는 것은 평등한 것을 평등하지 않게 취급하는 것 못지않게 부정의를 초래하는 것이다'였던 것 같다. 피터스는 분배적 정의를 '평등한 것을 평등하게 취급(동일한 범주)하고, 평등하지 않은 것을 평등하지 않게 취급(상이한 범주)'하는 것으로 규정한다. 이를테면 지적장애에 속하는 모든 아동은 똑같이 취급되어야 하지만, 천재의 범주에 속하는 아동들과는 다르게 취급되어야 한다는 것이다.

정의는 규칙을 만들고 적용하는 일에 기본이 되는 원리로서, 적합한 근거에 의해서 범주를 설정하는 것은 바람직하다는 것, 그리고 부적합한 근거에 의해서 예외를 만드는 것은 바람직하지 못하다는 것을 규정하는 원리이다. _152쪽

이쯤 되면 피터스의 주장이 향하는 지점이 어디인지 유추가 가능하다. 사실상 부적합한 근거에 의해서 예외를 만드는 것이 바람직하지 못하다는 말은 근거만 적합하다면 얼마든지 예외를 설정하는 것이 가능하다는 말의 다른 표현이다. 이러한 생각은 피터스가 든 다른 예시에서 더욱 두드러진다.

분명히 고문을 하는 사람의 경우에도 고문을 당하는 사람에게 적절한 차이가 있는 경우에는 그 방법을 세밀히 구분하면서 고문할 수 있을 것이다. 이때 그는 비록 고문자이긴 하지만 '공정한' 고문자라고 말할 수 있다. _152쪽

피터스는 고문자의 규칙이 도덕적으로 나쁜 것이기는 하지만 그렇다고 반드시 불공정한 것은 아니라고 말한다. 더구나 정의를 말하는 대목에서다. 그러면서 정의의 원리가 정당화되거나 '어떻게 해야 하는가?'라는 질문을 심각하게 할 때 누구나 받아들여야 하는 논리적 가정이 되는 논의는 이 정도면 '완성'된 셈이라고 주장한다. 다음 글에서도 피터스의 사회적 감수성을 확인 수 있는데, 특히 남성적 젠더 감수성은 이 책 곳곳에 묻어 있다.

교사, 책을 들다

미치광이, 히스테리에 걸린 여자, 또는 광분하는 나치를 상대로 논의
를 하는 것은 소용없는 일이다. … 투표할 권리나 정당한 임금을 받을
권리가 형식적으로는 인정된다고 하더라도 현실적인 여건이 그러한
정의의 실현을 허용하지 않는다는 주장이 있을 수 있다. 예컨대 문맹
인 노동자를 고용하고 있는 사람이나 무식한 아내를 둔 남편이 노동
자와 아내로 하여금 투표에 참여하지 못하게 하거나 자신의 뜻에 따
라 표를 던지도록 압력을 넣는 경우가 있을 것이다. _153-159쪽

정당화 과정을 통해 피터스가 주장하는 바는 합당한 차이가 있
을 경우에는 그 차이에 따라 차별이 적절하게 이루어져야 한다는
것이다. 그러므로 이러한 전제를 토대로 교육적 시사점을 따지는
것은 교육사태를 둘러싸고 벌어지는 '적절한 차별'의 근거를 찾는
일이 될 것이다.

공론가들이 (물론, 그들은 선의에 의해서 하겠지만) 평등의 원리를 맹목적으
로 신봉한 나머지 제대로 교육시킬 수 있는 명문의 학교들을 없애버
릴 위험이 있다는 것이 자유를 주장하는 사람들의 입장이다. _172쪽

평등을 주장하는 사람들에 대한 피터스의 견해를 엿볼 수 있는
대목이다. 그는 평등의 원리 추구가 자유 또는 질 높은 삶과 갈등을
일으킨다고 말한다. 이때 자유 혹은 질 높은 삶은 명문학교나 사립
학교가 가진 탁월성의 표준에 의해 구성된다는 것이다.

수학자가 제 정신에서 거리를 청소하려고 나선다면, 여기에는 어떤 특별한 이유라든지 그럴 만한 배경이-예컨대 정서적 긴장 해소라든가 신의 찬미 등-반드시 있어야만 할 것이다. _191쪽

이 말은 마치 고대 희랍사회의 귀족과 노예가 맡았던 역할을 연상시킨다. 수학자가 수학을 연구하는 중에 진리를 탐구하거나 보다 깊이 있는 연구를 하는 일은 하등 이상한 것이 아니다. 아울러 수학자가 거리를 청소하며 사회에 기여하는 일 역시 조금도 이상하지 않다. 긴장을 해소하거나 신을 찬미하는 등의 특별한 이유가 있어야지만 학자의 거리 청소가 용인되는 것은 아니다.

사람들로 하여금 기술, 민감성 및 예법을 가지고 이들 활동을 할 수 있게 한다. 그러한 활동을 하는 사람들이 오직 목적만 달성하면 그만이라는 생각에서 아무렇게나 하지 않도록 규칙이 생길 때, 그 활동은 '문명화된' 활동이 된다. … 언어라는 것이 사용된 것도 … 함께 모여 살고 있는 사람들이 각각 자기의 몫을 하는 공동의 간주관적 대화의 세계를 창조하기 위해서였다. … 이성은 목표를 결정하고 목표 달성을 위한 적절한 수단을 선택하며 욕망을 가치와 기준에 따라 조절하는 등의 일을 하는 것이다. _199-201쪽

피터스가 말하는 '내재적 목적'은 세상(현실)과 일정한 거리를 두고 이성에 입각한 진리 탐구를 향한다. 그러나 인간에게는 기본적으로 다양한 욕망이 존재한다. 욕망을 추구하는 과정에서 에너

교사, 책을 들다

지가 발생하고, 사회 안에서 욕망들이 서로 얽히고 부딪히며 조정된다. 피터스는 이성을 통해 욕망을 통제하는 것이 가능하다고 보았다. 이러한 생각에 반대하는 사람들은 이성에 과도한 가치를 두는 것은 현실에서 지식과 삶을 심각하게 분리한다며 비판한다.

> 정치가 '순전히 게임'처럼 되어 버렸다는 말은, 예컨대 정권 유지와 같이 도덕적인 방향감을 잃은 목적이 멋대로 설정되어 정치가 사회의 도덕적 관심과 괴리되어 있다는 것을 나타낸다. _212쪽

피터스는 교육과정 활동의 정당화를 말하면서 크리켓(cricket)이 게임으로 분류되는 것은 그 결과가 도덕적 관심의 대상이 아니기 때문이라고 말한다. 그러나 이런 관점은 교육과정 활동 자체를 지나치게 이성적 관심으로만 접근함으로써 실제 삶과 유리되게 만든다. 게임에도 나름 철학과 '도(일종의 윤리)'가 있다는 게임 마니아들의 말은 논외로 치더라도 정치를 게임으로 보는 시각은 충분히 있을 수 있는 것이며, 어떤 면에서 보면 긍정적이기까지 하다. 정치라는 것이 맹목적 욕구 충돌의 장으로 변질되는 것을 제어하기 위해 일정한 법률과 규칙, 즉 상호 간 합의된 '룰'을 기반으로 이루어진다는 사실을 피터스는 애써 무시하고 있는 것이다.

현대사회에서는 다양한 이해와 요구가 각축을 벌이며, 정치는 이를 조정한다. 이때 이성과 권위로만 조정하는 것이 아니라 조정의 과정에서 구성원들이 합의한 룰이 작동한다. 한편 사회의 도덕적 관심은 가치문제와 연결된다. 정치를 구성하는 요소 중에 가치

지향성이 있기는 하지만, 정치가 가치를 구현하는 일만 하는 것은 아니다. 정치는 세속적 욕구들이 충돌할 때 시민으로부터 위임받은 권한과 책임, 그리고 법이 정한 절차에 따라 이를 조정한다. 즉 조정 과정이 공정하게 작동하려면, 이를 지탱하는 질서나 법칙이 있어야 하는 것이다. 이것이 정치가 게임과 유사한 방식으로 작동되는 이유다. 그러므로 정치가 게임처럼 작동할 때 사회의 도덕적 관심으로부터 괴리된다는 피터스의 생각은 순진한 접근이라 할 수 있다.

이어서 피터스는 과학, 역사, 문학 등이 삶의 여러 영역에 빛을 던져주고 삶의 질을 높인다는 점에서 '심각한' 활동이라고 말한다. 아울러 이런 활동들은 광범위한 인지적 내용을 가지고 있다는 것이다. 그는 교육과정 활동과 게임 사이의 차이를 광범위한 인지적 내용의 차이로 규정하면서 자전거 타기, 수영, 골프에는 '아는 지식'보다 '하는 지식'이 동원되며, 이해보다는 요령이 필요하다고 보았다. 피터스의 지식관이 드러나는 대표적인 대목이다. 결론적으로 피터스는 '아는 지식(인지적 내용)'을 제대로 소화만 한다면 수많은 다른 대상에 빛을 던져주고, 그것을 보는 안목을 무한히 심화·확대시켜준다고 찬양한다. 이는 내용지식에 대한 무한한 신뢰이자 방법적 지식을 그저 요령이라고 치부하면서 무엇보다 교과내용을 중시한 이유이기도 하다. 이쯤 해서 《윤리학과 교육》 전반부에서 피터스가 했던 말을 다시 한번 상기해보자.

교육은 무엇인가 가치 있는 것이 도덕적으로 온당한 방법으로 의도적으로 전달되고 있거나 전달되었다는 것을 함의하고 있다. … 교육은

교사, 책을 들다

무엇인가 가치 있는 것을 추구하는 활동이라는 점이다 _23-24쪽

가치 있는 것, 도덕적으로 온당한 방법, 의도적 전달이란 말 속에는 피터스의 아동관, 윤리관, 교육관, 지식관이 함축적으로 드러나 있다. 내용지식에 지나친 비중을 둔 나머지 방법적 지식(하는 지식)을 소홀히 했다는 사실은 강조점의 차이에서 머무는 정도가 아니라 교육을 바라보는 총체적 관점이 감정보다는 이성, 욕구보다는 가치, 삶 자체보다는 도덕에 비중을 두고 있음을 의미한다. 이러한 측면에서 '아는 지식'이 삶의 다양한 국면에 빛을 준다는 피터스의 말은 협소한 지식관이라는 비판을 받는다. 아는 지식이 어떻게 사회적 실제와 만나 '하는 지식'을 바탕으로 삶으로 연결되는지에 대한 총체적 상상 없이, 그저 '인지적 관심'에만 머물게 할 위험이 있기 때문이다.

인지적 관점이 그 자체로 있는 것이 아니라 사회적 실제, 정서적 유대와 만나 실제로 무엇인가를 할 수 있는 능력으로 전이될 때 우리는 비로소 교육의 효과를 말할 수 있다. 단지 눈에 보이거나 시험을 통해 알고 있음을 확인하는 정도가 아니라 시간을 두고 삶 속에 용해되는 교육으로서의 효과 말이다.

교사는 스스로 판단하여 학생에게 추구할 권리가 있다고 생각하는 것은 추구하도록 보호해 주거나, 아니면 학생들로 하여금 그들에게 가치 있고도 적합한 것, 이로운 것을 추구하도록 도와주는 데에 관심이 있다. _227쪽

이 말을 이끌어내기 위해 피터스는 교사를 정신병원 감독관에 비유한다. 교사는 감독관이 환자를 대하는 것과 마찬가지로 학생의 이익(또는 흥미)에 신경을 써야 하지만, 반드시 심리학적 의미에서 학생이 하고 싶어 하는 것, 흥미가 있는 것, 또는 학생의 취미에 신경을 써야 하는 것은 아니라는 것이다. 이 비유가 성립하려면 교사가 학생의 이익 또는 흥미나 취미에만 신경을 써야 한다고 주장한 이론이 있는지 살펴야 한다. 역자는 원문의 'interest'를 '이익'으로 번역했다. 굳이 이익으로 번역한 까닭은 아마도 피터스의 논리 전개상 그동안 아동의 '흥미'를 고려하자는 주장에 대하여, 아동의 이익을 위해서만 (정신병원의 감독이 환자를 대하듯) 교사의 활동이 조직될 수는 없음을 강조하려는 의도로 짐작된다. 계속해서 피터스는 '아동의 흥미'를 사적 이익으로 몰고 가면서 '공적 관심'이 이를 대치해야 한다고 주장한다.

> 활동으로 파악되는 순간에 그 일은 기술이라든가 초월성을 발휘할 여지가 있던 일로 되고, 이때가지 일련의 수단적인 조치로만 보이던 일들이 내재적 희열의 원천으로서 사람들의 마음을 사로잡게 된다. 짐작컨대, 가정주부들이 가사를 즐거움으로 바꾸는 비결이 여기에 있는 것이 아닌가 생각된다. _241-242쪽

피터스의 부족한 젠더 감수성은 여기서도 여실히 드러난다. 아무래도 피터스의 세계관이 이성(남성이 여성보다 더 이성적이라 생각하는 듯), 합리성, 내재적 가치, 도덕, 공적 관심 등과 같이 이상적이며 계

교사, 책을 들다

몽적인 개념군으로 이루어져 있는 까닭에 상대적으로 여성, 방법, 하는 지식, 흥미, 관심 등은 부당한 대우를 받는 것 같다. 이러한 논리 전개 방식은 불가피하게 전통문화의 전수, 기존 이데올로기와 주지교과의 강화, 도덕의 이상화 쪽으로 피터스의 철학을 인식하게 한다.

성경이나 호머의 시는 이때까지 어떤 계층의 사람이든지 쉽게 읽고 즐길 수 있었던 작품들이다. 오늘날 안타까운 일은 이런 종류의 단순한 예술작품과는 질적으로 다른, 예술성이 결여된 기괴 만화나 신문 만화가 보다 널리 읽히고 있다는 것이다. _245쪽

당시 영국에서 널리 읽혔다는 '기괴 만화'나 '신문 만화'가 정확히 어떤 내용인지 알 길이 없으나, 어느 정도는 피터스의 도덕적 결벽증이 반영된 표현으로 보인다. '풍부한 삶은 지적인 엘리트의 전유물이 아니다'라고 한 피터스의 말을 생각하면 더욱 그러하다.

아이들의 결정이 확실히 그들의 이익에 어긋난다는 것을 알면서도 아이들이 스스로(즉, 자유롭게) 결정하도록 내버려 둘 것인가, 아니면 어른이 보기에 명백하게 아이들에게 이익이 된다고 판단되는 행동을 하도록 강요할 것인가 하는 것이다. 예컨대 머리 좋은 딸이 대학에 다니려고 하지 않고 나이 많은 놈팡이와 결혼하겠다고 우기는 경우에 부모가 빠지는 곤경이 바로 그것이다. _247-248쪽

아이들이 자신들의 흥미에 부합하는 활동을 하고 싶다고 할 때 가르치는 자는 어떤 입장을 취할 것인가? 이 문제에 있어 교육관, 아동관이 서로 다르다 해도 얼마든지 교육학적 합의가 가능하다. 한마디로 '아이의 흥미를 고려하면서 교육목표를 고려한 가르침을 제공'하면 된다. 여기서 과도하게 아동의 흥미와 어른의 교육 방향을 분리할 경우 피터스처럼 부적절한 예시에 얽히고 만다. 이미 지적한 바 있듯이 피터스는 수시로 여성을 사례로 들어 부적절하게 비하한다. 머리 좋은 딸은 반드시 대학에 가야만 하는가 하는 문제는 밀쳐 두더라도, 성인인 딸이 '나이 많은 놈팡이(노는 남자, 즉 실업자)'와 결혼하고 싶다는 상황이 왜 그렇게 문제인 것일까? 이처럼 사회적 감수성이 결여된 상태에서 자꾸 부적절한 예시를 들다 보니, 앞의 주장마저 설득력이 떨어진다는 느낌을 지울 수 없다.

> 선택을 허용하되 오로지 유익한 것들 중에서 제한적으로 허용하는 경우에는 그럴 듯하다. 그러나 그것은, 아이들이 예술이나 수학 대신에 마약이나 빙고 게임을 선택할 수 있도록 허용하는 경우처럼 유익한 것만이 아니라 해로운 것 또는 무익한 것이 섞여 있는 가운데서 선택하게 하는 경우에는 재고해 볼 필요가 있다. _248쪽

피터스는 자유를 신장하면 유익한 것을 발견할 기회가 더욱 많아지기 때문에 자유의 신장은 이익을 증진하는 셈이라는 반론이 있을 수 있다고 보았다. 그러면서 선택교과를 포함하는 교육과정을 예시로 든다. 선택교과를 포함하는 교육과정은 어디까지나 구성원

의 합의를 전제로 한다. 그런데 마약이나 빙고 게임(빙고 게임도 학습의 방법으로 쓰일 수 있지만)을 예로 들면서 해로움을 운운하는 것은 적절하지 못한 접근이라는 생각이 든다. 주장을 정당화하기 위해서는 논리적 근거를 찾아야 하는데, 이 경우 너무 극단적인 예시를 제시한 것이 아닌가 싶다.

> 하나의 자명한 도덕적 가정-즉, 사람들이 하고 싶어 하는 대로 하지 못하게 하는 데는 그럴만한 이유가 있어야 한다는 가정-이 정당하게 성립하는가 하는 것이다. … 사람들을 다르게 취급하는 데에 그럴 만한 이유가 있어야 하듯이, 사람들의 자유를 침해하는 데에도 그럴만한 이유가 있어야 한다. _249-250쪽

이 말은 자유의 원리를 자명한 가정으로 받아들여야 한다는 주장에 대한 합리적 근거를 찾기 위한 것이다. 다른 사람의 자유를 침해하는 데는 그럴 만한 이유가 있어야 한다는 피터스의 말은 '그럴 만한 이유'가 무엇인지 규명하려는 것보다는 '다르게 취급하거나', '자유를 침해할' 정당한 근거로 사용되었다고 보는 편이 더 타당할 것이다.

피터스는 1960~70년대에 주로 활동했던 학자다. 따라서 그가 가진 생각을 50년이 지난 현재 시점에서 비판하는 일은 자칫 잘못하면 피터스가 견지했던 교육에 대한 열정과 진중함까지 모두 무시하는 처사일 수 있다. 비록 피터스는 엄격하고 보수적이며 남성중심적이고 주지교과 중심의 전통적 지식관을 가지고 교육에서의 엄

숙주의를 전파했지만, 오늘날 우리에게 주는 시사점 또한 만만치 않은 것이 사실이다. 우선 당시에 큰 반향을 일으켰던 언어분석을 통한 교육의 개념 정립은 그 시도 자체가 분석철학과 교육의 만남을 성공적으로 이끌어냈다는 평가를 받는다. 아울러 일부 실천가들에 의해 왜곡되었던 아동중심 교육관을 되돌아보는 계기를 마련해주었다는 점에서도 의의가 있다. 이는 피터스가 교육의 개념을 정립하면서 내재적 정당화를 시도했다는 것을 알려준다.

오늘날 우리가 개탄하는 것은 교육의 광범위한 수단화다. 오로지 출세의 방편으로, 시험을 위한 도구로 전락한 교육을 근원부터 생각하게 하고, 학습자의 흥미나 당장의 쓸모를 넘어 안목을 키우는 것을 강조한 점은 피터스가 우리 교육에 울리는 경종이라 할 만하다. 그리고 교사들이 수업방법 위주의 교수법을 넘어 교육에 대한 통찰력을 높여 다시 아이들을 만나도록 하는 것 역시 많은 시사점을 남긴다. 특히 교육에 윤리적·도덕적 측면을 도입하여 논의의 지평을 넓히고자 한 것은 피터스만의 강점일 것이다.

그러나 한편으로는 내재적 정당화, 도덕적으로 온당한 방법, 가치 있는 것의 전수 등 합리적 이성에 바탕을 둔 교육을 주창하면서 교육과 삶의 연계성을 약화시킨 것 또한 사실이다. 지나치게 엄격하고 보수적이며 주지적이고 남성적인 그의 학문적 행보는 교사관, 아동관에 그대로 투영되어 현실 교육을 반영하지 못하고 교육을 지나치게 이상화했다는 비판을 받는다. 특히 국가주의가 득세하던 시절에 인류의 문화유산 전수에 비중을 둔 지식관은 그의 의도와 무관하게 이데올로기적으로 이용당했다.

교육과 사회통제 ————

터놓고 말해 권위, 벌, 훈육, 민주주의를 낱낱의 개별적 분석 단위로 삼아 논지를 전개하는 방식은 바람직하지 않다. 교육의 속성 때문이다. 각각의 개념들 사이 유기적 연관성에 주목하지 않고, 그저 어휘를 분석하는 것만으로 현대 교육의 난맥상에 접근하기는 어렵다. '언어로 말할 수 없는 것은 침묵하라'고 말한 비트겐슈타인이나 철저한 언어분석을 통해 교육과 윤리를 논하고자 했던 피터스가 있긴 하지만, 어디까지나 우리의 관심은 현실 속 교육 문제와 거기서 출발하는 인식의 기점과 사회적 참여 사이를 왕래하는 것에 있기 때문이다.

권위, 벌, 훈육

피터스는 교사가 가진 권위에 두 가지 의미를 부여한다. 하나는 직위상의 권위, 다른 하나는 전문지식의 권위다. 교사는 사회에 필요한 모종의 일을 하기 위해, 또 그 일을 하는 동안 학교에서의 사회통제를 위해 직위상의 권위를 가진다는 것이다. 아울러 교사는 자신이 전수해야 하는 문화의 특정 부분에 있어 전문지식의 권위자여야 한다. 피터스의 주장에 따르면 교사는 인류가 이룬 문화유산을 전수하는 자, 그 일을 잘할 수 있다는 전문성을 인정받은 자, 그 일을 하는 중에 교육의 대상을 적절하게 통제할 수 있는 권위를 가진 자다. 지식 분야에서 권위자로 대접받는 사람의 권위는 특수한 훈련 경험, 증거 제시 능력, 대체로 옳은 말을 한다는 가정하에서 '잠정적으로 취급되는 것'이다. 이 같은 전제를 바탕으로 교사의 역할과 관련한 질문들을 정리하면 다음과 같다.

- 교사는 인류가 쌓아온 문화유산의 전수자인가?
- 교사는 특수한 훈련 경험을 갖는가?
- 교사는 전문성을 발휘함에 있어 관련 증거를 제시할 수 있는 유리한 위치에 있는가?
- 대체로 옳은 이야기를 하는가?

잠정적으로 취급된다는 것은 사실상 교사가 말하는 지식이 완벽하지 않다고 가정하는 것이다. 그리고 직위상의 권위와 전문지식의 권위가 연동되며, 직위상의 권위를 사회가 공적으로 부여한 권위라고 해석하는 것은 교사가 전문지식을 가지고 있다고 인정하는 데 있다.

교사가 사회적으로 인정받는 지위를 가졌다고 하는 주장은 막스 베버(Max Weber)가 말한 '합법적·합리적 권위체계 아래서 권위의 합당성은 그 체계에 의하여 권위 있는 직위에 올라간 사람이 명령을 내릴 수 있다는 신념'에 기초를 두고 있다는 점에서 지지를 받는다. 한편 전통적 권위는 전통에 의해 권위를 행사하는 사람의 지위가 합당하다는 관습적 신념에 기초한다. 베버는 권위의 유형이 전통적인 것에서 합법적·합리적인 것으로 변해온 것을 서구사회에

서 가장 중요한 변화로 보고, 이것을 나쁜 말로 표현하면 '관료주의
의 출현'이라고 부른다.

교사는 다른 사람들을 가치 있는 삶의 형식에 입문시키는, 사회의 목
적에 관한 잠정적인 권위자로 간주될 것인가? 그렇지 않으면, 교사는
단지 문화를 전수하고 국가가 요구하는 유용한 직업에 사람들을 훈련
시키는 '수단'에 관한 전문가로 간주될 것인가? _374쪽

피터스는 이것이 양자택일의 문제가 아니라고 말한다. 교사
교육에서 교육의 목적을 비판적, 역사적으로 검토하는 훈련을 강
조하는 정도가 사람들이 얼마만큼 진지하게 교사를 문화의 수호
자 또는 변화와 도전의 원천으로 간주하는지를 보여주는 지표라는
것이다. 다음 글은 피터스가 말하는 교사 권위의 성격을 짐작하게
한다.

교사의 일이란 원래, 학생으로 하여금 학교가 추구하는 목적을 따르
도록 하고, 교과에 대하여 교사가 가지고 있는 것과 동일한 관심을 가
지도록 하는 일이다. … 분명히, 수업이 성년식과 꼭 같다고는 할 수
없지만, 성년식과 동일한 분위기에서 가장 효과적인 수업이 된다는
것은 부인하기 어렵다. … 내재적 동기가 생겼는지의 여부를 보여주
는 결정적인 증거는 외부의 압력이 없어지고 교사가 지켜보지 않을
때에도 학생들이 공부를 하는가 하지 않는가 하는 데서 찾아 볼 수 있
다. _376-379쪽

피터스는 학생들의 마음속에 활동이 일어나게 하여 세상을 보는 안목과 관심을 영구히 바꾸어 놓는 것이 교사의 역할이라고 말한다. 최면술사처럼 학생들이 교사의 영향을 직접 받는 동안에만 마음이 변화된 상태로 있게 하는 것은, 이른바 '교육의 내재적 목표 실현'과는 동떨어진 행태라는 것이다.

《윤리학과 교육》에서 피터스가 여러 차례 반복하는 '전문지식의 분야에서는 누구나 잠정적인 권위자일 뿐 절대적인 권위자로 간주될 수 없다'는 말은 '지식이란 어떤 사실을 발견하고 사정하는 공적인 절차에 의해 결정된다'는 말과 연결된다. 즉 교사는 문화를 보존하는 사람인 동시에 변화와 도전을 촉진하는 사람이다. 그러나 교육의 초기 단계에서는 엄격한 의미의 가르침에 앞서 예비단계로서의 직접 전달의 필요하다고 말한다. 피교육자가 이유를 깨닫지 못한 상태라도 처음에는 그냥 배워야 한다는 것이다.

피터스는 전통적으로 교사의 이미지가 간수나 선임하사같이 딱딱한 명령과 강제적인 통제 수단을 써서 아랫사람을 복종시키는 금지적 인물이었다고 말한다. 시간이 흘러 아동의 흥미를 중심으로 교육하는 인자한 아동보호자들이 나타남에 따라 교사도 소비자 중심의 사회의식을 갖게 되었고, 이로 인해 감옥 기법 대신에 슈퍼마켓 기법이 등장했다는 것이다. 그러면서 끝으로 교사는 교사로서 권위는 지키되 권위주의자가 되지는 말아야 한다고 당부한다. 전통과 변화의 줄타기에서 교과서적 결론으로 글을 마무리하는 셈이다. '벌'에 관해서도 이런 논의 방식의 연장선상에서 이야기한다.

교사, 책을 들다

교사는 일단 자기가 주겠다고 한 벌이면 공정하게 주어야 하지만, 다른 한편으로 그는 규칙을 위반한 학생을 개별적으로 이해할 수 있도록 최선을 다해야 한다. 다시 말하면 교사는 재판관과 같은 역할을 해야 하는 동시에 보호관찰관과 같은 역할도 해야 한다. … 법의 존중은 인간 존중에 입각하여 실현되어야 하지만, 인간 존중 때문에 법이 무시되어서는 안 된다. _402쪽

피터스는 자기 통제력을 갖지 못한 아동이 가치 있는 지식의 세계로 입문하기 위해서는 적절한 외부의 통제가 필요하다고 보았다. 그 방법으로 제시한 것이 바로 벌과 훈련이다. 피터스 특유의 논리 전개 방식으로 벌(훈육)의 의미와 정당화를 다루고 있는데, 철학서임에도 불구하고 '벌의 형태', '범법의 종류에 따른 벌' 등을 상세하게 분석하고 있다. 그러나 이러한 분석은 '미성숙자는 안목이 트일 때까지 교사의 합법적·물리적 통제 아래서 학습을 해야 한다'는 피터스 본인의 주장을 보완하기 위한 사족으로 보인다.

피터스가 상정하는 교사의 역할은 '가치 있는 지식의 전수자'다. 반복되는 논쟁이지만, 여기서 지식에 가치를 부여하는 사람은 과연 누구인가 하는 문제가 있다. 또한 우리 입장에서 '가치 있는 지식'을 곧 교육과정이라 하고, 이를 전달하는 수단으로서 교과서가 있다고 할 때, 이런 교육내용에 매개하는 정치적·경제적·사회적 요구를 어떻게 해석할 것인가 하는 문제 역시 존재한다. 지식은 그 자체로 인식주체 외부에 독립적으로 존재하면서 '중립적인 고고함'을 유지하는 것이 아니라, 당대의 사회 상황을 반영하면서 구성

원의 공적 합의를 거치는 과정에서 잠정적으로 성립한다. '잠정적'
이라는 말은 피터스의 주장에 비추어볼 때 자신이 견지해온 정통적
지식관에 부여하는 인위적 균형 장치라 할 수 있다.

피터스는 무엇인가를 강조하고, 그로 인해 불러올 수 있는 오
해를 최소화하는 방식으로 글을 썼다. 그것은 교육의 개념은 물론
이고, 교사의 권위, 벌과 훈육, 민주주의와 교육을 말할 때도 마찬가
지다. 그런데 이 같은 접근방식이 전통과 변화의 긍정적 측면들을
융합하기 위해서인지, 자신의 철학을 전개하는 데 균형을 유지하기
위해서인지는 의문이 든다. 피터스를 공부한 다음에야 그를 전통과
변화, 보수와 진보를 자연스럽게 융합한 뛰어난 균형감각의 소유자
로 볼 것인지, 아니면 전자의 논리를 펼치기 위해 후자 쪽 논거를 끌
어들여 인위적인 균형을 맞추는 사람으로 볼 것인지 판단할 수 있
을 것이다.

민주주의와 교육

'민주주의와 교육'은《윤리학과 교육》의 마지막 장이다. 공교롭
게도 듀이의 책 제목과 일치한다. 듀이와 피터스는 50년의 시차를
두고 민주주의와 교육이란 동일 주제를 다루고 있다. 두 사람의 저
작을 함께 읽으면 시공간을 뛰어넘어 한 가지 주제를 두고 두 석학
의 대담을 경청하는 것 같은 진귀한 경험을 하게 될지도 모르겠다.
피터스는 마지막 장에서 민주주의의 의미와 그 개념 안에 들어 있

는 논리적 가정, 정당화, 교육과 민주주의에 대한 자신의 생각을 밝힌다. 여기서도 피터스의 접근방식은 철저히 언어분석적이다. 먼저 그는 우리가 흔히 쓰는 '민주적'이라는 '권장조'의 말이 가진 모호성에 대하여 말한다. '교육'에 민주적이라는 말이 붙으면 다양한 의미로 해석될 수 있다는 것이다. 피터스는 '교육이 민주적이어야 한다'는 말은 세 가지 의미로 해석된다고 보았다.

> 첫째로, 한 사회의 교육제도가 "민주적으로"-이 말이 무슨 뜻이든지 간에-분배되고 조직되어야 한다는 뜻으로 해석될 수 있다.
> 둘째로, 교육이 민주적이어야 한다는 말은 학교의 조직 자체가 "민주적"이어야 한다는 것을 의미할 수 있다.
> 셋째로, 그것은 교육내용이 민주적인 것이 되어야 한다는 주장을 나타낼 수도 있다. _429-430쪽

피터스는 교육이 민주적이어야 한다는 말을 교육제도, 학교민주주의, 교육내용 등 세 가지 범주로 구분하여 설명하고 있다. 여기서 주목할 것은 첫째 범주에서 '민주적으로'라는 말에 붙은 '무슨 뜻이든지 간에'라는 말이다. 이는 민주주의의 개념이 먼저 규명되어야 함을 암시한다. 언어분석 위주로 개념을 정리하는 사람들의 특징은 문장 안에 들어 있는 각 어휘들의 쓰임을 분석하고, 어휘들이 모인 문장이 어떻게 결합하여, 어떤 논리적 가정 속에서 의미가 정당화되는지를 규명하려 한다.

"주권"이라든가 "국민의 동의"와 같은 개념들을 취급하는 올바른 방법은, 그것들을 "실질적인" 의미를 가진 것으로서가 아니라 "절차적인" 의미를 가진 것으로 취급하는 것이다. 이때 비로소 우리는 그러한 개념들을 구체적으로 해석할 수 있으며, 민주주의 정부를 다른 종류의 정부와 구별할 수 있게 된다. _435-436쪽

피터스는 '주권'이나 '국민의 동의'와 같은 말이 의미하는 것은 기껏해야 국가 정책이나 행정적 조치에 국민의 의견을 듣는 '절차'가 포함되는 정도라고 보았다. 그리고 민주주의가 그 정도의 의미만을 가지고 있다면, 이는 '민주주의'와 '교육'의 관계를 고찰하는 데 별로 도움이 되지 않는다고 말한다. 피터스의 노력은 이 같은 추상성을 좀 더 구체적으로 밝히는 데 있었다. 그의 문장에서 자주 사용되는 따옴표의 쓰임은 어휘의 모호성과 추상성이 해소되지 않는 한 그것이 가진 개념과 의미를 확정하고 갈 수 없다는 표시다.

권위를 합리적으로, 또 조건적으로 받아들이는 것은 그보다 더욱 근본적인 가정, 즉 정치적인 문제를 해결하려는 경우 오로지 이성을 따라야 하며 어떤 권위도 절대적인 것이 될 수 없다는 가정을 내포하고 있다. 모든 정치적 결정은 도덕적 결정의 "확대판"이다. _441쪽

민주주의라는 말을 '국민의 통치'와 같은 추상적인 개념으로 이해해서는 안 된다는 것이 피터스의 생각이었다. 그는 훈련된 특별한 철학자가 국가의 지도자가 되어야 한다는 플라톤의 생각을

'자비로운 가부장주의'라고 부른다. 또한 고전적 공리주의자들이 행복을 얻는 수단 역시 '기술적인 결정'에 불과하다고 말한다. 피터스는 토론하고 조절하는 과정에서 해결책을 모색하는 것이 가장 적절한 방법이라고 보았다. 그 과정에는 당연히 논리적 가정이 필요한데, 그것이 앞서 언급한 바 있는 공정, 자유, 이익 고려, 타인 존중 등의 근본 원리라는 것이다. 피터스는 이런 근본 원리가 도덕적·정치적 문제를 실질적으로 해결하는 데 '절차적 틀'이 된다고 주장한다. 그러면서 '일반의지는 항상 옳으며 항상 공익만을 추구한다'는 루소의 생각을 소박하고 낭만적이라 평한다.

피터스는 국민의 동의를 얻는 구체적인 제도가 마련되어 있지 않으면, 도덕의 근본 원리는 지켜지기 힘들 것이라 보았다. 국민으로 하여금 자유롭게 의사를 표현할 수 있는 구체적 보호 장치는 물론이고, 더 나아가 공적 책임을 묻는 절차 자체가 중요하다는 것이다. 피터스는 '민주적'인 정부 체제가 슬로건 이상의 것이 되기 위해서는 다음과 같은 요건들을 갖춰야 한다고 말한다.

첫째 요건은 사람들이 "민주"라는 추상의 원리를 구체적으로 적용하는 데 바탕이 되는 적절한 경험을 가지고 있어야 한다는 점이다.

둘째 요건은 절차적 원리의 수준에서 상당한 정도의 합의가 이루어져 있어야 한다는 것이다.

마지막으로 들 수 있는 것은 공공생활에 참여하고자 하는 의욕이다.

_447-448쪽

민주주의를 정당화할 때도 피터스는 공정, 자유, 이익 고려, 타인 존중 등 도덕의 근본 원리를 말한다. 그리고 이런 민주적 생활방식을 공적으로 시행하기 위해서는 세 가지 정치적 절차가 필요하다고 보았다. 이익과 관련한 집단적 심의 절차, 토론 및 집회의 자유를 보장하는 절차, 공적 책임을 묻는 절차 등이 그것이다. 피터스가 민주주의에 대한 개념과 정당화를 말하는 것은 '교육'과 '민주주의'를 묶어 자신의 견해를 밝히기 위함이다. 이미 앞에서 교육제도, 학교 민주주의, 교육내용 측면에서 교육과 민주주의가 개념적으로 만나는 것에 관해 언급한 적이 있는데, 그중에서도 교육제도에 대한 피터스의 생각은 다음과 같다.

> 첫째로, 한 나라에서 일반적으로 시행되는 민주적 절차의 형태는 분명히 교육이 운영되는 방식에 영향을 미칠 것이다. … 둘째로, 학교의 종류에 따라 그 통제방식도 달라져야 한다. … 셋째로는, 교사의 지위가 어떠한가 하는 문제가 있다. _456쪽

피터스가 보기에 이런 문제에 관한 논의는 확립된 제도적 틀 안에서 자세하게, 구체적인 수준에서 진행되어야 했다. 아울러 교사를 권위자로 봐야 한다는 그의 주장은 오늘날 교사의 역할과 관련하여 몇 가지 의미 있는 시사점을 던져준다. 피터스는 민주주의 사회에서 교사는 교육 문제에 관해 조직된 압력집단으로서 효과적인 역할을 해야 한다고 말한다. 또한 교사를 전문직으로 봐야 한다는 견해를 밝히는데, 이는 모든 전문직 종사자들이 그러하듯이 교사

교사, 책을 들다

역시 전문지식과 장시간의 훈련을 필요로 하며, 특수하게 자신의 직책이나 의무에 따르는 윤리적 기준을 갖기 때문이라는 것이다. 피터스는 학교가 지역사회를 대신하여 합리적 절차에 따라 학생들의 교육과 훈육을 맡고 있다고 보았다. 아동은 이성의 근본 원리가 내재해 있는 전통에 입문되어야 한다는 것이 피터스가 가진 기본적인 생각이었다.

> "이성의 궁전"에 들어가기 위해서는 "습관의 마당"을 지나가야 한다는 것이다. _465쪽

피터스는 계속 지켜나가기 지극히 어려운 생활방식이 민주주의라고 말한다. 합리적 인간만이 인간 존중이나 인류에 대한 동포애 같은 민주주의의 저변에 깔린 감정을 가질 수 있다고 보았기 때문이다. 모든 시민이 공무에 지식과 관심을 갖고, 제도 운용에 참여할 것을 요구하는 민주주의는 개인의 자유가 침범당하지 않게 하는 제도적 장치와 함께 끊임없는 경계가 필요하다는 것이다.

> 민주주의를 운영할 사람들은 하루아침에 거저 솟아나는 것이 아니라 장기간의 훈련을 통하여 배출되는 것이다. 그러나 동포애 감정을 가지도록 하기 위해서는 그러한 삶의 형식을 스스로 실천하고 다른 사람에게까지 전달하는 것 이외에 보다 적합한 방법은 있을 수 없다. _473쪽

피터스는 학교를 새로운 세대를 민주적 생활방식으로 '입문'시키는 곳으로 보았다. 피터스가 생각하는 민주적 생활방식이란 교사가 제시하는 것이라면 왜 그렇게 행동해야 하는지 알지 못해도 우선 어떻게 행동하는지를 배우고, 나중에서야 이유와 원리를 파악하고 그것에 따라 행동하는 것이다. 이러한 주장에는 '이성의 근본 원리가 들어 있는 전통'에 대한 무한 신뢰가 깔려 있다.

> 민주적 생활방식을 교육한다는 말을 어떤 뜻으로 해석하든지 간에 그 말에는 아동으로 하여금 조상들이 장기간에 걸쳐 점진적으로 이룩해 온 발전을 짧은 기간에 반복하도록 한다는 생각이 들어 있다. 아동은 이성의 근본 원리가 내재해 있는 전통에 입문되어야 한다. _464쪽

　　⋮

피터스는 듀이 이후 교육의 개념을 체계적으로 규명하려 노력한 학자이자 분석철학적 방법으로 교육을 바라본 최초의 학자이기도 하다. 그의 업적은 개념 준거의 틀을 만들고 총체적 정의를 시도한 데 있다. 교육을 '세 가지 준거를 만족시키는 방향으로 문명의 삶에 입문시키는 것'이라고 보는 피터스의 견해는 교육을 학교교육으로, 교사를 합리적 이성을 갖춘 존재로, 학생을 인간존중의 바탕 아래 자율성을 가진 존재로 볼 것을 전제한다. 따라서 '세 가지 준거', '합리적 이성', '선험적 정당화 방식'을 인정한다면, 피터스의 글은 우리에게 충분히 '지침서'의 역할을 한다.

피터스가 《윤리학과 교육》을 집필할 당시의 교육상황, 이론과 실천의 성격, 학교교육, 교육의 이데올로기적 기능 등을 배제하고 오로지 합리적 이성으로만 이 책을 대할 수는 없다. 적어도 지금 우리가 목도하고 있는 교육이라는 이름의 리얼리티는 그렇게 한가하지 않다. 무엇보다 교육은 인간의 이해가 충돌하는 현실 속에서 이루어진다. 내재적 목적과 외재적 목적 중에 무엇을 추구할지를 두고 각축을 벌이고 있는 것이다.

교육을 수단을 추구하는 것, 즉 교화와 훈련으로 치부하고 교육의 개념에서 배제할 때 우리에게 남는 것은 무엇일까? 아울러 모든 습관화를 외부로부터 주어지는 지도와 훈육의 결과로 볼 수 있을까? 물론 그런 측면도 있지만, 한 인간에게 바람직한 태도가 스며드는 것은 외부의 요구와 내부의 동기가 만날 때다. 외부로부터 주어지는 조력, 개입, 요구는 아동의 발달을 촉진시키는 훌륭한 매개다. 학습자 주도성은 외부의 조력을 만나 더욱 강화된다.

앞서 말했듯이 지금까지 우리가 공부했던 교육사상과 피터스의 교육사상은 분명 그 결이 다르다. 그렇기 때문에 더 풍부한 논리를 바탕으로 균형 잡힌 학습이 가능하다. 교육을 중심으로 여러 주장과 견해가 난마처럼 얽혀 있는 상황은 어느 특정한 방법보다는 다양하고도 다층적인 접근을 필요로 한다.

여섯 번째 책

성장은 경험의 연속적
재구성 과정

《민주주의와 교육》

존 듀이 지음 | 이홍우 옮김 | 교육과학사

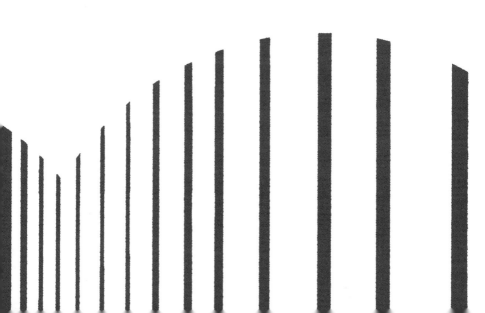

함께 읽으면 좋은 책

《존 듀이 교육론의 재조명》
김무길 지음 | 한국학술정보 | 2014

《존 듀이 교육학의 원류를 찾아서》
신창호 지음 | 우물이 있는 집 | 2018

《교사를 일깨우는 사유》
양은주 엮음 | 문음사 | 2007

《듀이&로티》
이유선 지음 | 김영사 | 2006

《미국 교육학의 정체》
이홍우 지음 | 교육과학사 | 2018

《하우 위 싱크How We Think》
존 듀이 지음 | 정회욱 옮김 | 학이시습 | 2014

《존 듀이 교육론》
마틴 드워킨 지음 | 황정숙 옮김 | 씨아이알 | 2013

《프로젝트 수업을 말하다》
미하엘 크놀 지음 | 윤미원 옮김 | 지식프레임 | 2019

존 듀이(John Dewey)의 대표작인《민주주의와 교육(Democracy and Education)》을 처음 펼쳐서 한 번에 끝까지 읽은 사람은 많지 않을 듯하다. 만만치 않은 분량에다 쉽게 읽히는 문장도 아니고, 많은 부분 그 의미가 모호하기 때문이다. 이 책을 한 번 이상 읽었다는 교사들에게 물어보니, 적어도 몇 번씩 읽다가 포기한 경험이 있다고들 한다. 그러나 한 번 완독하니 두 번 읽게 되고, 그중 몇몇 사람들은 네댓 번까지 읽었다고 했다. 이 책은 그런 책이다. 처음 완독을 허락하기까지 시간이 걸릴 뿐 읽기를 거듭할 때마다 느껴지는 지적 감흥이 있다.

이 책에 대한 이해는 읽는 이의 교육적 경험과 비례한다. 확실히 듀이의 책은 시간을 두고 반복해서 읽을 때 얻을 수 있는 통찰과 안목이 있다. 반복해 읽는 사이에 끼어드는 성장의 경험 때문이다. '교육철학 개론(An Introduction to the Philosophy of Education)'이라는 부제가 달린 이 책은 듀이가 자신의 철학을 '가장 포괄적으로, 가장 충분히 제시한 책'이라고 평할 만큼 철학, 심리학, 교육학, 미학의 종합 입문서다. 아울러 이론과 실천, 교과와 삶, 지식과 경험 사이 어딘가에 자신의 교육적 관점을 세우고자 하는 교사들을 위한 종합 지침서라고도 할 수 있다. 이 책을 번역한 이홍우 역시 듀이 철학에 대한 비판적 입장을 견지하면서도 이 책에 대한 세간의 서평이 결코 헛된 것이 아니며, 이 책이야말로 현대 교육학에 있어 가장 중요한 문헌임에 틀림없다고 인정한다. 같은 입장에서 만약 교사들이 단 한 권의 교육서를 읽어야 한다면 주저 없이 이 책을 권하겠다.

교육의 개념과 철학, 지식과 경험, 교과와 교육과정, 그리고 이론과 실천을 다루고 있는 이 책은 낱낱이 분절된 개념이 아니라 교육이라는 큰 그릇에 용해되는 방식으로 서술되어 있다. 또한 '이원론(dualism)의 극복'을 반복해서 언급하고 있는데, 이는 듀이 철학의 근간이기도 하다. 실용주의자, 도구주의자, 아동중심 교육자 등 여러 호칭을 가지고 있는 듀이지만, 사실상 그는 어느 한 가지 관점만을 고수하지 않았다. 후세 학자들이 편리하게 진보주의자니, 경험주의자니 하는 딱지를 붙인 것일 뿐 듀이는 전통적 지식의 가치나 교과의 중요성을 부정하지 않았다.

어떤 사상을 이해하기 위해서 우리는 종종 도식화와 분류를 도입한다. 듀이도 이런 식으로 어느 한쪽으로 분류되었을 테지만, 이런 방식은 듀이의 생각과는 거리가 먼 것이었다. 듀이 탄생 100주년을 맞아 그를 회고했던 드워킨(M. Dworkin)은 듀이가 그의 추종자 중 많은 사람, 특히 교육자들이 자신의 글을 제대로 이해하지 못하거나, 그들의 고유한 목적을 위해 사용하기에는 매우 잘못 이해하고 있다며 불만을 표시했다고 말했다.

책을 읽을 때 중요한 것은 독자의 생각이다. 물론 책을 처음 읽을 때 저자의 생각을 짐작하여 내용을 살피는 일은 꼭 필요한 일이다. 하지만 아무리 오래되고 유명한 글이라도 결국 지금 나의 시각에서 글을 읽게 된다. 그저 저자의 생각을 알아볼 요량이라면 모를까, 지적 자양분으로 삼고자 한다면 더욱더 나의 시각에서 보는 것이 마땅하다. 저명한 학자의 이론으로 무장하고 모든 주장과 실천에서 그 이론을 정당화하려는 자세는 공부의 폭을 좁아지게 할 뿐이다.

듀이의 《민주주의와 교육》을 읽다 보면 100년 전에 쓰인 글임에도 불구하고, 많은 구절이 현재의 의미로 되살아나는 것을 느낄 것이다. 그렇지만 이 책을 공부할 때는 일정한 거리 유지가 필요하다. 모든 지식과 사물에 거리를 유지하며 비판적으로 사고하고, 문제를 발견하여 해결의 실마리를 찾는 것이 듀이가 가진 기본적인 생각이기 때문이다. 짐작건대 듀이는 독자들이 자기 생각을 추종하기보다는 날 선 비판을 가하길 기대했을 것이다.

이 책은 몇 권의 번역본이 있지만 구하기 어렵거나 옮긴이가 교육학자가 아닌 것을 제외하고, 이홍우가 번역하고 주석을 단 개정증보판을 교재로 삼았다. 역자 특유의 문체가 거슬리는 사람도 있겠지만, 진지하고 충실한 번역임에는 분명하다. 게다가 군데군데

달아 놓은 주석은 또 다른 생각거리를 안겨준다. 이 책은 총 26장으로 구성되어 있으나 여기서는 효과적인 공부를 위해 유사한 장끼리 묶어 크게 여섯 개의 영역으로 재구조화하였다. 그리고 각 영역을 대표하는 제목을 새로 달았다. 이 과정에서 원래의 장 순서를 무시하고 재배치한 영역도 있다. 따라서 학습공동체의 교재로 사용할 때는 큰 영역을 하나씩 잡아서 읽고, 대화를 나누는 방식으로 공부하면 효과적일 것이다. 혼자서 공부할 때는 마음 내키는 장부터 골라 읽어도 좋다.

재구성한 목차는 다음과 같다. 장 제목에 별표(*)가 붙은 것은 각 영역의 핵심 내용을 담고 있는 장들이다.

교사, 책을 들다

이 책이 세상에 나온 지 백 년이란 시간이 흘렀다. 그런데도 여전히 현재 시점에서 읽힌다. 백 년의 시간 동안 교육이 변하지 않을 걸까, 아니면 이 책이 가진 지적 통찰이 시공을 초월하여 늘 새롭게 우리 앞에 서 있는 걸까? 판단은 독자의 몫이다.

교육의 개념 ————

편의를 위해 재구조화한 첫 번째 영역은 '교육의 개념'이다. 이 영역에서는 삶의 필연성, 사회적 기능, 지도, 준비설, 발현설, 형식도야 이론, 반복설과 재구성, 성장으로서의 교육을 다룬다. 그중에서 4장 '성장으로서의 교육'은 첫 번째 영역의 결론에 해당한다. 여기서는 효과적인 이해를 위해 이 영역의 마지막 장으로 배치하였다. 원문의 순서를 충실히 따르고 싶다면 원저에 나와 있는 순서대로 읽어도 무방하다.

삶의 필연성으로서의 교육

생물과 무생물의 가장 두드러진 차이는 전자가 갱신에 의하여 스스로를 존속시켜 나간다는 데에 있다. _39쪽

현대 교육학의 가장 중요한 문헌이라 불리는《민주주의와 교육》의 첫 장 첫 문장이다. 처음 듀이를 읽는 사람에게 이 문장은 상당히 모호하게 다가온다. 그러나 이것은 문장을 조직하는 듀이 특유의 방식으로 그의 글을 문장 단위로 분석하다 보면 계속해서 모호한 문장들과 만나게 된다. 최소 한 장 단위로, 어떨 때는 장을 넘나들며 앞뒤 맥락 속에서 그 의미를 해석해야 하는 문장들도 많다. 이러한 생소한 문장 구성은 글을 이해하는 데 다소 어려움이 있지만, 한편으로 교육에 대한 총체적 시각을 형성하게 해준다.

첫 문장에서 듀이는 교육의 목적은 성장이요, 성장이란 끊임없는 삶의 갱신이라는 것을 선언한다. 듀이의 말에 따르면 삶은 주위의 에너지를 자신에게 이로운 방향으로 활용하는 과정이다. 삶이 계속되는 한 인간은 환경을 활용하면서 에너지를 소비하지만, 환경에서 얻는 이득이 있으며, 이 이득은 소비를 상쇄하고도 남는다는 것이다. 이 남는 부분을 듀이는 성장이라고 보았다. 알다시피 삶이란 낱낱의 경험이 분절되어 나타나지 않는다. 삶은 연속한다. 이때 연속성은 삶의 필요에 따라 환경과 끊임없이 상호작용하는 것이다. 갱신에 의한 연속성의 원리가 적용되는 개념이 또 있다. 바로 '경험'이다. 듀이 교육학의 처음과 마지막이라고 할 수 있는 성장과 경험은 앞으로도 계속 이야기하게 될 개념이다.

> 경험에도 '갱신에 의한 연속성'이라는 원리가 적용된다. … 교육은 가장 넓은 의미에서 말하면, 삶의 이러한 사회적 연속성을 유지하는 수단이다. _41쪽

교육은 삶을 존속하는 수단일까, 경험을 구성하는 과정 그 자체일까? 듀이를 비판하는 사람들은 그가 전통적 지식을 부정하고 아동의 경험과 흥미에만 관심을 쏟았다고 주장한다. 그러나 듀이는 이런 이분법적 물음이 적절하지 않다고 말한다. 사회는 생물학적 삶을 통하여 존속하는 것 못지않게 전수의 과정을 통해서도 존속한다는 것이다. 이 전수의 과정이 청소년들에게 어른들이 행동과 사고와 감정의 습관을 전달해줌으로써 이루어진다는 듀이의 말은 그가 교육을 삶의 존속과 경험의 구성을 통합하여 사고했음을 보여준다. 여기서 전수의 수단은 무엇이 되어야 할까?

> 의사소통, 그리고 그것으로 인한 공동 이해에의 참여-이것이야 말로 사람들로 하여금 유사한 정서적, 지적 성향을 가지게 해주며 기대와 요구조건에 대하여 유사한 방식으로 반응할 수 있도록 해준다. _44쪽

듀이는 사회가 의사소통에 의하여 존속한다고 보았다. 사람들이 사회에서 살아가는 동안 무엇인가를 공동으로 가지게 되는데, 그 과정이 바로 의사소통이라는 것이다. 그는 사회생활과 의사소통을 동일하게 보았으며, 여기에 교육적 의미를 부여하려고 했다. 누군가로부터 의사를 전달받는다는 것은 경험을 지속적으로 구성하는 것이며, 이를 통해 성장한다고 본 것이다. 다시 말해 사회생활을 영속시키기 위해서 가르치고 배우는 일이 필요하며, 이 가르치고 배우는 일, 함께 살아가는 과정 자체가 곧 교육이라는 것이다.

사회생활은 경험을 확대시키고 조명하며, 상상을 자극하고 풍부하게 하며, 말과 생각을 정확하고 발랄하게 할 책임감을 일깨워 준다. _45-46쪽

백 년 전 그때나 지금이나 말과 생각을 정확하게 전달하고, 경험을 확대하며, 상상을 자극하는 과정을 통해 사회생활에 적응하는 수단은 '교과'다. 나중에 교과에 관한 듀이의 생각이 또 나오기는 하지만, 첫 장부터 듀이는 삶과 분리된 교과를 강하게 비판한다. 이 대목은 자칫 듀이가 교과의 가치를 등한시했다는 오해를 사기 쉬운데, 이때 비판의 대상이 된 것은 그냥 교과가 아닌 '삶과 분리된 교과'였다. 즉 듀이는 교과 자체의 중요성을 부인한 것이 아니라 교과가 통용되는 방식을 통렬하게 비판하였다.

정규 수업의 자료는 언제나 생활경험의 내용과 유리된 이른바 '학교의 교과'로 그칠 위험이 있다. 항구적인 사회적 관심사는 관심 밖으로 제외될 가능성이 있다. 사회생활의 구조 속으로 흘러들어가지 못하고 주로 상징으로 표현된 전문적인 정보로 남아 있는 것들이 학교 교과에는 두드러지게 많이 있다. _49쪽

삶과 멀리 떨어진 교과를 언어적 기호로 전달하는 것이 무의미하다는 듀이의 말은 교과가 수업에서 활용되는 방식에 대한 우려의 표현이었다. 듀이가 보기에 교과는 풍부한 삶의 장면에 녹아들어야 했다. 그러므로 교육철학은 우연적인 것과 의도적인 교육 사이

에 적절한 균형을 유지하는 방법을 강구하는 데 책임이 있다는 것
이다.

사회적 기능으로서의 교육

이 장에서는 듀이는 한 사회집단이 미성숙한 구성원들을 그 자
체의 사회적 형식에 맞도록 길러내는 '방법'을 중심으로 하여, 그것
이 가진 일반적 특징을 설명한다. 교육은 경험의 질을 변형시켜서
사회집단의 관심과 목적, 관념에 합치되게 만든다는 것이다. 학습의
주체인 학생은 자신을 둘러싼 환경과 능동적으로 상호작용하며 경
험의 질을 변형해나간다.

> '환경'이라든가 '분위기'라는 말은 단순히 개인을 둘러싸고 있는 주위
> 의 사물을 가리키는 것이 아니라 그 이상의 것을 나타낸다. 그것은 개
> 인 자신의 능동적인 경향과 그를 둘러싸고 있는 주위 사물 사이의 특
> 수적 '연속성'을 뜻한다. … 사람을 달라지게 하는 원인이 되는 것, 그
> 것이 그의 진정한 환경이다. _52쪽

환경은 학습자와 얽히면서 '관계'를 형성한다. 이 관계는 학습
자 자신의 능동적 참여와 주변 환경이 얽어내는 연속적 상호작용으
로 학습자는 이 과정을 통해 성장한다. 삶이란 단순한 수동적 생존
이 아니라 능동적 활동의 방식을 뜻한다. 그리하여 환경은 그 활동

교사, 책을 들다

을 지속시키거나 좌절시키는 조건이 될 수도 있고, 학습자의 경험 속으로 들어오는 요소가 되기도 한다. 그 결과로 성장을 거듭하는 인간은 다음과 같은 과정을 겪는다.

그의 신념과 관념이 그 집단 내의 다른 사람들의 그것과 비슷한 형식을 취하게 될 것이다. 그는 또한 대체로 그들과 동일한 지식을 갖추게 될 것이다. 왜냐하면 그 지식은 그가 습관적으로 하는 일의 한 구성 요소이기 때문이다. _56쪽

이 말은 사회적 존재인 인간이 사회 속에서 살아가는 동안 서로 의사소통하며 공통의 목표를 갖게 되고, 공동 활동에 참여하는 사람들은 대체로 동일한 지식을 갖게 된다는 뜻이다. 결국 앞에서 언급한 '환경'의 다른 표현인 셈이다. 같은 언어를 같게 인식하는 것, 어떤 언어가 공통의 행위를 이끌어내는 것은 인간이 사회를 이루고 살아가는 데 있어 매우 중요하다. 이는 언어의 의미가 '공동의 경험'과 관련해 생긴다는 것을 보여준다. 이것이 바로 능동적 관련이요, 사회적 상호작용이다. 사회 구성원이 서로 이해한다는 것은 공동의 과제를 수행하는 데 있어서 물체나 소리가 쌍방에게 동일한 의미를 가진다는 뜻이기 때문이다.

학교는 사회 구성원의 지적, 도덕적 성향에 영향을 주려는 명백한 목적을 가지고 구성된 환경의 전형적인 보기이다. _62쪽

듀이의 학교관이 선명하게 드러나는 말이다. 이 말에 따르면 학교는 학생들을 사회 구성원으로 키우기 위해 목적의식적으로 구성한 환경, 즉 '작은 사회'다. 학교를 사회의 축소판으로 보지 않고, '목적을 가진 구성물'로 본 것은 삶의 일상적 교섭과는 다른 학교만의 특별한 기능 때문이다. 그 기능을 살펴보면 첫째, 학교에서는 복잡한 문명을 무더기로 한꺼번에 전달하기가 힘들기 때문에 토막을 내서 조금씩 순서대로 전달할 수 있도록 '단순화된 환경'을 제공하는 것을 과업으로 삼는다는 것이다. 둘째, 기존 환경의 무가치한 특성들을 될 수 있는 대로 제거하여 그것이 정신적 습관에 영향을 주지 못하게 '정화된 행동환경'을 확립한다는 것이다. 셋째, 학교는 학습자가 사회 환경의 여러 요소들 사이의 균형을 유지하고, 개개인이 사회집단의 제약에서 벗어나 보다 넓은 환경과 '생생한 접촉'을 가질 수 있도록 해야 한다는 것이다. 말하자면 학교는 개개인이 속해 있는 다양한 사회 환경과 그로부터 오는 작용을 개인의 성향 속에서 조정하는 기능을 가지고 있다. 또한 듀이는 공간 개념으로서 학교를 고찰한 바 있는데, 이는 그가 세 번에 걸쳐 강연한 것을 묶은 《학교와 사회》에 잘 드러나 있다. 이 강연집에서 듀이는 학교의 개념을 '삶과 연결되는 공간'으로 제시한다.

지도로서의 교육

교육의 기능이 취할 수 있는 한 가지 특별한 형식이 있는데, 그

교사, 책을 들다

것은 지도, 통제, 안내 등 여러 가지 용어로 불린다. 듀이는 이 중에서 '안내'라는 말이 교육받은 개인의 타고난 능력을 협동을 통해서 '조력(assisting)'해준다는 뜻을 가장 잘 나타낸다고 보았다. '통제'는 외부에서 가해지는 영향력이 교육받는 사람의 저항을 불러일으킨다는 뜻이요, '지도'는 기본적인 기능으로 그것이 어떻게 발휘되는가에 따라 한쪽 극단에서는 안내와 조력으로 나타나고, 또 한쪽 극단에서는 규제와 지배로 나타난다는 것이다.

> 모든 자극은 활동을 지도한다. 자극은 단순히 활동을 일으키고 부채질하는 데에 그치는 것이 아니라, 활동을 일정한 대상 쪽으로 이끌어 나간다. 이 사태를 반대편에서 말하면, 반응은 단순히 건드리는 데 대한 항거로서의 '작용'이 아니라, 글자의 뜻 그대로 '응답'하는 것이다.
>
> _68쪽

돌은 두드리는 힘에 대항하여 스스로를 존속시키려고 하지 않는다. 더욱이 그 힘을 역이용하여 행위를 계속해나갈 원동력으로 삼지도 않는다. 돌의 저항은 자극에 대한 단순한 반응에 불과하다. 생명체는 자극을 받으면 단순하게 반응하는 것을 넘어 '응답'한다. 그러므로 모든 지도와 통제는 활동을 어느 정도 그 자체의 목적으로 안내하는 일을 한다. 그러나 듀이는 이 일반적인 사실에 두 가지 단서가 붙어야 된다고 말한다. 첫째로 미성숙한 인간이 받는 자극은 명확하게 지정된 반응을 부르지 않는다는 것이요, 둘째로 사람이 하는 반응 중에는 행위의 계열과 연속성이 잘 맞아 들어가지 않는 것이 있다는 것이다. 그러므로 지도는 행위를 그 초점에 고정시킴으로써 그 행위가 진정한 의미에서 '반응'되도록 하는 것이다.

> 연속적인 계열에서 생각해 보면, 지도라는 것은 하나의 행위가 그 전후의 행위와 균형을 이루어서 활동이 순서를 갖추게 되는 데에 필요하다. 그리하여 '초점'과 '순서'는 공간과 시간이라는 지도의 두 가지 측면을 다룬다. _69쪽

물론 듀이는 초점과 순서가 생각 속에서만 구분되며 실제로는 분리될 수 없다고 보았다. 즉 초점과 순서는 하나의 활동에 통합적으로 녹아들어 기능한다는 것이다. 대비되는 두 개념을 분리하지 않고 하나의 맥락을 통해 연결 지어 사고하자는 제안은 이 책 전반에 나타나 있는 듀이 철학의 핵심이다. 이러한 일반적 고찰을 통해 듀이는 다음과 같은 두 가지 결론에 도달한다.

> 첫째로, 순전히 외적인 지도는 있을 수 없다는 것이다. 환경은 기껏해야 반응을 유발하는 자극을 주는 역할밖에 할 수가 없다. 반응은 개인이 이미 가지고 있는 경향성에서 나온다. … 둘째로, 외부적인 풍속과 규정에 의한 통제는 대체로 근시안적인 조치라는 것이다. 그것이 즉각적인 효과는 낼 수 있을지 몰라도, 그것 때문에 그 개인의 이후 행동이 균형을 이룰 수 없게 만드는 결과를 가져온다. _70-71쪽

듀이의 말에 따르면 반응이란 개인이 이미 가지고 있었던 경향

교사, 책을 들다

성을 바탕으로 하기 때문에 순전히 외적인 지도는 있을 수 없다. 외적인 지도보다 개인의 경향성에 비중을 두었던 듀이는 성인의 규범에 따라 아이들의 활동을 이끌어내고 지도하는 것은 사실이지만, 활동이 이루어지는 것은 아이들의 자발적 참여에 의해서라고 보았다. 이러한 관점에서 보면 모든 지도라는 것은 '재지도'에 불과할 뿐이며, 이미 어떤 활동 에너지가 작용하고 있다는 것을 염두에 두지 않으면 지도를 위한 노력은 중심에서 이탈한다. 또한 듀이는 외부 풍속과 규정에 의한 통제는 즉각적인 효과는 있을지 몰라도 이후 개인의 행동이 균형을 이룰 수 없게 만든다고 지적한다. 이는 아동의 '이해와 관심'을 도외시한 외부의 어떤 지도나 통제도 바람직한 성장의 촉매제가 될 수 없음을 뜻한다. 이때 '이해와 관심'이 바로 듀이가 말하는 '흥미(interest)'의 개념이다.

비슷한 맥락에서 이번에는 사회적 지도 방식에 대해 살펴보자. 일반적으로 어른들은 반항하는 아이들을 보면 의식적으로 지도하려 든다. 이때 즉각적으로 아이를 통제하는 방법을 쓰기도 하고 순간순간 계속해서 눈에 띄지 않게 통제하는 방법을 사용하기도 한다. 이 두 가지 통제 방식의 차이점은 무엇일까?

> 다른 사람들에게 즉각적인 영향력을 행사하려고 할 경우에 우리는 '물리적 결과'와 '도덕적 결과'를 구분할 필요가 있다. _71쪽

아이가 위험한 물건에 손을 대려고 하면, 어른은 즉시 물건을 치우거나 아이를 물건으로부터 멀리 떨어뜨려 놓을 것이다. 이렇게

하는 것이 아이에게도 유익한 결과를 가져오기 때문이다. 이것이 물리적 결과다. 그러나 이런 결과가 성향의 개선이나 교육적 효과(도덕적 결과)로 이어지는 것은 아니다. 듀이는 물리적 결과와 도덕적 결과를 혼동하면 교육적 잠재력을 활용할 기회를 놓쳐버린다고 경고한다. 우리가 아이에게 어떤 것을 바랄 때는 아이가 가진 참여를 향한 욕구에 주목해야 한다. 그리하여 내재적이고 지속적인 지도의 기회로 활용해야 한다. 그렇다면 미성숙한 인간이 그들과 관계를 맺고 있는 사람들, 즉 어른들의 '사물을 사용하는 방식'을 보고 배우는 것은 어떨까? 듀이는 개인의 '사회적 매개체(social medium)' 속에서 삶을 영위하고 활동한다는 사실 자체가 아이의 활동을 효과적으로 지도하는 충실한 안내원의 역할을 한다고 말한다.

듀이는 우리가 흔히 사회적 환경과 물리적 환경을 분리하는 경향이 있다고 말한다. 그는 당시 심리학에서 물리적 환경과의 접촉이 지적인 결과를 가져올 가능성이 크다고 한 점을 지적하면서, 물리적 환경과 사회적 환경을 분리하는 것은 직접적·개인적 통제가 도덕적으로 중요하다는 것을 과장하는 것이라고 보았다. 아이들이 주변과 상호작용하면서 영향을 받는 모습을 살펴보면, 물리적 환경과 사회적 환경이 동시에 작용하고 있다는 사실을 발견할 수 있다.

매일 매일의 교섭에서 일어나는 이러한 사례들을 일일이 자세하게 그려 보면, 거기에는 아이들의 활동을 일정한 방향으로 지도하는 가장 항구적이고 지속적인 방식이 작용하고 있다는 것을 알 수 있게 된다. … 반복적인 자극에 대하여 동일한 반응을 되풀이하는 것은 행위의

교사, 책을 들다

이 경우 우리가 습관을 지니고 있는 것이 아니라 습관이 우리를 소유하고 있는 것이라고 듀이는 말한다. 결국 통제의 근본 수단은 직접적 대인관계가 아니라 '지적 이해'인 것이다. 그는 사회화된 마음은 공동의 집단적 상황에서 사물이 어떤 용도로 사용되는가를 이해하는 힘이라고 보았다. 이러한 의미에서 마음을 해석할 때, 마음은 곧 사회통제의 방법이라는 것이 듀이의 생각이다.

앞에서 언급한 '흥미'와 더불어 '사회' 역시 듀이의 철학을 설명하는 대표적 개념이다. 그러나 키워드를 중심으로 듀이의 철학에 접근하는 것은 좋은 방식이 아니다. 개념어의 앞뒤 맥락에 어떤 배경이 작동하고 있는지 살피는 것이 중요하다. 이것이 '듀이=아동', '듀이=경험', '듀이=흥미', '듀이=사회' 등의 익숙한 도식화에서 벗어나는 방법이다.

다음으로 지도로서 교육이라는 개념이 어떻게 적용되는지 알아보자. 듀이는 원래 있었던 상태로서의 자연은 인간의 일에 하등 도움이 되지 않았다고 말한다. 동식물의 사육과 재배를 비롯하여 도구의 사용, 편의용품, 예술작품 같은 노력은 원래 인간의 활동과 전혀 무관한 자연조건을 이로운 조건으로 변형시킨 결과요, 수단이라는 것이다.

오늘날 아이들의 활동은 이들 풍부하고 선택된 자극에 의하여 통제되고 있으며, 그렇기 때문에 오늘날의 아이들은 인류가 오랜 세월을 두고 힘들여 이룩해 놓은 것을 짧은 기간 내에 터득할 수 있다. 말하자면, 오늘날 아이들은 그 이전의 인류의 업적을 딛고 서 있는 셈이다.

_87쪽

듀이에 대한 또 다른 오해는 인간과 사회의 상호작용을 통해 구성되는 지식만을 강조하고, 인류의 문화유산을 집대성한 전통적 지식은 부정했다는 것이다. 그러나 그가 문제 삼은 것은 고정불변의 절대적 지식관일 뿐, 탐구 대상으로서 문화유산과 전통적 지식을 부정한 것은 아니었다. 전통적 지식은 후세인들의 해석과 변형 혹은 재구성의 과정을 거쳐 새로운 질의 지식으로 변모한다. 듀이는 문명이란 도로와 전기, 기계장치 그 자체가 아니라 그것들을 '사용하는 것'이라 말한다. 이러한 관점에서 볼 때 교육은 단순히 지식을 주고받는 전달 행위가 아니라 능동적이며 건설적인 과정인 것이 분명하다. 그리고 아이는 인류의 업적을 딛고 서서 오늘과 내일을 보는 존재라 할 수 있다.

준비설, 발현설 및 형식도야 이론

아이들이 부모나 교사에게 "이렇게 힘든 공부를 왜 하지요?"라고 묻는 상황을 가정해보자. 아마도 대다수가 "지금은 힘들어도 열심히 공부하다 보면 나중에 다 도움이 될 거야."라고 대답할 것이다. 아이의 편에서 보면 아직 오지 않은 날, 즉 미래를 위해 공부해야 한

교사, 책을 들다

다는 말인데, 과연 그것이 힘들고 지루한 현재의 공부를 신나는 것으로 바꿔줄 수 있을까? 이처럼 현재의 가치가 아닌 미래의 보람을 위하여 공부하는 것을 '준비설'이라고 한다.

듀이는 준비설에 입각한 교육은 아이의 동기를 충분히 활용하지 않기 때문에 추진력을 잃어버리게 된다고 보았다. 아울러 아이가 망설이며 무작정 뒤로 미루는 습관을 갖게 된다고 말한다. 그리고 이 교육관은 교육을 받는 개인의 특수한 능력이 당연히 겨냥해야 할 표준을 평균적으로 요구되는 표준으로 대치하는 바람직하지 못한 결과를 가져온다고 주장한다. 즉 아이가 가진 특별함을 외면하고 그저 평균적인 표준을 들이민다는 것이다.

> 현재의 가능성과 단절된 미래는 교육을 자극할 수도, 지도할 수도 없으며, 따라서 이 경우에 교육이 일어나도록 하려면 바깥에서 무엇인가 걸어 매는 것이 있어야 한다. _112쪽

준비설은 공부에 대한 열망 같은 내적 동기가 아니라 필연적으로 외적 동기에 의존할 수밖에 없다. 예컨대 무엇인가를 잘하면 상을 준다는 약속, 잘못하면 벌을 준다는 위협 등은 아이로 하여금 현재를 인내하게 만든다.

준비설에 이어 두 번째로 비판의 대상이 된 것은 '발현설'이다. 듀이는 발현설이 발달의 개념에 기초를 두고 있긴 하지만, 그 개념을 그릇되게 적용하고 있다며 문제 삼는다. 발달을 계속되는 성장으로 보는 것이 아니라 내재해 있는 힘이 고정된 목표를 향하여 전

개되어 나가는 과정으로 본다는 것이다. 따라서 발현설은 준비설의 변형된 형태에 불과하다고 말한다.

> 실제에 있어서 두 이론의 차이는, 준비설을 주장하는 사람들은 실제적, 직업적 임무에 준비시키는 것을 강조하는 반면에, 발달설을 주장하는 사람들은 관념적 정신적 면에서의 원리의 발현을 중요시한다는 데에 있다. _114쪽

'내재해 있는 힘'과 '고정된 목표'라는 말은 지식이 인식 주체의 외부에 절대적으로 존재한다고 보는 지식관에서 비롯한 개념이다. 다시 말해 내재해 있는 힘, 즉 인간 내부에 숨겨져 있던 힘이 학습에 의하여 점차 외부로 드러나는 것을 발달로 보는 것이다.

듀이는 프뢰벨이 발달을 '기성의 잠재적 원리를 자연적으로 발현'하는 것으로 생각했기 때문에 그릇된 발달관이 형성되었다고 비판한다. 내부에 잠재해 있는 요소의 완전한 발현이라는 목표는 철학 용어로 말하면 '선험적 목표'다. 선험적 목표는 직접적인 경험과 지각을 초월하는 것으로 공허할뿐더러 막연한 정서적 포부에 불과하다는 것이 듀이의 생각이다. 이러한 선험적 목표의 달성이라는 상징주의적 설명은 교사에게 모종의 수업기술을 고안할 것을 요구한다. 그리고 교사가 제시하는 상징의 내적 의미를 아이들에게 효과적으로 전달하려는 체계적 교수기법의 적용은 필연적으로 교사 주도의 수업 형태로 이어진다. 결국 외부 통제에 의해 교육이 이루어지는 것이다.

교사, 책을 들다

'사회유기체설'은 사회 조직에서의 계층 구분을 철학적으로 정당화하는 데에 사용되며, 이 생각은 교육에 있어서는, 성장이 아닌 외부적 통제를 교육이라고 보는 견해를 지지하게 된다. _119쪽

형식도야 이론은 교육의 결과로 몇 가지 구체적인 능력이 창조되어야 한다고 보는 이론이다. 다시 말해 교육을 받은 사람은 그렇지 않은 사람에 비해 자기에게 중요한 일을 더 잘할 수 있게 된다는 것이다. 형식도야에서 '도야'라는 말은 훈련의 결과로 능력이 생기는 것과 훈련의 방법인 반복 연습을 동시에 가리킨다. 이러한 의미에서 교육은 능력의 형식들(지각, 파지, 재생, 연상, 주의집중, 의지력, 감정, 상상, 사고)을 반복적으로 훈련하는 과정이라고 할 수 있다. 이 이론은 운동선수들이 특정한 근육을 한 가지 방식으로 계속해서 사용하면 기술이 완성된다는 비유로 쉽게 설명되어 왔다. 심지어 사고라는 능력도 단순한 구분을 하고, 그 결과를 이리저리 결합해보는 반복 연습을 통하여 훈련된 습관으로 굳어지게 할 수 있다는 것이다.

형식도야 이론에 대한 듀이의 가장 직접적인 비판은 관찰, 기억, 의지력, 사고 등 소위 부소능력이라는 것이 순전히 허구라는 점이다. 듀이는 우리가 원래 가지고 있는 충동적 활동을 훈련하는 것은 신체 단련처럼 훈련에 의해 완성시킬 수 있는 과정이 아니라고 보았다. 그 과정은 차라리 어떤 특정한 시점에서 일어나는 산만한 반응 중에서 자극을 활용하는 데 특별히 부합되는 것을 선택하는 것이다.

형식도야 이론의 가장 근본적인 오류는 그 이원론적 설명, 다시 말하면 활동과 능력을 그 적용 대상에서 분리한다는 점에 있다. _126쪽

보수적 교육과 진보적 교육

듀이는 준비설, 발현설, 형식도야 이론을 비판적으로 접근한 데이어서 교육이란 외부로부터 주어진 교과를 수단으로 하여, 내용의 연합 또는 관련을 확립함으로써 마음을 형성해주는 일이라는 관점을 고찰하고 있다. 이 이론의 대표자는 헤르바르트(J. F. Herbart)로 그는 형식도야 이론에서 가정하는 타고난 능력의 존재를 절대적으로 부정한 학자다. 헤르바르트는 마음은 오직 그것에 작용하는 다양한 실재에 대한 반응으로서 다양한 특성을 만들어내는 능력을 갖추고 있을 뿐이라고 보았다. 질적으로 다양한 이런 반응을 헤르바르트는 '표상'이라고 부른다. 그의 이론에서 중요한 것은 올바른 교육자료를 제시하는 것, 그 이전의 반응으로부터 형성된 관념 조직을 기초로 하여 그 이후에 형성될 표상들의 순서를 정하는 것, 어떤 수업방법에도 적용되는 형식적 절차를 정하는 것 등이다.

헤르바르트의 위대한 공헌은 가르치는 일을 전례답습이나 우연의 영역에서 건져내었다는 데에 있다. 거기서 건져내어서, 헤르바르트는 가르치는 일을 '의식적 방법'의 영역으로 이끌어 올렸다. _134쪽

교사, 책을 들다

듀이는 헤르바르트의 공헌으로 가르치는 일이 순간순간 일어나는 교사의 영감과 전통에 대한 맹종으로 이루어지는 것이 아니라, 명확하게 결정된 목적과 절차에 따라 진행되는 의식적 노력으로 인식하게 되었다고 평한다. 그러나 이런 긍정적 영향에도 불구하고, 이 이론은 근본적인 결함을 가지고 있다고 지적한다. 그것은 바로 생명체가 환경을 다루는 동안에 방향을 조정하고 상호 결합하면서 발전해간다는 능동적이고 구체적인 기능을 무시했다는 것이다. 다시 말해 교사의 가르칠 의무는 강조하였으나 학생의 배울 권리를 소홀히 했다는 것이 듀이의 주된 비판이다. 다음 문장에는 형성으로서의 교육에 대한 듀이의 생각이 잘 드러나 있다.

> 한마디로 이 이론은 '교육적'인 것은 무엇이든지 고려하지만 그 정수라고 할 만한 것-즉 발휘될 기회를 찾는 생생한 에너지-은 빼놓는다.
>
> _134-135쪽

듀이는 학습자 내부에 있는 에너지에 주목하여 '내부로부터의 발달'과 '외부로부터의 형성'이 결합되어 나타난 교육이론에 대해서도 검토한다. 생물학적·문화적 면에서 반복설이라고 불리는 이 이론은 과거 문헌에 의존해야 하고, 정신적 유산에 따를 때만 마음이 올바르게 형성된다고 믿는다. 어린 아이들은 지적으로나 도덕적으로 야만인과 같은 상태에 있기 때문에 이들의 본능은 수렵이나 유목 등 조상들이 한때 영위했던 생활방식을 따른다는 것이다. 듀이는 이런 반복설을 비판하면서 어린 아이가 미성숙한 상태에 있는 데서 생기는 큰 이점은 유아와 아동이 낡아빠진 과거에 안주하지 않아도 된다는 점이라고 말한다.

> 교육이 하는 일은 아이들로 하여금 과거를 반복하도록 이끄는 것이 아니라, 오히려 과거를 부활시키고 과거가 지나온 길을 그대로 다시 밟는 일에서 아이들을 해방시키는 것이다. _136쪽

듀이가 과거 문헌의 가치를 완전히 부정했던 것은 아니다. 그는 과거 산물로서의 문헌은 현재 사람들이 그것을 소유하고 활용하는 한 '현재의 환경'이라고 보았다. 지금 여기 현재를 사는 사람의 입장에서 과거를 현재의 자원으로 활용하는 것과 그저 전통적 표준으로 삼는 것 사이에는 엄청난 차이가 있다는 것이다. 복고적 관점에서 과거에 매달리는 것과 현재의 삶에 과거를 능동적으로 활용하는 것은 명백히 다르다. 과거는 현재의 삶과 연결하여 삶을 풍부하게 하는 데 의의가 있다.

> 현재는 바로 삶이요, 삶을 살아가는 동안에 지나간 자리가 과거이다. … 과거와 그 유산에 대한 지식은 그것이 현재에 들어올 때에만 큰 의의를 가지며, 그렇지 않은 한, 그것은 의의가 없다. _139쪽

지금까지 듀이는 교육을 인식주체 외부에 있는 절대적 지식을 획득하는 과정으로 보는 이론을 시작으로 내부로부터 발달을 고려하지만 결국 과거의 자원을 기본으로 삼는 이론까지 여러 가지 교

교사, 책을 들다

육이론들을 비판하였다. 이러한 듀이의 생각을 따라가다 보면 한 가지 의문이 머릿속에 떠오른다. '교육이란 인류가 축적해온 문화유산인 외부 환경과 학습자 내부에 있는 발달을 향한 에너지를 결합시키는 것으로, 결국 학습자가 사용하는 자원은 과거에 만들어진 것에 의존할 수밖에 없지 않은가?' 하는 의문이 바로 그것이다. 언뜻 봐도 상당히 진전된 이론까지 냉정하게 부정하는 듀이의 교육관은 무엇일까?

> 이상적인 성장을 가져오는 교육관은 교육을 경험의 끊임없는 재조직 또는 재구성이라고 보는 관점이다. _140쪽

한마디로 듀이가 생각하는 교육은 경험을 끊임없이 재구성하는 과정이다. 지금까지 우리는 이 말을 듣기 위해 내부의 잠재적 발현, 과거 문화유산의 전수, 외부로부터의 형성 등 거의 모든 교육관을 살펴봤다 해도 과언이 아니다. 과연 경험의 연속적 재구성이라는 짧은 말로 수천 년간 인류가 쌓아온 교육관을 부정할 수 있을까? 듀이가 이렇게 말한 배경을 알아보자. 듀이는 준비설을 비판하면서 교육은 언제나 즉각적인 목적을 가지고 있으며, 활동이 교육적인 성격을 갖는 한 그것은 반드시 그 목적에 도달한다고 말한다. 각각의 경험 단계에서 참으로 학습된 내용이 바로 그 경험의 정도를 이룬다는 것이다. 다음 글에는 이런 듀이의 실용주의적 면모가 잘 드러나 있다.

이리하여 우리는 교육의 체계적인 정의에 도달한다. 즉 교육은 경험의 재구성 또는 재조직으로서, 그것은 1) 경험의 의미를 더해주고, 2) 다음 경험의 방향을 결정할 능력을 증대시킨다는 것이다. _141쪽

경험의 의미를 더해준다는 것은 어떤 활동에 교육적 의미가 따라올 때, 그 전에는 볼 수 없었던 관련성을 알아차리게 되는 것을 말한다. 이 활동의 관련성과 연속성에 대한 지각이 교육은 경험의 재구성이라는 듀이의 정의를 설명하는 한 방식이다. 다른 하나는 경험의 재구성이 다음 경험의 방향을 결정할 능력을 증대시킨다는 것인데, 이는 어떤 경험이 이후 활동을 이끌거나 통제할 능력이 커진다는 뜻이다. 내용을 축적해가는 교육적 경험은 아무 생각 없이 하는 반복적 행동이나 제멋대로 하는 행동과는 질적으로 다르다. 듀이는 이렇게 경험을 재구성하는 과정을 통해 나쁜 결과는 피하고, 좋은 결과를 얻는 쪽으로 미리 준비할 수 있게 된다고 보았다.

우리가 학습하게 되는 것은 오직 행동을 하고 난 뒤에 그전에는 전혀 주목의 대상이 되지 않던 결과에 주목하게 될 때이다. _143쪽

학습자의 입장에서 어떤 행동을 하고 난 뒤 그 결과에 관심을 갖는 것은 사실상 이후 행동을 연속되는 관련성 속에서 사고하는 것이다. 하나의 개념에서 학습자가 의문을 품고 공부를 통해 얻는 결과와의 관련성을 인식하면서 이전의 경험에 새로운 경험을 덧대고 섞는 방식으로 성장이 이루어져야 한다. 하지만 학교 공부의

교사, 책을 들다

상당 부분은 학생의 행동과 그것으로 인한 결과 사이의 관련을 알수 없도록 조직되어 있는 경우가 많다. 듀이는 이런 경우 학습자의 행동이 본질상 '아무렇게나 제멋대로' 하는 습관일 뿐이라고 지적한다. 그리고 획일적인 반복 행동은 중요한 순간에 가서 파국에 직면하고 만다는 것이다. 경험의 재구성과 거리가 먼 일시적 기술은 변화하는 환경과 우리의 행동방식이 조화로운 관련을 맺는 방향으로 안내하지 못한다.

경험의 재구성은 개인적인 것과 동시에 사회적인 것이기도 하다.
_144쪽

진보적인 사회에서는 학습자를 단순한 습관의 반복으로 안내하지 않는다. 낱낱이 흩어져 있는 단순한 습관의 반복으로는 교육적 경험이 일어날 수 없고, 경험의 재구성 역시 기대할 수 없기 때문이다. 아이들에게 더 좋은 습관이 형성되도록 안내함으로써 장차 어른의 사회가 현재 어른의 사회보다 더 좋은 사회가 되도록 힘쓰는 것이 진보적 사회 구성원의 책무다. 이렇게 아동·청소년이 교육적 경험을 재구성할 수 있도록 그들의 성장을 돕는 행위는 장차 이들이 미래사회 발달의 주역임을 인정하는 것이다. 바람직한 미래사회를 가능하게 하는 것은 현재의 경험과 분리된 미래의 과제를 반복적으로 주입하는 일이 아니라, 현재의 경험이 가진 교육적 의미를 알고 이를 연속적으로 재구성하는 과정에서 일어나는 성장에 대한 신뢰다.

성장으로서의 교육

아이들의 활동을 지도할 때, 사회는 아이들의 장래를 결정함으로써 사회 전체의 장래를 결정한다. _93쪽

이 말은 교육과 성장을 연결하기 위한 마중물 격인 문장으로 아이들은 미래사회의 주인이라는 상식과 미래사회는 아이들에게 어떤 교육을 했느냐에 따라 다르게 나타난다는 또 다른 상식을 이어 놓은 것이다. 이를 통해 듀이가 말하는 성장이란 앞선 행위가 흐름을 형성하고 다음 행위에 영향을 미치며 그것이 결과의 축적으로 이어지는 것임을 알 수 있다. 이러한 듀이의 표현은 종종 그를 '아동중심 교육자'로 인식하게 했지만, 아동의 관심과 흥미를 중시했다는 것만으로 듀이의 아동관이나 성장 개념을 설명할 순 없다.

성장의 으뜸가는 조건은 미성숙이다. _93쪽

아이들을 교육할 때는 이상적으로 성장한 성인(ideal adult)의 모습을 따라 배울 수 있도록 교과내용을 잘 정리하여 제시해야 한다는 보비트(F. Bobbitt)의 주장에 대해 듀이는 강력하게 반발했다. 그때 듀이가 했던 말이 바로 '자라나는 미성숙자에게 성인의 표준을 강요하지 말라'는 것이었다. 듀이가 말하는 미성숙자는 어떤 의미일까?

교사, 책을 들다

'미성숙'이라는 말에서 '미'자는 단순히 없다든가 결핍되어 있다는 뜻
이 아니라, 훨씬 더 적극적인 의미를 가지고 있다. _93쪽

앞에서 성장의 으뜸가는 조건은 미성숙이라 하였다. 이 문제
는 이미 공부한 바 있는 '역량'의 개념과 연결하여 생각해보는 것
이 좋겠다. 많은 학자들이 GDP 관점에서 '역량(competencies)'을 말
할 때 누스바움은 잠재력과 가능성의 기점에서 '역량(capabilities)'을
설명한다. 아마르티아 센과 누스바움은 경제와 교육 분야에서 듀이
가 말했던 미성숙의 개념을 '잠재성'으로 치환한 걸출한 인물이다.
역량(capabilities)을 다른 표현으로 '잠재력 접근'이라 부르는 것도
그런 이유에서다. 다시 듀이의 이야기로 돌아와서 그가 말했던 '미
(immaturity)'의 개념에 집중해보자. 어른과 어린 아이를 두고 누가
더 성취 가능성이 있냐고 물었을 때 나올 수 있는 상식적인 답변은
당연히 어린 아이다. 이 답변에서 읽히는 맥락은 '미'가 의미하는
바가 미숙함이 아니라 가능성이라는 것이다.

미성숙이라는 말은 나중에 나타날 힘이 현재 없다는 것을 가리키는
것이 아니라, 적극적으로 어떤 힘이 있다는 것-즉, '발달할 능력'이 있
다는 것을 가리킨다. _93-94쪽

듀이는 아동을 결핍된 상태로 생각하는 것은 성인기를 고정
된 표준으로 정해 놓고 그것에 비추어 아동을 측정하기 때문이라
고 지적한다. 이러한 맥락에서 성장의 개념을 다시 생각해보면, 성

장이라는 것은 아이에게 무엇인가를 해주는 것이 아니라 아이들이 무엇인가를 '하는(doing)' 것이 된다. 미성숙이 나타내는 가능성을 적극적이고 건설적으로 해석할 때, 미성숙의 주요 특징인 '의존성(dependence)'과 '가소성(plasticity)'을 이해할 수 있다는 것이다.

일반적으로 의존은 누군가에게 기댄다는 뜻으로 쓰인다. 그러나 의존 상태가 기생적인 상태로 전락하는 것이 아니라 능력의 성장을 가져온다는 사실은 이미 무엇인가 건설적인 의미가 내포되어 있다는 것을 뜻한다. 즉 타인에게 기대려는 아이의 마음속에는 무엇인가 건설적인 것이 있다는 것이다. 아이와 어른의 상호작용 양태를 관찰해보면 주위 사람들의 태도에 공명하는 유연성과 감수성에 있어서 어른은 아이의 능력에 미치지 못함을 알 수 있다. 아이들은 물리적 사물에는 주의력이 약하지만, 그것에 반비례하여 주위 어른들이 하는 일에 대해서는 강한 관심과 주의력을 보이기 때문이다. 대부분의 어른들은 그저 자기에게 유익한 것을 선택적으로 받아들이거나 배제하는 습관화된 삶을 사는 경우가 많다. 듀이가 사회적 관점에서 의존 상태는 약점을 의미하는 것이 아니라 강점을 의미한다고 말한 것은 의존 상태가 '상호의존(interdependence)'에 바탕을 두고 있다고 보았기 때문이다. 다음으로 가소성의 개념을 살펴보자.

미성숙한 생물이 성장에 대하여 나타내는 특수한 적응능력이 곧 가소성이다. _97쪽

교사, 책을 들다

쉽게 말해 가소성은 몇몇 동물에게서 볼 수 있는 특성으로 자신의 기질을 그대로 유지하면서 주위 환경에 맞게 색깔을 바꾸는 적응적 탄력성에 가깝다. 그러나 듀이가 말하는 가소성은 이보다 더 깊은 의미를 가지고 있다. 그는 가소성을 경험을 통해 학습하는 능력, 하나의 경험에서 배운 것을 추후 문제 사태를 해결하는 데 활용하는 능력으로 보았다. 다시 말해 이전 경험의 결과에 비추어 행위를 수정하는 능력으로 '성향을 발달시키는 능력'이라는 것이나.

누구에게나 행동은 이미 완성된 상태로 주어지지 않는다. 인간은 행동을 학습하는 과정에서 상황에 따라 행동의 요소들을 바꿔가면서 다양한 조합 방법을 습득한다. 하나의 행동을 배우는 동안에 다른 상황에서도 유용하게 쓰일 수 있는 방법으로 발전시킨다는 사실은 학습에 있어 연속적인 진보의 가능성을 시사한다. 이렇게 인간은 '학습의 습관을 학습(learns to learn)'해나간다.

그는 학습하는 방법을 학습하는 것이다. _98쪽

이어서 듀이는 성장의 표현으로서 습관에 대해 설명한다. 습관은 행동을 효율적이게 하는 방법으로 행동 기관을 통제하여 환경을 능동적으로 통제하는 것을 의미한다는 것이다. 아울러 적응이란 환경을 우리 자신의 활동에 적응시키는 것이자 우리의 활동을 환경에 적응시키는 것이라고 말한다. 듀이는 습관이 행동을 용이하게, 경제적으로, 효율적으로 하도록 해주고, 지적·정서적 성향을 형성해주기도 한다고 보았다. 습관에 들어 있는 지적 요소는 습관을 다양하고 탄력성 있는 용도에 연결시켜 줌으로써 계속적인 성장을 가능하게 한다는 것이다.

> 습관이 판에 박힌 듯이 고정적인 행동방식, 또는 우리를 노예처럼 사로잡고 있는 행동방식으로 전락하는 것은 습관이 지성과 분리되어 있는 경우이다. _104쪽

사고가 없는 습관, '나쁜' 습관처럼 이성과 단절된 습관이 아니라 지성과 통합되어 있는 습관은 행동의 자료와 정비에 관한 지식, 적용할 상황에 대한 정확한 이해가 깔려 있다는 것이 듀이의 생각이다. 이때의 습관은 성장을 돕는 매개가 된다. 습관에 들어 있는 지적 요소의 다양하고 탄력성 있는 활용으로 계속적인 성장을 가능하게 하는 것이다. 이러한 경우가 아니라면 습관은 가소성을 멈추는 방해물에 불과하다.

지금까지 듀이가 한 말을 간추리면, 결국 '삶은 성장이요, 성장은 삶'이라는 말로 귀결된다. 얼핏 보면 같은 말을 뒤집어서 반복한 것에 불과해 보이는 이 말은 다음에 나오는 교육에 대한 개념으로 이어진다.

> 1) 교육의 과정은 그 자체 이외의 다른 목적을 가지지 않으며 교육 자체가 목적이라는 것과, 2) 교육의 과정은 끝임없는 재조직, 재구성, 변형의 과정이라는 것이다. _105쪽

교사, 책을 들다

지금까지 살펴본 듀이의 이론을 비추어볼 때 2)의 개념은 그리 어렵지 않게 이해할 수 있다. 가소성 개념 하나만으로도 충분히 설명이 가능하다. 그러나 '교육은 교육 자체가 목적'이라는 1)의 개념은 여러 가지 해석의 여지를 남긴다. '삶은 성장이고, 성장은 삶'이라는 문장과 같은 형식을 취하고 있는 이 말을 그냥 받아들이자니 '나는 세상이요, 세상은 나'와 같은 선언적 의미말고, 또 어떤 의미가 있을 수 있겠냐는 항변을 받을 만도 하다. 그러나 교육은 경험의 계속적인 재구성이라든지, 지적 요소를 포함한 습관이라든지, 외부와의 상호작용을 통해 자기 자신을 변화시켜 나가는 과정이라든지 하는 그간의 주장들로 미루어 짐작건대, 듀이는 교육을 어떤 일을 위한 수단이 아니라 교육 그 자체를 목적으로 보고 있다는 것을 확인할 수 있다.

> 이때까지 이 장에서 비판한 세 가지 생각, 즉 미성숙을 결핍의 상태로 보는 것, 적응을 고정된 환경에 순응하는 것으로 보는 것, 습관을 고정된 것으로 보는 것 등은 모두 성장과 발달에 관한 그릇된 관념에서 파생된 것이다. 즉, 성장을 '목적으로' 보는 것이 아니라 '목적을 가진 것으로' 본다는 것이다. _105쪽

　듀이는 성장을 '목적'으로 보는 것이 아니라 '목적을 가진 것'으로 보는 그릇된 생각이 세 가지 이유에서 기인한다고 말한다. 아이의 본능적 또는 천성적 힘을 고려하지 않거나 새로운 상황에 대처할 자발성을 발달시키지 않고, 자동적인 기술을 도모하기 위해

맹목적 훈련이나 그 밖의 방법을 지나치게 강조하고 개인의 생생한 지각을 무시했기 때문이라는 것이다. 또한 어른의 환경을 아이의 표준으로 삼는 것에서 늘 잘못이 생긴다고 주장한다.

> 사실에 있어서는, 성장에는 더 성장하는 것 이외의 다른 목적이 없으며, 따라서 교육에도 더 교육받는 것 이외의 다른 고려사항이 없다.
> _106쪽

이 말에서 학교교육의 의미를 찾아보면, 학교교육의 목적은 아이가 성장하는 힘을 조직적으로 길러줌으로써 교육을 계속해나가는 데 있다. 듀이는 삶 그 자체에서 학습하려는 성향, 모든 사람으로 하여금 삶의 과정에서 학습할 수 있도록 삶의 조건을 만들어나가는 성향은 학교교육이 가져올 수 있는 최상의 결과라고 말한다. 이렇듯 교육은 연령의 높고 낮음에 관계없이, 성장 또는 '잘 사는 것(adequacy of life)'을 보장하는 조건을 마련해주는 과정이다. 학교교육에 대한 듀이의 생각은 다음 글에 오롯이 담겨 있다.

> 교육은 그 자체 이외의 다른 목적을 가지지 않는다. 학교교육의 가치를 판단하는 기준은 그것이 계속적인 성장에의 열의를 얼마나 일으키는가, 그리고 그 열의를 실천에 옮기는 수단을 얼마나 제공하는가에 있다. _109쪽

교사, 책을 들다

교육의 목적과 민주주의 ————

    지금까지 살펴본 교육의 개념은 어떤 사회집단인가와 관계없이 일반적인 교육을 이야기한 것이다. 두 번째 영역에서 다루게 될 민주주의 교육의 개념, 교육의 목적, 교육목적으로서 자연적 발달과 사회적 효율성 등은 각기 상이한 사회집단에서 교육의 개념이 어떻게 적용되는지를 알아보기 위한 주제들이다. 듀이가 이 책의 제목을 《민주주의와 교육》이라고 지었을 때, 그는 이미 아이의 성장을 가장 바람직하게 가져오는 사회의 모습을 그리고 있었다. 그것이 바로 '민주주의'다. 교실, 학교, 사회 그리고 삶 속에서 민주주의가 어떻게 작동하고, 교육과 어떻게 만나는지 살펴보자.

민주주의 교육의 개념

어느 집단에서든지 거기서 이루어지는 교육은 그 구성원들을 사회화하지만, 그 사회화의 질과 가치는 그 집단의 습관과 목적에 따라 다르다. _149쪽

    교육의 주요 기능 중에 '사회화'가 있다는 것은 지극히 상식적인 말로 들린다. 사회로부터 동떨어져 고립된 삶을 사는 인간은 없다. 인간은 어떤 방식으로든 그가 속한 사회와 모종의 관계를 맺고, 사회와 상호작용하며 그의 성장을 지속한다. 그런데 모든 인간

이 같은 유형의 사회에 속해 있는 것은 아니다. 당연히 각기 다른 유형의 사회와 집단 속에서 살아가며, 그 생활방식은 인간의 성장에 영향을 미친다. 사회의 유형이 다르면 인간을 사회화하는 방식에서도 차이가 나게 되는 것이다. 이렇게 보면 속해 있는 사회와 상관없이 사회화의 보편적 방식을 말한다는 것은 공허한 논의라 할 수 있다. 그러므로 교육을 말하고자 할 때는 교육이 어떤 사회 속에서 기능하느냐를 살피는 것이 우선이다.

> 한 집단의 성원이 다수의 가치를 공유하려고 하면, 모든 성원이 서로 주고받는 기회를 균등하게 가지고 있어야 한다. 그 성원들이 아주 다양한 활동과 경험에 공동으로 참여해야 하는 것이다. _151쪽

이러한 사회에서는 사회집단의 구성원들 사이에 자유로운 상호작용이 가능하다. 하지만 자극과 반응이 지극히 일반적인 것에 지나지 않은 사회, 예컨대 전제국가에서는 강압적 공포와 물리적 보상에 대한 기대로 구성원들을 통치한다. 권력이 독점되는 사회에서도 통치자와 피통치자 간에 공동의 관심사가 형성될 수 있다. 물론 이때는 공포의 자극을 피하고 물리적 보상을 받는 쪽으로 능력이 발휘될 것이다. 그러나 진짜 문제는 그 밖의 다양한 능력들이 발휘되지 않거나 왜곡되는 것이다. 듀이는 다양하고 자유로운 경험이 정지되면 각 개인의 경험 또한 그 의미를 상실한다고 보았다.
　　과학적 경영이라는 미명 아래 기계적인 반복 작업을 하는 사람은 자기가 하는 일에 대한 지적 관심이 떨어질 수밖에 없다. 능력을

기술적인 생산이나 상품 판매와 관련한 문제로만 좁게 규정하는 것은 한 인간이 응당 가져야 할 사회적 상호작용에 대한 고려가 없는 것이다. 과학이 제 기능을 발휘한다면 인간과 작업 간의 관계, 그 일에 참여하는 타인과의 관계를 발견하고, 인간이 하는 일에 지적 관심을 가질 것이 분명하다. 따라서 작업의 과학적 경영이란 말에서 '과학'은 작업의 효율성을 순전히 근육 운동 정도로 파악하는 지나치게 좁은 의미의 과학에 불과한 것이다.

만약 어떤 집단이 다른 집단과 풍부한 상호작용을 하지 않고 오로지 '그 자체의 관심'만을 추구한다고 하자. 이럴 경우 이미 가지고 있던 기득권을 고수하는 것이 그 집단의 주요 관심사가 된다. 이들은 다른 집단과의 사회적 상호작용을 통해 가져올 경험의 재조직과 진보를 도외시한다. 사회 현실과 무관하게 이상적이고 절대적인 지식을 전수하는 것을 학교의 기능으로 생각하면, 결국 학교는 사회와 분리되어 버린 채 구성원들을 유식자와 무식자, 부자와 빈자가 분리되는 삶, 즉 고립된 삶으로 이끄는 곳이 되고 만다.

> 민주주의는 단순히 정치의 형태만이 아니라, 보다 근본적으로는 공동생활의 형식이요, 경험을 전달하고 공유하는 방식이라는 것이다.
> _155쪽

정치 형태로서 민주주의는 사회 구성원의 의사를 반영하여 지도자를 선출하고, 사회 규범과 절차를 정하는 데 있어 민주적 의사결정 행위를 동반하는 것이다. 그러나 보다 근본적인 의미의 민주주의는 나와 타자가 서로 관계하며 엮는 생활의 형식이자 경험을 공유하는 방식이다. 전자는 민주주의의 절차적 의미이고, 후자는 삶에 녹아든 민주적 소양을 뜻한다. 두 가지 모두 민주주의를 떠받치는 매우 중요한 개념이다. 시민들이 일상적으로 누리는 민주적 생활양식이 없다면 지도자를 선출하는 선거는 순전히 형식에 불과할 것이요, 제도와 절차로 민주주의를 보장하지 않는다면 삶의 양식 또한 민주적이지 않을 것이기 때문이다. 절차적으로든 삶에 녹아든 민주적 소양으로든 민주주의를 향유하기 위해서는 모든 시민에게 균등한 지적 기회가 주어져야 한다. 따라서 교육은 계층과 상관없이 시민이라면 누구든지 지적 기회를 쉽게 접할 수 있게 조직되어야 한다는 과제를 갖는다.

교육의 관점에서 민주주의의 개념에 다가서기 위해 듀이는 역사상 교육의 사회적 관련이 두드러지게 문제시되었던 세 시기에 나타난 교육이론을 살펴보자고 제안한다. 희랍시대 플라톤, 18세기 루소, 19세기 헤겔의 교육이론이 그것이다. 먼저 플라톤의 교육이론을 고찰해보면, 듀이는 플라톤 이상으로 교육의 사회적 관련을 잘 표현한 사람은 없다고 말한다. 플라톤은 개인이 저마다 타고난 적성에 따라 다른 사람에게 유용한 일을 할 때 사회가 안정된 조직을 이룰 수 있다고 보았다. 교육은 인간이 가진 선천적 적성을 발견하여 그것이 사회에 유용하게 쓰이도록 훈련하는 일이라는 것이다.

> 오직 올바르게 훈련된 마음을 가진 사람들만이 앞에서 말한 존재의 목적, 즉 세상을 지배하는 원리를 인식할 수 있다. _157-158쪽

교사, 책을 들다

오직 올바르게 훈련된 마음을 가진 사람은 어디에 존재할까? 플라톤은 그곳을 정의로운 국가라고 생각했다. 그러나 이론에 기초를 둔 사회 자체가 신분제 사회라는 사실은 그의 이론에 분명한 한계를 갖게 했다. 플라톤은 생산자, 수호자, 통치자로 나뉘는 세 계급 중에서 개인이 각각 어디에 속하는지를 결정하는 과정, 혹은 그 훈련의 과정을 교육으로 인식하였다. 즉 교육이 시험을 통해 개인을 걸러내는 일은 한다고 본 것이다. 이렇게 분리된 사회에서는 한 사람 한 사람이 다양한 능동적 경향성, 그보다 더 다양한 경향성의 조합을 나타낼 수 있다는 것이 인정되지 않는다.

18세기 철학에서 매우 다른 지적 분위기를 이끈 사람은 루소였다. 그때까지 자연은 사회조직과 대립한다는 희랍시대의 생각이 그대로 이어져 왔다. 그러나 18세기에 들어 '자연을 따르는 교육'이 지적·도덕적 면에서 교육의 목적과 방법을 나타내는 것으로 여겨지면서 이 생각은 개인이 가지고 있는 다양한 능력과 자질들을 자유롭게 계발해야 한다는 쪽으로 흘러갔다.

> 국가의 시민이 아닌, 인간성에 참여하는 구성원이 될 때, 인간의 능력은 해방될 수 있다는 것이다. _161쪽

천성 혹은 천부적으로 타고난 자질이 비사회적·반사회적이라고 여기는 극단적인 경우 사회제도는 기껏해야 비사회적인 개인들이 그 자신을 위하여 더 많은 행복을 얻기 위한 외적 수단에 불과했다. 겉으로 보기에 반사회적 철학으로 보이는 이 사상은 보다 넓

고 보다 자유로운 사회를 향한 바람을 표현한 것이었다. 그리고 그 적극적인 이상은 '인간성'에 있었다. 듀이는 이러한 접근이 자연을 맹목적으로 떠받드는 사상체계로 나타났다고 말한다. 마음을 '수동적인 빈 상자'로 보면서 자연환경에 의한 교육의 가능성을 지나치게 높이 평가했다는 것이다.

19세기에 들어 모든 것을 자연에 맡기는 것은 교육 그 자체를 부정하는 것이라는 생각이 형성되었다. 모든 능력의 완전하고 조화로운 발달, 사회적 진보와 인간성의 계몽을 위해서는 이것을 실현할 수 있는 '조직'이 필요하다는 것이다. 그리고 그 조직을 바로 현존하는 '국가'로 보았다. 한편 당시 유럽의 역사적 상황으로 인해 교육에 대한 국가의 지원은 '국가주의'를 지향하는 것으로 인식되었다. 이러한 국가주의적 필요 아래서 인간을 기르는 일은 곧 '시민'을 기르는 일이 되었다. 그러나 여기서 지향하는 시민은 일반적인 시민의 모습이 아니라 의무를 가진 '국가의 수동적 구성원'에 훨씬 가까웠다.

이러한 분위기 속에서 개인주의는 뒷전으로 밀려나고, 국가는 공교육의 수단을 제공하는 것을 넘어 교육의 목적까지 제시하기 시작했다. 적대관계에 있는 외부로부터 국가와 민족을 보호하기 위해서 개인의 이익은 국가적 요구에 종속할 필요가 있다는 생각에서였다. 그러나 교육은 개인이 가진 모든 능력의 완전하고 조화로운 발달을 지향해야 한다는 가치관이 상당 부분 남아 있었기 때문에, 이때의 교육철학은 두 가지 이상을 조화시키려 노력하였다.

이 조화를 위한 노력은 국가가 '유기체적' 성격을 가지고 있다는 생각으로 나타났다. _164-165쪽

고립된 존재로서 개인은 아무것도 아니며, 제도 속에서 그 목적과 의미를 받아들임으로써 개인은 진정한 실체로 기능할 수 있다는 말은 얼핏 들으면 개인이 제도화한 권위에 복종해야 한다는 말처럼 들린다. 그러나 이 말이 진짜 의미하는 바는 국가에 구현되어 있는 객관적 이성을 자기 자신의 것으로 내면화하는 과정이야말로 개인이 진정으로 합리적인 존재가 되는 유일한 길이라는 것이다. 이를테면 헤겔의 제도적 관념론에서 '발달'은 개인적 자질의 완전한 실현과 현 제도에 대한 '훈육적 복종'을 결합하는 의식적인 노력을 말한다.

칸트는 교육을 인간이 되는 과정으로 정의했는데, 그는 인간이 삶을 시작할 때 이상을 가진 피조물로 시작하는 것이 아니라 자연에 의하여 본능과 욕망만을 부여받은 상태에서 시작한다고 보았다. 자연은 단지 교육의 효소만을 제공해주며, 그것을 발달·완성하는 것이 교육의 역할이라는 것이다. 또한 인간의 삶이란 개개인의 자발적인 노력에 의하여 스스로를 창조해나가야 한다는 데서 특이성을 갖는다고 보았다.

인간은 진정한 의미에서의 도덕적이고 합리적이며 자유로운 존재로 스스로를 만들어나가지 않으면 안 된다. 이 창조적인 노력은 세대 간에 걸친 장기간의 느린 교육활동에 의하여 이루어진다. _165쪽

칸트는 인간성을 증진하기 위해서는 안목을 가진 식자들의 노력에 의존할 수밖에 없다고 말한다. 미래의 이상을 파악할 능력을 갖춘 확장된 성향의 소유자들의 노력을 통해서만 인간성이 그 목적을 향하여 나아가는 일이 가능하다고 본 것이다. 이러한 관점에서 그는 국가주의 교육이 국민을 국가의 의도에 적합한 도구로 만드는 데 관심을 둔다고 비판한다. 개인이 운영하는 학교에 국가가 보조금을 대어주는 것까지도 아주 조심스럽게 살펴야 한다는 것이 칸트의 생각이었다. 그 뒤로 불과 20년도 지나지 않아 칸트 철학의 후계자인 피히테와 헤겔은 '국가의 으뜸가는 기능은 교육에 있다'는 주장을 펼쳤다. 이 주장은 당시 독일의 국가주의적 교육 요구에 부응하면서 초등학교에서 대학에 이르기까지 공적이고 보편적인 의무교육 체제를 수립하는 계기가 되었다.

이러한 교육철학의 역사적 개관을 통해 듀이는 교육의 개념을 개인의 입장에서 보느냐, 사회적 입장에서 보느냐를 두고 따지는 것은 구체적 맥락이 아니라면 무의미하다는 것을 간파했다. 왜냐하면 사회적 기능으로서의 교육은 우리가 마음에 두고 있는 사회를 규정하기 전에는 확실한 의미를 가질 수 없기 때문이다.

사회적 과정, 사회적 기능으로서의 교육은 우리가 마음에 두고 있는 사회를 규정하기 전에는 확실한 의미를 가질 수 없다. _167쪽

듀이는 민주주의 사회에서, 또 민주주의 사회를 건설하는 데 있어 교육이 가지고 있는 한 가지 근본적인 문제를 국가의 목적과

교사, 책을 들다

사회적 목적 사이의 갈등으로 보았다. 다시 말해 국가가 정치적 의도에 따라 국민을 훈육적으로 계몽하는 것은 사회 구성원의 조화로운 발달을 위한 교육과 충돌할 가능성이 있다는 것이다. 이는 듀이의 저작에 가장 빈번하게 등장하는 '사회적'이라는 말을 깊이 음미해야 하는 이유이기도 하다.

듀이는 학교 시설이 국가의 관할 아래 있지만, 그 문호를 충분히 개방하고 효율적인 운영을 통해 경제적 불평등을 해소할 수 있도록 해야 한다고 말한다. 모든 시민이 미래의 삶을 위해 평등한 기회를 갖도록 보장하는 것이 무엇보다 중요하다는 것이다. 이런 이유에서 이때까지 교육을 지배했던 전통적 가치관과 교과, 전통적 교수법과 훈육법 등을 수정할 것을 제안한다.

교육의 목적

앞서 교육의 목적은 각각의 단계에서 성장의 능력을 더해주는 것이라고 말했다. 사회는 개인의 성장 능력이 잘 발휘될 수 있도록 제반 조건을 마련해야 한다. 그런 사회가 바로 민주적인 사회다. 듀이가 생각하는 민주적 사회의 조건은 모든 시민이 미래의 삶을 위해 평등한 기회를 갖도록 보장하는 것이었다. 그는 이런 사회에서만 교육에 관한 전통적 가치관, 교과, 교수법, 훈육법 등을 개선할 수 있다고 보았다. 즉 민주적인 사회란 구성원 각자가 자신의 교육을 계속할 수 있고, 지속적인 성장을 증대할 수 있도록 학습과 경험을 제공해주는 사회라는 것이다. 그렇다면 인간이 그가 가진 고유성과 존엄성을 잃지 않으면서도 자신의 성장을 계속해나가기 위한 사회의 역할은 무엇일까?

> 인간과 인간과의 교섭이 상호적인 것이어야 하며, 관심의 공평한 분배와 그로 말미암은 광범위한 참여에 의하여 사회적 습관과 제도를 재구성하는 적절한 조치가 취해져야 한다. 이것은 곧 그 사회가 민주적인 사회여야 한다는 뜻이다. _171쪽

이 문장에는 교섭, 상호적, 공평, 참여, 재구성이라는 단어들이 나온다. 이 단어들은 교섭의 대상이 서로 호혜적이며 수평적인 협력관계에 있다는 공통점을 갖는다. 이는 인간을 계몽의 대상으로 보는 것이 아니라 성장의 주체로 보는 것이다. 그것이 가능한 사회는 '민주적'이어야 함은 자명하다. 참으로 민주적인 사회는 목적을 외부에서 결정하여 개인에게 제공하지 않는다. 외부의 목적을 강요하는 것은 사회적 관계가 평등하지 않을 때 생긴다.
　듀이는 목적의 문제를 논할 때 그것이 추구하는 일이 내재적 계속성을 가지고 있는지 살펴봐야 한다고 말한다. 또한 목적이라는 것은 활동이 질서정연하게 순서에 따라서 이루어질 때, 다시 말해 그 순서가 하나의 과정을 점진적으로 완성하는 식으로 되어 있을 때만 성립한다고 주장한다. 한마디로 목적은 예견된 결과인 것이다. 이러한 관점에서 듀이는 '목적을 가지고 행동하는 것'을 '지적으로 행동하는 것'과 동일하게 보았다. 그리고 행동의 종국을 예

견하는 것은 현재의 사태와 우리의 능력을 관찰하고 선택하고 질서
있게 배열할 기초를 마련해주는데, 이런 것들을 할 수 있다는 것은
곧 '마음'을 가지고 있다는 뜻이라고 말한다.

'마음'이라는 것은 다른 것이 아니라, 주어진 사실과 그 상호관련성의
지각을 기초로 하여 행동을 의도적인 목적에 맞게 통제해 나가는 것
을 말하기 때문이다. '마음을 가지고' 일한다는 것은 장차의 가능성을
예견한다는 뜻이다. _175쪽

행동의 지적인 통제나 마음의 작용은 인간으로 하여금 현재의
조건을 미래의 결과에, 그리고 미래의 결과를 현재의 조건에 비추
어보게 한다. 듀이는 이것을 할 수 있다는 것이 곧 '목적'을 가지고
있다는 말의 의미라고 하였다. 다시 말해 생각을 가지고 행동하는
것, 그 생각에 비추어 사물의 의미를 파악하는 것은 마음이 작용하
는 과정이라는 것이다.

그렇다면 좋은 목적의 기준은 무엇일까? 듀이는 현실 가능성
이 없는, 이상적이며 절대적인 목적에 다가서는 것을 삶에서 분리
된 공허한 일로 보았다(이 대목에서 듀이의 현실주의적 면모를 엿볼 수 있다).
목적은 현재 조건의 자연적 산물로서 행위에 따라 융통성을 가져야
한다는 것이다. 또한 듀이는 현재 사태에서 자신이 동원할 수 있는
자원, 그리고 그것을 방해하는 난점을 파악하는 것이 좋은 목적의
전제 조건이라고 말한다. 아울러 목적의 진가는 그것을 실현하고자
노력하는 행위를 통해 평가된다고 주장한다.

우리는 항상 복잡한 사태에 직면한다. 이 사태 속에서 어떤 행동을 할 때 처음에는 간과했던 조건이나 장애를 만날 수 있다. 그럴 경우 목적의 융통성이 작동하여 새로운 조건에 따라 목적의 수정이 가능해진다. 이것이 행위에 의하여 검증되면서 성장하는 목적이다. 좋은 목적은 활동에 자유로움을 부여한다. 그러나 외부에서 부과된 목적은 고정된 것으로서 도달하거나 소유할 '구체적 대상'을 가리킨다. 이러한 관점에서 목적을 바라볼 때 활동은 그 자체로서 의의를 가지지 못하고, 외부의 어떤 것을 위한 불가피한 수단에 불과한 것이 된다. 듀이는 사람들(부모나 교사)이 가지는 것이 목적이지, 교육 그 자체가 목적을 가지는 것은 아니라고 말한다. 그는 좋은 교육목적의 특징을 다음과 같이 제시한다.

(1) 교육목적은 교육을 받을 특정한 개인의 내재적 활동과 필요에 기초를 두어야 한다.

(2) 교육목적은 수업을 받는 학생들의 활동에 맞추어 그것을 도와주는 방법을 직접 시사할 수 있는 것이어야 한다.

(3) 교육자는 이른바 '일반적이고 궁극적인 목적'이라고 하는 것에 대하여 경계를 하여야 한다. _182-184쪽

교육목적으로서의 자연적 발달과 사회적 효율성

우리는 '단 하나의' 교육목적을 세우려고 하는 것이 부질없다는 점을

교사, 책을 들다

지적하였다. … 우리는 다수의 일반적 목적을, 그 사이에 아무런 모순 없이, 가질 수 있다. _187쪽

여기서 말하는 단 하나의 교육목적은 '모든 목적들의 꼭대기에서 그것을 포섭하는 하나의 궁극적 목적'이다. 그리고 꼭대기는 바로 인식주체의 외부를 의미한다. 결국 단 하나의 목적은 현재의 삶과는 동떨어진 가장 이상적이며 절대적인, 고정불변의 목적인 것이다. 이러한 목적은 마음으로부터 발현되는 내면의 목소리에 귀 기울이지 않는다.

한편 교육목적은 대개 시대적으로 결핍된 무언가를 보완하거나 개선하기 위해 주어진다. 예를 들어 완전한 삶, 고전적 학습, 실물교육, 사회적 효율성, 개인의 교양, 사회봉사, 퍼스낼리티의 완전한 발달, 백과사전식 지식, 훈육, 심미적 관조, 유용성 등 여러 가지 개념이 시대에 따라 강조되어 왔다. 이러한 개념들은 각기 다른 조건에서 교육의 목적에 접근한다. 듀이는 다양한 개념들 중에서 가장 영향력 있는 세 가지 목적에 대해 고찰하였다. 자연적 발달, 사회적 효율성, 교양이 그것이다.

앞서 간단히 언급했듯이 루소는 자연을 사회와 대립적인 위치에 놓고, 자연에 따른 발달의 과정을 교육이라고 보았다. 물론 이런 관점의 저편에는 사회적 효율성을 목적으로 하는 교육이 있고, 이때 사회는 자연의 대립 항에 놓인다. 교육목적을 자연적 발달로 표명한 루소는 이렇게 말했다.

"우리가 받는 교육은 세 가지 원천에서 나온다. 자연과 인간과 사물이 그것이다. 우리의 기관과 능력이 자발적으로 발달하는 것은 자연의 교육이다. 이렇게 발달한 기관과 능력을 어디에 쓰는가 하는 것은 인간의 교육이다. 주위의 사물에서 개인이 각자 경험을 얻는 것은 사물의 교육이다. 이 세 가지 교육이 서로 협응하여 동일한 목적을 향할 때 비로소 인간은 그의 진정한 목적을 추구할 수 있다. … 이 목적이 무엇인가 하고 물으면 그 대답은 자연이다." _189쪽

    루소는 자연을 '타고난 능력과 성향'으로 정의했다. 조금 더 자세히 말해 자연은 '천성을 제약하는 습관이나 타인의 의견에 의하여 수정되기 이전 상태의 능력과 성향'이라는 것이다. 듀이는 루소의 표현 방식을 알아보려면 세밀한 연구가 필요하다고 하면서 루소의 말에는 교육에 관한 사람들의 논의 중에서도 근본적인 진리라고 할 만한 내용이 묘하게 꼬여서 표현되어 있다고 지적한다. 일단 듀이는 루소가 교육에 절실히 요청되는 개혁 방안으로서 신체기관의 구조와 활동은 그 기관을 사용하도록 가르치는 일체의 교육에 '조건'을 부여한다고 주장한 점은 옳았다고 말한다. 그러나 그런 구조와 활동이 발달의 조건은 물론이고, '목적'까지도 제시한다고 시사한 점은 근본적으로 그릇되었다고 주장한다. 듀이는 사회적 환경이 하는 일은 아이가 가지고 있는 힘을 최대한 사용하도록 함으로써 성장으로 이끄는 것이라고 보았다. 여기서 배워야 할 것은 본능이 자발적으로 발달하도록 내버려둘 것이 아니라 적절하게 조직될 환경을 마련해야 한다는 것이다.

교사, 책을 들다

우리가 내려야 할 결론은 환경을 떠나서 교육해야 한다는 것이 아니라, 타고난 힘이 더 잘 사용될 수 있는 환경을 마련해야 한다는 것이다. _196쪽

'자연적 발달로서의 교육관'이 갖는 결함에 대항하여 교육은 사회적 효율성을 도모해야 한다는 생각이 나타났다. 듀이는 사회적 효율성이 소극적인 억제에 의해서 얻어지는 것이 아니라 사회적으로 의미 있는 일에 개인의 타고난 능력을 적극적으로 활용하는 데서 얻어진다고 생각하는 한 교육은 건전한 것이 된다고 말한다. 그는 두 가지 측면에서 사회적 효율성에 접근하였다.

(1) 구체적 목적으로 바꾸어서 표현하면, 사회적 효율성은 산업적 능력의 중요성을 강조한다.
(2) 사회적 효율성의 목적은 또한 공민적 효율성 또는 시민으로서의 자질이라는 요소도 포함하고 있다. _197-199쪽

(1)은 교육이 유용한 방식으로 경제적 자원을 관리하는 능력에 비중을 두어야 한다는 말이다. 이는 불공평한 특권이나 손해를 영속시키는 데 있는 것이 아니라, 그것을 바로잡는 일에 참여하는 데 있다. (2)에서 공민적 효율성, 즉 시민적 자질은 사람과 물건의 가치를 현명하게 판단하는 능력, 법률을 만들고 준수하는 데 결정적인 역할을 하는 능력 등을 의미한다.

가장 넓은 의미에서 보면, 사회적 효율성은 다름 아니라, 경험을 나누어가질 수 있도록 사람들의 '마음'을 적극적으로 사회화하는 것, 그리고 사람들로 하여금 다른 사람들의 이익과 관심에 둔감하게 하는 사회계층의 장벽을 허물어뜨리는 것 바로 그것이다. _200쪽

사회적 효율성에서 '사회적'이라는 말에 초점을 두고 생각해보면 이것은 경험을 주고받는 일이요, '효율성'은 사회적 관계에 '참여하는 능력'이다. 다시 말해 자신의 경험을 다른 사람에게 가치 있는 것으로 하는 모든 것, 그리고 다른 사람의 가치 있는 경험에 보다 풍부하게 참여할 수 있도록 하는 모든 것이 사회적 효율성인 것이다. 인간의 특성 중의 하나인 공감은 단순한 '감정'에 그치는 개념이 아니다. 듀이의 말에 따르면 그것은 인간이 공통으로 가지고 있는 것에 대한 세련된 상상력, 그리고 사람들을 불필요하게 갈라 놓는 모든 것에 대한 항거를 의미한다.

민주주의에 도덕적 이상이 있다면, 그것은 모든 사람이 사회에 대하여 응분의 공헌을 하여야 한다는 것이요, 또 모든 사람에게 각각의 특이한 능력을 발달시킬 기회가 주어져야 한다는 것이다. _202쪽

듀이는 모든 사람이 사회에 대하여 응분의 공헌을 해야 한다는 것과 모든 사람에게 각각의 특이한 능력을 발달시킬 기회가 주어져야 한다는 두 가지 목적을 분리하는 것은 민주주의로서 치명적인 결함이라고 보았다. 두 가지 목적을 포괄적으로 적용하지 않고,

교사, 책을 들다

좁은 의미에서의 사회적 효율성을 교육의 목적으로 채택하는 것은 민주주의의 근본 의도를 무효화시킨다는 것이다. 듀이는 한 사람이 어떤 존재인가 하는 것은 그가 자유로운 상호작용 속에서 다른 사람과 어떤 협동적 관계를 맺고 있는가에 달려 있다고 생각했다. 이것은 다른 사람들에게 물자를 공급한다는 뜻에서의 효율성과 혼자만의 정신적 세련으로의 교양을 모두 초월하는 개념이다.

> 교양의 정의로서 가장 적합한 것이 있다면, 그것은 '의미지각의 범위와 정확성을 부단히 확장, 향상시켜 나가는 능력'이라는 정의일 것이다. _204쪽

사회는 구성원들의 이해와 요구가 충돌하는 장이다. 민주주의는 사회 구성원의 관심사에 귀 기울여 그들이 사회의 일원으로서 관심을 나누고 이해를 조정하도록 돕는다. 시민들은 살아가는 데 필요한 제도와 절차 등을 합의한다. 그러나 제도와 절차의 완성이 민주주의 그 자체는 아니다. 그렇다면 한 사회에서 사람들과 함께 삶을 영위할 시민은 어떻게 탄생하는 것일까? 여기에 교육의 목적이 있다. 교육은 사회와 무관하게 학교 안에서 진공 상태로 존재하지 않는다. 듀이가 교육목적을 실현하기 위한 체제의 모습으로 민주주의를 내세운 것은 당연한 것이었다.

흥미, 경험, 사고, 방법 ————

앞에서 교육의 개념과 목적, 민주주의에 대해 알아보면서 사실상 듀이 철학의 근간이라 할 수 있는 부분은 거의 공부한 셈이다. 지금부터는 흥미, 경험, 사고, 방법 등 듀이 철학에서 쟁점이 되는 개념들을 다룰 것이다. 쉬운 이해를 위해 많은 교육학 문헌의 방식대로 '듀이가 말하는 흥미나 경험'을 따로 떼 내어 살펴볼 수도 있겠지만, 여기서는 원저의 흐름에 따라 공부할 계획이다. 듀이의 철학을 차분하게 정독하면서 개념을 다시 정리할 수 있을뿐더러 각 개념들 사이에 존재하는 연관성과 이 개념들이 교육을 중심으로 작동하는 방식에 대해서도 한층 깊이 있는 이해가 가능해질 것이다.

듀이의 생각을 정리하다 보면 몇 개의 어휘를 키워드 삼아 이론을 체계화하고 싶은 욕구가 올라온다. 그러나 듀이가 지속적으로 강조한 것은 '개념 그 자체'가 아니다. 그는 개념들 사이의 연관성과 상호작용을 더 중요하게 여겼다. 이는 독자들이 이원론의 유혹에 빠지거나 도식화한 이론에 매몰되지 않도록 끊임없이 자극을 주는 방식이기도 하다.

흥미와 도야

사태의 진전에 있어서의 참여자의 태도는 두 가지 요소의 복합으로 되어 있다. 하나는 장차의 결과에 대한 염려, 불안이요, 또 하나는 더

좋은 결과를 보장하고 나쁜 결과를 회피하는 방향으로 행동하는 경향이다. _205쪽

듀이는 참여자의 태도를 이루는 요소를 관심 또는 흥미로 부른다. 그는 일상적 의미에서 흥미라는 단어를 능동적 발달의 전반적 상태, 달성하고자 예견하는 객관적 결과, 개인의 정서적 경향 등으로 표현할 수 있다고 말한다. 그러면서 교육에서 흥미의 개념이 왜곡되는 것을 경계해야 한다고 주장한다. 사태의 객관적 진전과는 유리된 채 흥미(이해관계)를 순전히 개인의 쾌락이나 고통에 관한 문제로 받아들일 경우 학습자료에 유혹적인 측면을 가미하거나 쾌락의 뇌물로 주의를 끌고 노력을 짜내려 한다는 것이다. 듀이는 이런 수법이 소위 '어르는 교육'이나 '허기를 채우는' 교육이론이라는 낙인을 받아 마땅하다고 보았다. 이러한 경고에도 불구하고 정작 듀이 자신은 아동의 흥미에 큰 비중을 두었다는 이유로 지식의 저장고인 교과를 가르치는 일에 소홀했다는 비판을 받았다. 물론 이 책 후반에 있는 교과에 대한 듀이의 생각을 들여다보면 이런 비판이 오독에서 비롯되었음을 알게 될 것이다.

여하튼 듀이는 교육에 왜곡된 흥미의 개념을 적용하는 것을 비판하면서 아동의 삶과 무관한 지식을 일방적으로 주입하려는 태도를 문제 삼았다. 학습자료가 학생의 활동을 일으키고, 그것을 일관성 있게 지속적으로 수행하도록 돕는 기능이 바로 흥미라는 것이다.

'흥미'라는 단어는 어원적으로 볼 때, '사이에 있는 것', 즉 거리가 있는 두 사물을 관련짓는 것을 뜻한다. 교육의 경우에, 두 사물 사이의 메워야 할 자리는 시간적인 것으로 생각할 수 있다. _209쪽

흥미(interest)의 어원인 'inter-esse'를 보면 'inter'는 '~사이(between)'로 무엇과 무엇을 매개(intermediate)할 때 흔히 쓰는 접두어다. 'esse'는 라틴어로 '존재 또는 실재(being, existence)'를 말한다. 그러므로 흥미는 '실재 사이에 있는 무엇(what is between)'을 뜻한다. 듀이는 이것을 시간의 개념을 빌려 설명하고 있다. 성장에는 시작과 완성 단계가 있고, 그 사이에 밟아야 하는 과정을 '통해서만' 시작이 결과로 이어진다는 것이다. 결국 학습자에게 흥미를 느끼게 한다는 것은 어떤 외적 동기나 유인이 아니라 실재 사이의 연결을 깨닫게 하는 것이다.

이어서 듀이는 '도야(discipline)'의 개념을 설명한다. 우리가 알고 있는 도야(陶冶)의 사전적 의미는 '몸과 마음을 다스려 바르게 함'이다. 교육학 이론에서 말하는 '형식도야'는 앞서 살펴본 바와 같이 기억, 추리, 상상 따위의 기본적인 정신기능을 개발하는 데 중점을 두는 방법을 이른다. 듀이는 정신기능을 개발하는 데는 숙고와 지구력, 곤란과 불안 속에서도 계획된 행동을 밀고 나가는 힘이 필요하다고 보았다. 도야의 개념을 설명하면서 의식적인 성향, 즉 '의지'의 개념을 끌어들인 것이다. 듀이가 말하는 의지의 개념에는 두 가지 요소가 있다. 하나는 '결과의 예견'이고, 다른 하나는 '예견된 결과가 얼마나 그 사람을 강하게 사로잡고 있는가' 하는 것이다.

우리는 단순히 고집이 센 것을 의지라고 부르지 않는다. 의지의 핵심은 나의 행위가 어떤 결과를 부를지 충분하게 생각하면서 계획된 행동을 의식적으로 밀고 나가는 것이다. 듀이는 이렇듯 자기 행동에 대해 생각하고 신중하게 행동하는 사람을 일단 '도야된' 사람이라고 보았다.

> 지적으로 선택한 행동을 추진하는 동안에 방해, 혼란, 곤란을 당했을
> 때 그것을 견디는 힘이 있을 때 도야의 정수가 드러난다. _212쪽

듀이는 흥미와 도야를 비교하면서 흥미는 학습자의 이해와 요구에 집중하는 것이고, 도야는 목적을 생각하면서 신중하게 행동하는 것이라고 말한다. 그러면서 흥미와 도야는 반대되는 개념이 아니라는 것을 분명히 밝힌다. 도야, 즉 훈련된 힘(trained power)의 순전히 지적인 측면조차도 흥미가 없으면 불가능하다는 것이다. 교과에 담긴 지식과 가치가 아이에게 와닿지 않을 때, 그 중요성을 아무리 강요해봐야 아이에게는 흥미가 생기지 않는다. 아이가 주의를 집중하지 않는다고 해서 야단을 치거나 벌을 주는 일은 단지 어른이 바라는 행동으로 이끌려는 것일 뿐, 진정으로 아이의 마음에 관심과 숙고가 일어나기를 기대하는 것과는 거리가 멀다. 즉 흥미는 훈련된 힘이 강하게 작동하기 위한 중요한 원천이 된다.

> 흥미는 예견된 결과의 실현을 위하여 나아갈 때에 그것이 얼마나 그
> 사람을 강하게 사로잡는가의 정도를 재는 기준이요, 오히려 그 정도

듀이는 목적을 향한 경험 안에서 사물이 우리의 마음을 움직이게 하는 힘을 흥미라고 보았다. 그러므로 교육의 발달과정에서 흥미가 차지하는 역동적 위치를 올바르게 인식하는 것은 아동 저마다의 특수한 능력, 필요, 기호 등을 고려할 수 있게 한다는 점에서 가치를 가진다는 것이다. 그러나 현실은 그렇지 않았다. 근대화 이후 학교가 커지고 학급 수도 늘어나면서 각기 다른 교실에서 여러 명의 교사가 같은 교과서로 아이들을 지도하기 시작했다. 물론 이런 교육 방식은 같은 내용을 가르친다면, 그것이 아이들의 마음에 동일한 방식으로 작용할 거라는 기대에서 비롯한 것이었다. 그 배경에는 지식이란 아동의 삶과는 별개로 외부에 독립적으로 존재하는 것이라는 생각이 자리 잡고 있었다.

전통적인 관점에서 교과는 지식의 정수를 담고 있는 것으로 전적으로 공부해야 할 내용을 의미했다. 또한 여러 교과들은 서로 독립되어 있고, 각각 온전한 배열 원리를 가지고 있다는 생각이 학교교육에서 관례처럼 통용되고 있었다. 이렇게 아동의 이해나 관심을 고려하지 않은 교과들이 서로 어떠한 관련도 맺지 않고, 각 교과의 목적을 향해 질주하는 교육상황이 아이들을 공부로부터 멀어지게 만들었다. 그러나 교사와 아이들 간에, 아이들끼리, 아이와 학습내용 간에 의미 있는 교섭으로 지식이 구성되는 경우 비록 같은 교과서로 배운다 해도 교실마다 아이들의 지식은 다른 맥락을 형성한다. 아이가 가진 과거의 경험과 타고난 능력이 서로 다르고, 삶에 대한 계획 역시 모두 같을 이유가 없다는 것이 학습의 기본 전제다.

경험과 사고

이때까지 듀이는 지도와 성장, 보수와 진보, 자연과 사회, 흥미와 도야 등 상호 모순되는 개념을 제시하고, 각각의 개념을 진술한 뒤에 이를 통합하는 서술방식을 썼다. 이것도 필요하고 저것도 필요하다는 절충이 아니라 각각의 개념이 갖는 의의와 한계를 밝히고 성장을 중심으로 유기적으로 재구조화하는 방식이다. 이 과정에서 각 개념들이 어느 정도의 비중으로 통합되느냐를 따져보면, 확실히 듀이는 성장, 진보, 사회, 흥미의 개념을 설명하기 위해 이에 대비되는 개념들을 끌어왔다는 오해를 받을 만하다. 게다가 듀이의 철학을 비판하는 사람들에 의해 개념 간의 간격은 더욱 커졌다. 그러나 앞에서 언급했듯이 이 같은 접근은 그가 기대한 것과 거리가 멀었으며, 일생 동안 비판해왔던 이원론의 연장이나 다름없었다.

최근 학생의 인권이 신장하면서 교권이 추락하고 있다는 지적이 있다. 체벌 금지나 학생인권조례의 제정 등 학생인권을 신장하기 위한 여러 조치가 교권의 추락으로 이어져 현장에서 학생들을 지도하기 힘들어졌다는 것이다. 사실상 이러한 의견은 전형적인 이원론에서 비롯된 것이라 할 수 있다. 오늘날 우리 교육에서 벌어지고 있는 심각한 교단 황폐화 현상을 두고 과연 듀이는 어떤 반응을 보일까? 아마도 자신의 세계관에 비추어 교권과 학생인권을 각각 정의한 다음, 이 두 개념이 만나는 지점을 먼저 살펴봤을 것이다. 그리고 교사와 학생의 분리 현상을 이원론으로 규정하여 조화로운 통합을 시도했을 것이다.

세상을 설명할 때 이원론은 현상을 간결하게 도식화해주는 장점이 있다. 교사와 학생도 마찬가지요, 몸과 마음, 이론과 실천, 학교와 사회 등의 개념이 다 그러하다. 만에 하나 듀이의 철학을 공부하면서 두 가지 개념 중에 어느 하나를 그의 생각으로 여겨 신념으로 삼으려 한다면, 그것이야말로 듀이가 그토록 경계했던 이원론임을 상기해야 한다. 이원론의 유혹에 빠지지 않게 조심하면서 이어지는 대립 개념의 유기적 통합인 '경험과 사고'에 대해 살펴보자.

(1) 경험은 일차적으로 능동-수동 관계이다. 경험을 일차적으로 지적인 것이라고 생각하는 것은 잘못이다. 그러나 (2) 경험의 '가치를 재는 척도'는 경험에 들어 있는 관계성 또는 경험에 연결되는 계속성의 지각 여부에 있다. _228쪽

(1)에서 경험의 의미를 살펴보면, 능동적 측면에서는 '해보는 것(trying)', 수동적 측면에서는 '당하는 것(undergoing)'이다. 즉 경험은 능동적 요소와 수동적 요소가 서로 분리되어 있지 않고, 특수한 결합으로 이루어져 있다는 뜻이다. 그렇다면 경험은 '일차적으로 지적인 것(primarily cognitive)'이 아니라는 말은 무슨 의미일까? 여기서 일차적이라는 말은 '개별적 경험 사태가 낱낱으로 흩어져 있을 때'를 의미한다. 그러므로 이것이 지적 성격을 갖는다는 것은 경험이 누적되거나 무엇인가에 다다를 때, 또는 경험이 어떠한 의미를

가질 때다. 다시 말해 해보는 것과 당하는 것의 특수한 결합 속에서 축적되는 경험일 때 지적 요소를 갖는다는 것이다. (2)에서 '경험에 들어 있는 관계성'이란 바로 해보는 것과 당하는 것 사이의 '긴밀한 결합'을 말한다. 이를 바탕으로 경험이 연속적으로 누적될 때 비로소 경험은 가치를 가진다는 것이다. 우리는 이것을 '경험으로부터 배운다'라고 표현한다.

> '경험으로부터 배운다'는 것은 우리가 사물에 대하여 하는 일과 그 결과로 사물에서 받는 즐거움이나 고통 사이를 앞뒤로 연결한다는 뜻이다. _228쪽

오늘날에도 그러하지만, 듀이의 주요 활동 무대였던 1900년대 초반에도 학생은 경험의 주체가 아니라 '지식을 직접 흡수하는 일'을 하는 사람으로 생각하는 경우가 많았다. 흡수해야 할 지식을 학생의 경험과 별개로 존재하는 것으로 보고, 경험의 누적이 인간의 오감을 통해서라면, 외부로부터 들어오는 지식은 사고 과정을 거쳐 흡수된다고 생각했다. 그리고 올바른 사고를 통해 외부 지식의 흡수하기 위해 몸을 통제하는 것을 매우 중요한 가르침으로 여겼다. 학습자 스스로 몸을 통제하기 어려우니, 교사가 외적인 압력을 빌려 '훈육'으로 학생의 몸을 통제해야 한다는 것이다. 이러한 사고방식은 신체활동과 마음은 별개라는 심신이원론(心身二元論)에서 출발한다.

그러나 실제로 학습자가 몸을 움직여 무엇을 하거나 직접 사물

을 다룰 때, 몸과 마음은 따로 분리되지 않고 동시에 작용한다. 이때 마음을 따로 분리하는 것은 몸과 마음 사이, 마음과 사물 사이에 놓인 관계를 등한시하는 결과를 가져올 뿐이다. 이러한 듀이의 생각과는 다르게 일반적으로 교사는 학생에게 바른 자세로 지식을 흡수할 것을 요구한다. 따라서 수업은 대개 긴장된 분위기 속에서 이루어진다. 불필요한 긴장이 좋은 성장을 가로막는다는 사실을 상기하면, 백 년 전 듀이의 생각은 오늘날에도 여전히 유효하다.

　이어서 사고에 관해 살펴보면, 듀이는 '사고(thinking)'를 경험과 그 경험이 목표로 하는 것 사이의 연관성을 파악하는 일이라 보았다. 경험이 의미 있는 것이 되려면 거기에는 비록 불완전한 것이나마 사고가 반드시 개입되어야 한다는 것이다. 우리의 경험 중에서 어떤 것은 일단 그냥 해보고 그 결과를 보는 주먹구구식 것들도 있다. 이런 주먹구구식 방식은 요행에 의존한다. 이것을 해보고 안 되면 다시 저것을 해보는 식이다. 이 경우에 이러이러한 행동방식이 이러이러한 결과와 연결되어 있다는 것은 알지만, 그것이 '어떻게' 연결되어 있는가는 알지 못한다. 어떤 활동과 그로 인한 결과가 무엇으로, 어떻게 연결되는가를 분석하는 것이 바로 예견이요, 통찰이다. 듀이는 이러한 통찰 속에서 진정한 '방법(method)'을 찾을 수 있다고 보았다. 활동과 결과 사이의 세밀한 결과를 인식하게 되면 주먹구구식 경험의 문제가 드러난다는 것이다. 어떤 실천이 주먹구구 경험임을 인식하는 것, 그리고 그 인식을 확장하여 경험의 질을 바꾸도록 하는 것, 이것이 본격적 의미에서의 사고다.

사고는 우리가 하는 일과 그것에서 나오는 결과 사이의 관련을 '구체적으로' 파악함으로써 양자가 연속적인 것이 되도록 하려는 의도적 노력을 가리킨다고 말할 수 있다. _236쪽

듀이는 이러한 노력으로 말미암아 활동과 결과가 아무런 관련 없이 붙어 있는 현상이 지양되고, 사태가 하나의 통일된 전체로서 진전되어 나간다고 말한다. 이렇게 될 때 사태의 진전을 이해하고 설명할 수 있으며, 일이 그렇게 되어 간다는 것이 '이치에 맞는(reasonable)' 것으로 우리에게 납득될 수 있다는 것이다. 즉 사고는 우리 경험 속에 들어 있는 지적 요소를 드러내는 것과 동시에 목적을 그리며 행동할 수 있게 한다.

요컨대 사고는 행위와 목적을 연결하기 위해 생각하고 궁리하는 것으로 사실상 사유와 같은 말이라 할 수 있다. 사유하는 사람은 모든 경험의 사태를 낱낱이 분리하지 않고, 경험들 사이의 연관성과 의미를 고민하며, 그것이 가져올 결과를 예견한다. 그리고 이를 통해 현재를 조절하고 통제한다. 그 일이 이미 일어난 일이든, 앞으로 닥칠 일이든 간에 늘 앞뒤를 관련짓고 연결하며 성장에 이르게 하는 원천이 바로 사고이자 사유인 것이다.

앞의 것이 뒤의 것에 어떤 '의미' 또는 '관련'을 가지고 있는가를 알아내려고 하는 것, 이것이 사고이다. _237-238쪽

듀이는 사유의 과정에서 어느 하나를 우리 자신의 것으로 택하

고, 다른 것을 배척하는 경향이 강하게 드러내는 것을 경계해야 한다고 말한다. 사유의 과정은 자연스럽게 그것의 결과에 대한 참여 의식을 부른다. 이와 같이 사고는 원래 '편드는 것(partiality)'에서 나오지만, 그 목적을 달성하기 위해서는 그 사태에서 멀어져 나와서 어느 쪽에도 '편들지 않는 것(detached impartiality)'을 이룩하지 않으면 안 된다.

교사가 학생들과 더불어 어떤 지식을 구성하고자 할 때, 교사는 특정 지식이 학생들에게 정해진 방식으로 구성되기를 희망한다. 처음에 교사가 이렇게 마음먹는 것은, 말하자면 특정 지식의 구성 방식에 대한 편파성이다. 그러나 교사가 바라는 목적을 달성하기 위해서는 정작 교사 자신은 그 특정한 방법에서 떨어져 나와야 한다. 그 어느 쪽도 편들지 않음으로써 교사의 개인적인 희망과 선호를 배제하는 것이 목적을 달성하는 데 있어 더 효과적이기 때문이다. 양립할 수 없는 두 가지 행위를 하나의 맥락에서 생각하는 것, 듀이는 여기서 사고에 관한 '역설(paradox)'이 생겨난다고 보았다. 이러한 역설은 우리의 삶 속에 종종 등장한다. 학생의 자율성을 존중하기 위해 일정한 책임을 부여하는 것, 전쟁에서 공포감을 느끼는 장군이 태연하게 작전을 지시하는 것, 배고픈 부모가 자녀에게 "나는 배부르니, 너희들이나 많이 먹어라."라고 말하는 것 등은 삶 속에서 우리가 직면하는 역설적 상황이다.

사고는 처음에 나와 직접 관련된 것을 중심으로 이루어진다. 내 행동에 상대방이 어떤 반응을 보일지, 내 행동이 어떤 결과를 초래할지 관심을 갖는 것은 지극히 당연한 일이다. 그러나 사고의 과정에서 이것이 나와 상대방, 즉 양자의 문제가 아니라는 것을 깨닫게 되는 순간, 우리는 '직접적 관심사'를 넘어 보다 폭넓은 세계로 생각을 확장한다. 듀이는 사고의 폭이 넓어져서 직접적인 관심사 이외의 것을 포함하게 되는 것은 오직 사회적 성장과 더불어 시야의 범위가 확대됨에 따라 점진적으로 이루어진다고 보았다.

교육에 있어서의 사고

학교가 할 수 있고 또 해야 하는 것은 오로지 사고하는 능력을 길어주는 것이라는 데 대해서는 이론상의 인식조차 철저하지 못하다. … 사고와의 관련을 떠나서 습득된 기술은 그것이 사용되어야 할 목적에 관한 인식과 단절되어 있다. _247쪽

듀이는 학교교육에 대한 아쉬움을 토로하면서 학교의 주요 역할은 아이들에게 생각하는 능력을 길러주는 것이라고 거듭 강조한다. 그는 학교교육이 읽기, 쓰기, 그리기, 외우기 등과 같은 기술의 습득, 역사와 지리 등의 정보 획득, 그리고 사고의 훈련 등으로 조각조각 갈라져 있는 점을 문제 삼았다. 이는 듀이가 그토록 비판했던 심신이원론의 연장일 뿐이었다. 사고와 관련을 맺지 못하는 기술은 목적에서 분리된다. 다음 문장은 사고와 경험, 그리고 방법과의 삼각관계를 잘 정리하고 있다.

사고는 경험이 지적인 것일 때 그 경험이 따르지 않으면 안 되는 방법인 것이다. _248쪽

듀이는 사고를 지적 학습이라 보았다. 지적 학습은 마음을 움직이고, 풍요롭게 하는 방법이다. 이때의 방법이 곧 사고다. 즉 전심을 다해 어떤 주제에 몰두하여, 이를 해결하고자 하는 학습자의 행위 자체가 곧 지적 학습이며, 사고인 동시에 방법이라는 것이다. 그런데 사고가 일어나기 위해서는 구체적 경험이 선행되어야 한다. 듀이는 수업방법에 있어서 근본적 오류는 학생들에게 이미 경험이 있을 거라고 생각하는 데 있다고 지적한다. 앞서 경험이란 무엇인가를 해보는 것과 무엇인가를 당하는 것, 즉 능동과 수동의 특별한 연결이라 하였다. 그런데 어른들이 만들어 놓은 자료를 보여주고, 그것을 따라 하게 만드는 방법은 사고의 첫 단계에서 해야 할 구체적 경험을 도외시하는 것이다.

듀이는 어떤 교과든지 사고를 일으키려면, 그 시작은 될 수 있는 대로 '비학문적(unscholastic)'이어야 한다고 말한다. 아이들에게 주어져야 할 것은 '배울 것(something to learn)'이 아니라 '할 일(something to do)'이라는 것이다. 교과에 대한 듀이의 생각을 오해하게 만드는 이 대목은, 지식이란 학습자 외부에 존재하는 절대적이고 고정불변한 것이 아니라는 생각이 함축되어 있다. 이러한 관점에서 학습 내용은 당연히 학습자가 '배워야 할 것'이 아닌 '할 일'을 촉진하는 것이어야 한다. 이때의 '할 일'은 사고를 필요로 하는 종류의 일을 말한다. 듀이는 학생들에게 다음과 같은 사태를 제시할

교사, 책을 들다

때 학습이 저절로 이루어진다고 보았다.

무엇인가 새로운 것이 있으면서도 이때까지의 습관과 충분한 연결을 맺고 있어서 효과적인 반응을 불러일으킬 수 있어야 한다는 것 ….
_250쪽

다시 말해 경험은 학습자 자신의 것이어야 하고, 그 속에 포함된 관련을 자극하고 지도하며, 추론과 검증으로 이끌 수 있는 그런 성격을 가져야 한다. 그렇지 않을 경우 경험은 외부에서 주어지는 것으로, 학습자는 오직 그 요구에 부응하기 위해 노력할 뿐이다. 듀이는 교실이 진짜 경험의 사태를 만드는 것과는 거리가 멀다고 지적하면서 거의 모든 조건이 듣고, 읽고, 또 교사의 말을 그대로 재생하는 데 힘을 쏟고 있다며 개탄한다. 그러면서 교사 개개인의 수업기술을 아무리 향상시킨다 해도 이 사태를 전적으로 시정할 수는 없을 거라고 말한다. 듀이는 아이들이 무언가를 실제로 해보는 곳, 또 그와 관련해 토론을 하는 곳에서는 특별한 수업방식을 쓰지 않아도 자발적이고 활발한 탐구가 일어나며, 다양하고 독창적인 해결책이 제시된다고 믿었다.

사고를 효과적으로 하기 위해서는 현재의 문제를 해결하는 데에 필요한 자원으로서의 경험이 있어야 한다. _253쪽

이 말을 통해 앞서 듀이가 언급한 '사고를 촉진하는 경험', 그

리고 여기서 강조하고 있는 '구체적 경험에 이어지는 사고'와의 연결성을 파악할 수 있다. 즉 문제를 해결하는 데 필요한 자원으로서 경험은 사고의 자료나 생각이 아니라 구체적인 사실이자 사건이요, 사물들 사이의 관계라는 것이다.

> 수업기술의 주요 부분은 새로운 문제의 곤란도가 사고를 일으키기에 충분할 만큼 크면서도 동시에 너무 크지 않도록, 다시 말하면, 새로운 요소가 들어 있음으로써 자연히 혼란이 야기되지만 그 혼란 중에도 해결의 실마리가 잡힐 정도의 낯익은 부분이 군데군데 반짝이도록 하는 데에 있다. _253쪽

'수업기술(the art of instruction)'은 지식을 잘 전달하기 위해 동원되는 자료, 방식, 절차 등을 통칭한다. 수업기술의 효과는 즉각적일 때도 있지만 시간을 두고 서서히 나타나기도 하며, 겉으로 드러나지 않아도 마음속에 내면화되어 아주 긴 시간 동안 성장을 이끄는 원천이 되기도 한다. 따라서 눈으로 즉시 확인할 수 있는 결과를 위해 수업기술을 적용하는 것은 오히려 학습자의 바람직한 성장을 방해할 수도 있다.

사고와 분리된 수업기술의 적용은 학습자가 습득한 지식을 낱낱의 경험 사태에 머물게 한다. 그렇다면 수업기술을 어떻게 적용해야 사고와 잘 연결시킬 수 있을까? 먼저 듀이는 수업기술의 주요 부분이 학습자가 사고를 일으키기에 충분한 것이어야 한다고 말한다. 학습 주제가 학습자 편에서 볼 때, '도전적 사고(challenge

교사, 책을 들다

thought)'의 대상이 되어야 한다는 것이다. 예컨대 새로운 문제가 학습자의 도전의식을 자극하면서도 난도가 너무 높아 학습자가 지레 겁을 먹고 포기하지 않도록 섬세한 조정이 필요한데, 이때 사용되는 것이 수업기술이다.

많은 사람들에 의해 검증되었다고 하는 수업기술이 모든 아이들에게 효과를 보장할 수 없는 까닭은 지식과 학습자, 교사와 학습자, 학습자와 학습자 간에 흐르는 맥락이 모두 다르기 때문이다. '다름'은 수업기술의 적용을 어렵게 하는 방해물이 아니라 하나하나의 수업에 맥락을 부여하는 근원이다. 새로운 것을 제시할 때 학습자의 과거 경험으로부터 어떤 것을 불러와 연결시킬 수 있을지 궁리해야 하는 이유이기도 하다. 이렇게 보면 지식의 구성이란 학습자의 마음속에 있는 과거 경험과 도전적 과제의 연결, 이를 섞어서 새로운 질의 지식으로 나아가는 일련의 과정인 셈이다. 이 과정에서 지식 구성의 주인은 당연히 학습자 자신이다.

듀이는 자료를 얻기 위해 지나치게 남에게 의존하는 것을 피해야 한다고 말한다. 책을 통해서든 교사를 통해서든 다른 사람의 의견은 오직 자료를 제시하는 데 그쳐야 하며, 그 자료를 문제에 맞게 해석하고 적용하는 것은 학생 자신이 해야 할 일이라는 것이다. 우리가 독창적이라고 말하는 뉴턴의 생각도 낯익은 것들을 새로운 맥락으로 연결해 종래와는 다른 '용도'로 사용함으로써 위대한 과학적 발견의 동력이 된 것이다.

방법의 성격

'무엇(what)'에 해당하는 것을 내용이라고 한다면 '어떻게 (how)'에 해당하는 것은 방법이다. 대개 무엇이 먼저 나오고, 뒤이어 그 무엇을 어떻게 구성하고 전달할지를 고민한다. 교수학습 이론을 보아도 교육과정이 먼저 정해지고 난 뒤에, 이를 효과적으로 실행할 방법이 따라 나온다. 이는 지식과 경험, 내용과 방법이 서로 분리되어 있다고 보기 때문이다. 듀이의 말에 따르면 학문의 내용이 조직되어 있다는 것은 이미 지적인 활동을 거쳐 나온 산물이며, 곧 '방법화'되어 있는 것이다.

> 방법이라는 것은 교과와 다른 것이 아니라 바로 교과가 배열된 모양을 가리키며, 다만 그 배열이 교과를 가장 잘 활용할 수 있도록 이루어진 것을 가리킨다. 방법이 내용의 바깥에 있는 경우는 절대로 없다.
> __264쪽

먼저 교과(내용)가 있고, 그것을 활용하는 방법이 뒤따른다는 것을 인정하게 되면, 이는 곧 이원론에 포섭당하는 것이다. 듀이는 방법은 곧 내용에 관한 것이며, 내용을 효율적으로 다루는 것 이외의 아무것도 아니라고 보았다. 그러면서 활동의 방식을 따로 떼 내어 그것만을 논의할 수 있지만, 그 방식이 방식으로 존재하는 것은 오직 '내용을 다루는 방식'일 때라고 말한다. 방법이 교육내용에서 유리되는 데서 오는 교육의 폐단을 정리하면 다음과 같다.

교사, 책을 들다

첫째, 경험의 구체적 사태가 도외시된다.

둘째, 흥미와 도야에 관하여 그릇된 개념을 가지게 한다.

셋째, 학습하는 행위 그 자체를 직접적, 의식적 목적으로 삼게 된다.

넷째, 기계적으로 처방된 단계를 따르는 것으로 전락하기 쉽다. _268-270쪽

방법과 내용이 분리되었을 때 나타나는 문제점 외에도 생각해 봐야 할 문제가 있다. 그동안 경험했던 수많은 수업기법, 교육방법에 대해 어떻게 판단할 것인가 하는 문제다. 앞서가는 교사의 모범적 사례를 따르는 일이 항상 좋은 것만은 아니다. 학습자가 처한 조건이나 맥락이 다르다면, 여기에 적용해야 할 방법 역시 내용을 충실히 반영하면서 개별적인 조건과 맥락을 고려한 것이어야 한다.

교육학이라는 것이 오직 교사들이 가르치는 동안에 따라야 할 처방이나 모범을 제시하는 것이라는 믿음만큼 교육학의 명성을 더럽힌 것도 없을 것이다. _270쪽

듀이는 자신의 철학을 전개함에 있어 방법을 내용을 효과적으로 전달하는 기술(skill) 정도로 격하시키지 않았다.

가르치는 방법은 목적달성을 위하여 지적으로 통제된 활동, 즉 '예술'의 방법이다. _271쪽

'art'라는 말은 보통 예술로 번역되지만, '인공'이라는 의미도 가지고 있다.* 요즘 유행하는 인공지능(AI, Artificial Intelligence)이라는 말을 봐도, 자연에 대한 인위적 작용이라는 측면에서 예술과 인공은 유사한 면이 있다는 것을 확인할 수 있다. 듀이는 가르치는 방법을 '예술'로 정의한다. 그러나 우리에게 수업기술이라는 말은 아주 친숙한 반면, '수업예술'은 어딘가 어색한 느낌을 준다. 그렇다면 기술(skill)과 예술(art)은 어떤 차이가 있을까?

거칠게 말해 제품을 만드는 사람은 기술자, 작품을 창조하는 사람이 예술가다. 제품을 만들 때 신경 써야 할 것은 설계에 나와 있는 대로 오차 없이 제품을 만드는 것이다. 누가 만들던 간에 설계도가 같다면 동일한 제품이 나와야 한다. 이 범주에서 벗어나는 것을 기술이라 부르긴 어렵다. 이와 달리 예술가는 작품마다 새로움을 창조한다. 예술가는 사전에 만들어진 설계도에 따라 작품을 만들지 않으며, 설혹 같은 대상일지라도 다른 결과를 가져오는 것을 미덕으로 삼는다.

한편 듀이는 방법과 예술을 같은 범주로 생각하였다. 그는 보통사람들이 예술로 알고 있는 그 무엇이 미술관이나 갤러리에만 갇히게 될 때, 그 자체로 향유할 만한 경험을 향한 충동이 일상 환경에서 제공되는 발산 수단을 찾아낸다고 보았다. 이 말은 예술이란 예술가들만의 전유물이 아니요, 일상에서 발산되는 형태로 누구나 향유할 수 있는 활동이라는 뜻이다. 그러므로 수업을 예술이라고 정

• 종종 art는 기술로도 번역된다. 이 경우 예술은 학예와 기술을 합친 개념으로 본다.

교사, 책을 들다

의한 듀이의 통찰은 내용과 방법을 분리하는 이원론을 극복하고, 아울러 교사와 학생이 겪는 모든 경험이 예술의 범주 안에서 작동한다고 보는 포괄적 시선이다.

방법은 교과로서의 경험이 가장 효과적인 성과를 낼 수 있도록 전개되려면 어떻게 해야 하는가를 체계적으로 언명해 놓은 것이다. _284쪽

교과의 개념과 가치 ————

앞서 듀이는 교과가 그 자체로서 온전한 배열 원리를 가지고 있다는 생각 때문에 각각의 공부가 아무런 관련을 맺지 못하고, 그 자체로 완결된 상태에서 진행되어 나간다고 지적한 바 있다. 진정한 학습이 일어나기 위해서는 아동이 흥미를 갖는 것이 무엇보다 중요한데, 주위 사물과 교과가 분리된 상황에서는 좀처럼 흥미를 갖기 어렵다고 보았기 때문이다. 이러한 듀이의 교과관과 함께 이번 영역에서는 교사 입장에서 교과의 성격, 교과의 합리성과 사회적 측면 같은 주제를 통해 교과의 성격을 조금 더 구체적으로 살펴볼 것이다. 교과에 대한 듀이의 생각을 들여다보면서 그가 정말 교과의 가치를 부정하고 있는지, 아니면 교과를 아동에게 전달해야 할 문화유산의 총체로 보는 전통적 관습에 문제를 제기한 것인지도 확인해보자.

교과의 성격

듀이는 교과가 어떻게 구성되어 있는지 알아보는 것은 그 교과가 의도하는 복석에 접근하기 위해 꼭 필요한 과정이라고 보았다. 그는 교과의 구성 방식에 대해 다음과 같이 말한다.

교과는 유목적적인 사태의 전개 과정 속에서 관찰되고 회상되는, 또는 글이나 말을 통하여 전달되는 사실들, 그리고 제의되는 아이디어들로 구성된다는 것이다. _285쪽

교과 구성에 대한 듀이의 설명을 보면 관찰, 회상, 전달, 사실 등 몇 가지 눈의 띄는 단어들이 있다. 이 단어들을 살펴보면 듀이가 비판하고자 한 교과의 속성이 어느 정도 드러나는데, 그것은 바로 지식의 성격이다. 기성세대가 후세를 이끌어갈 아동과 청소년에게 바라는 점으로, 듀이는 '문화유산의 전수' 외에 다른 것은 없다고 본 듯하다. 그의 말에 따르면 문화유산의 전수는 의식적인 집단생활 속에서 가장 중요하다고 생각되는 의미를 뽑아 체계화한 후 이를 교과에 담아 전달하는 것이다. 교과는 사회생활의 의미 중에서 전수할 가치가 있는 것을 자세히 표현한 것이며, 다음 세대에게 전해주어야 할 문화의 본질적 요소를 교사가 분명히 알 수 있도록 조직된 형태로 제시한 것이라는 듀이의 생각에서 그의 교과관을 엿볼 수 있다.

교사, 책을 들다

학교의 교과는 오로지 그 자체로서 중요한 지식으로 존재하는 것처럼, 그리고 '공부'라는 것은 교과의 사회적 가치와는 아무 관계없이 그 자체의 중요성 때문에 교과를 배우는 일인 것처럼 생각하게 된다.
_286-287쪽

듀이의 말에 따르면 교과는 완벽하지도 않고 절대적인 지혜를 담고 있는 것도 아니다. 이 말은 '각 교과는 스스로의 논리를 가지고 절대적 지혜를 담아 완성한 그 무엇'이라는 전통적 교과관을 정면으로 비판한 것이다. 그러나 교과를 되도록 멀리하고, 오로지 실생활만 중시해야 한다고 주장한 것은 아니다. 듀이는 교과가 학습자의 경험을 새롭게 발전시킬 수 있는 최선의 도구라는 전제 아래 기존의 지식과 예술이 이룩해 놓은 것을 조금이라도 능가하려면 그 교과를 사용하지 않으면 안 된다고 보았다. 이를 통해 듀이가 교과 자체를 부정한 것이 아니라 교과가 조직되는 방식, 학교에서 교과를 가르치는 방식에 대해 강한 불만을 품고 있었다는 것을 알 수 있다.

오늘날 교사의 수업전문성은 '교과에 대한 풍부한 지식'과 '학습자에게 지식을 효과적으로 전달하는 능력'을 요구한다. 그렇다면 교사는 교과에 대한 풍부한 지식을 바탕으로 학생들에게 교과 지식을 잘 전달하기만 하면 되는 것일까? 듀이의 관점에서 볼 때 교사는 교과 그 자체보다 교과가 학생의 필요나 능력에 어떻게 상호작용하는가에 집중해야 한다. 교사가 단순히 교과에 관해 많이 아는 것으로 충분하지 않은 이유가 여기에 있다. 심지어 듀이는 이런 전제가 갖춰져 있지 않은 상태에서 교과에 대한 교사의 해박한 지식은 잘 가르치는 데 오히려 방해가 된다고 말한다.

교과에 관하여 해박한 지식을 가지고 있는 것 그 자체는, 만약 교과와 학생 경험 사이의 관련에 늘 관심을 기울이는 것이 교사의 습관적 태도로 되어 있지 않은 이상, 잘 가르치는 데에 오히려 방해가 된다고까지 말할 수 있다. _289쪽

여기서 핵심은 '교과와 학생 경험 사이의 관련에 늘 관심을 기울이는 것이 교사의 습관적 태도로 되어 있지 않은 이상'이란 말에 있다. 즉 교사는 자기가 가르치고 있는 교과에 대해 잘 알고 있어야 할 뿐만 아니라 학생의 독특한 필요나 능력도 파악하고 있어야 한다. 이처럼 듀이는 시종일관 아이의 경험과 유리된 교과, 삶과 분리된 교과에 대해 문제를 제기하고 있다.

교육의 올바른 원리는 학생들로 하여금 사회에서 생겨난 또 사회에 유용한 활동에 능동적으로 참여하도록 하여 그것과 관련된 자료와 법칙에 대하여 과학적인 통찰을 가지도록 하며, 학생이 가진 것보다 더 넓은 경험을 가진 다른 사람들이 전달해 주는 아이디어와 사실을 배워서 자신의 직접적이고 일상적인 경험 속에 그것을 동화하도록 도와주는 것이다. _302쪽

교사, 책을 들다

지리와 역사의 의의

'지리를 배운다'는 것은 일상 행동의 공간적 관련을 지각하는 힘을 가지게 된다는 것이다. 그리고 '역사를 배운다'는 것은 그 일상적 행동이 '인간적' 관련을 맺고 있다는 것을 지각하는 힘을 가지게 된다는 것이다. _322쪽

듀이가 말하는 체계화된 학문으로서 지리학은 우리가 살고 있는 자연환경, 그리고 일상에서 우리가 하는 특정한 행동을 설명하는 자연환경에 관하여, 다른 사람들의 경험을 통해 발견된 사실과 원리의 집합체다. 이와 마찬가지로 체계화된 학문으로서 역사학은 우리의 삶과 연결된 사회집단, 그리고 우리 자신의 풍속과 제도의 의미를 밝혀주는 사회집단의 활동과 고난에 관하여 이때까지 알려진 사실의 집합체다.

두 교과의 내용과 방법으로서 어떤 것을 쓰고 있는가를 조사해보면, 정보가 삶의 경험 속에 스며들어 오도록 하는 것과 따로따로 떨어진 무더기를 그냥 쌓아올리는 것 사이의 차이가 어떤 것인지를 알 수 있을 것이다. 그 차이는 다름이 아니라, 이 두 교과의 성립 근거인, 인간과 자연의 상호의존성을 충실히 반영하는가 아닌가에 있다. _322쪽

두 교과(지리, 역사)를 통해 교육의 목적은 성장이요, 성장은 경험의 연속적 재구성 과정이라는 듀이의 말을 되짚어볼 수 있다. 듀

이는 삶의 경험과 외부 정보가 인간과 자연의 상호의존성을 반영하면서 맥락적으로 축적되어야 함을 강조한다. 그는 역사와 지리의 성립 근거를 인간과 자연의 상호의존성으로 보았다. 여기서 인간은 역사에, 자연은 지리에 연결된다.

> 지리학적 자료와 인간의 현상을 함께 묶어서 다루는 데는 풍부한 정보와 세련된 상상력이 필요하다. _324쪽

학창 시절 지리를 배울 때 산맥의 이름, 철도의 명칭, 지역의 산업과 특산물, 인구구조, 기후적 특징 같은 것을 달달 외웠던 기억이 있다. 아마 대다수 사람들의 기억 속에 남아 있는 지리 시간의 모습은 이와 비슷할 것이다. 그러나 듀이는 지리가 '상상력'을 자극하는 교과라고 말한다. 인간의 거주, 추구, 성공과 실패 같은 것들이 학교 교육내용에 지리학적 자료가 포함되어야 할 이유를 설명해준다는 것이다. 물론 이것은 지리학적 자료와 인간의 현상이 서로 관계를 맺고 있다는 전제 아래서다. 만약 그 관계가 끊어지면 지리라는 교과는 단순히 자질구레한 지식을 모아놓은 것에 지나지 않는다고 보았다. 교과서 속의 사실들을 나열하는 방식은 지리 학습을 죽은 것으로 이끌 뿐이다.

> 역사의 진정한 출발점은 언제나 현재의 사태와 그 문제들이다. _327쪽

이 짧은 문장에 역사교육의 의의가 잘 드러나 있다. 역사교육

교사, 책을 들다

은 교과서 속에 박제된 과거 사실을 단순히 전달하는 것이 아니라 과거와 현재의 연결을 도모한다. 우리는 과거로부터 현재를 이해하기 위해 역사를 배운다. 역사는 늘 현재 속에 살아 있다. 그러므로 역사교육의 출발점은 과거의 어느 시점이 아닌 지금 여기 사태와 문제들이며, 이 출발은 다시 과거 사건과의 연결을 시도한다.

> 역사를 가르치는 것은 아주 자연스럽게 윤리적 가치를 띠게 된다.
> _330쪽

보통 '윤리적 가치'라고 하면 '도덕적으로 선하게 사는 것'을 떠올릴지 모르나 여기서 윤리는 도덕을 포월(envelopment)하는 것으로, 타인에게 피해주지 않고 규범을 어기지 않는 선한 삶 이상의 개념이다. 즉 오늘을 사는 자유의지를 가진 인간으로서 '윤리적으로 책임감 있게 사회 사태에 참여하는 것'을 의미한다. 좋은 역사교육의 결과로 형성되는 인간의 모습 역시 역사적 사실에 대한 이해와 해석을 바탕으로 자유의지를 갖고 사회에 참여하는 형태로 나타난다. 요컨대 현재의 시선으로 과거를 돌아보고, 다시 과거로부터 현재의 삶을 이끌어낸다는 것은 과거의 경험을 통해 통찰과 안목을 형성하고, 다시 현 사태에 주인된 마음으로 참여하는 것이다.

역사교육은 텍스트를 넘어 맥락(context)과 연결(connection)을 지향하는 삶의 교과다. 그리고 낱낱의 경험을 삶의 맥락 속에서 연결, 해석, 재구성하는 것은 공부하는 자의 몫이다. 개인의 구성력과 지식의 잠재적 성격을 무시하고, 누군가가 하나의 관점으로 정리한 사건들을 나열해주는 것은 역사교육의 본질과는 거리가 멀다. 역사는 불변하는 진실이 아니라 다음 세대의 해석을 기다리는 잠재된 지식의 보고이기 때문이다.

교과로서의 과학

> 논리적인 면에 있어서나 교육적인 면에 있어서, 과학은 지식의 완성이요 그 최종 단계이다. _333쪽

과학은 지식의 완성이요, 그 최종 단계라는 말을 어떻게 해석해야 할까? 듀이는 어떤 지식이든 그 지식에는 '논리적 함의(logical implication)'가 들어 있다고 보았다. '이치에 맞는 생각'이 함축된 의미로 들어 있고, 이 과정을 드러내는 것이 바로 과학이라는 것이다. 이미 완성된 지식인 과학은 당연히 이런 형식을 갖추고 있다. 학습자의 입장에서 과학은 배움의 출발점이 아니라 도달해야 할 이상이 된다. 과학을 가르칠 때 흔히 기초지식을 단순화시킨 것을 가지고 수업을 하는데, 듀이는 이것이 과학과 의미 있는 경험을 분리하는 결과를 불러온다고 보았다.

> 학생들은 일상 경험의 친숙한 자료를 과학적으로 취급하는 방법을 배우는 것이 아니라, 그냥 교과로서의 '과학'을 배운다. _335쪽

과학적 지식에 들어 있는 논리적 함의로 인해 교사는 과학교과를 완성된 형식으로 제시하는 것이 학습의 왕도라고 생각하기 쉽다. 듀이는 학자들의 연구방법이 대학의 교육방법을 지배하고, 대학의 교육방법이 중고등학교로 이어지는 식으로 계속 내려가면서 약간 난이도를 조절한 정도가 일반적인 형태의 과학 공부 방식이라고 말한다. 이러한 과정을 통해 학습자는 일상에서 과학을 경험하는 것이 아니라 교과로서 과학을 배운다는 것이다. 이러한 듀이의 비판은 이 책이 출간되고, 40여 년이 지나서야 세상에 나올 브루너(J. S. Bruner)의 '지식의 구조'나 '핵심적 확신'을 미리 알고서 한 말처럼 보인다. '무슨 교과든지 지적으로 올바른 형태로 표현하기만 하면, 아동이 어떤 발달 단계에 있든지 간에 효과적으로 가르칠 수 있다'는 브루너의 말은 듀이의 '계속 내려가면서 약간 난이도를 조절하는 정도'라는 지적과 일맥상통하기 때문이다.

브루너가 제시한 지식의 구조를 가르친다는 것은 지식을 탐구의 과정으로 상정하고, 각 학문에서 사용하는 탐구 언어의 체계를 학생들에게 가르치는 것을 말한다. '지식을 지식답게', '교과를 교과답게' 가르친다는 말이 퍼진 것도 이런 배경에서다. 한편 듀이는 교과가 개념화되는 방식, 즉 삶과 분리되어 있는 수업방식을 비판하였다. 1960년 이후 미국사회에 퍼진 '교과를 교과답게'라는 슬로건은 듀이와 브루너를 말할 때 한쪽은 교과보다는 경험을, 다른 한쪽은 경험보다는 학문을 중요시한 것처럼 알려지게 했다.

이처럼 단순한 도식화는 학문적 편향을 부른다. 이를 통해 공부하는 교사들이 명심해야 할 것은 그 어떤 유명한 이론도 고찰해야 할 대상이지 신념화의 대상은 아니라는 사실이다. 이제 교과로서 과학에 대한 듀이의 생각을 마저 살펴보자.

> 사실상, 성공적인 과학자가 되는 사람들은 스스로의 힘으로 전통적인 학문적 과학 수업이 파놓은 함정에서 용하게 빠져나오는 사람들이다. _336쪽

듀이의 이 말을 현시점에서 읽으면, 마치 미래의 어느 시점에서 자신에게 닥칠 비난에 대한 풍자를 담고 있는 듯하다. 듀이를 기준으로 할 때 브루너와 피터스 등 미래의 학자들은 '전통적·학문적 과학 수업이 파놓은 함정'이라는 듀이의 풍자를 '지식의 구조'와 '교과의 내면화'를 통하여 복원한 셈이 됐다. 이렇듯 듀이의 언어는 언제 읽어도 현재적 의미를 갖는 것이 특징이다. 특히 피터스가 듀이의 교육관을 비판하며 쓴 《윤리학과 교육》은 이 책보다 50년 뒤에나 세상에 나왔지만, 마치 과거의 듀이가 미래의 피터스 글을 논평하는 것처럼 읽힌다.

듀이는 과학이 습관적 목적에 대한 추종으로부터 마음을 해방시키고, 새로운 목적을 체계적으로 추구할 수 있게 해준다고 보았다. 문화가 발달하고 자연을 정복하는 새로운 방법이 나옴에 따라 지력은 행동의 새로운 가능성을 보게 되며, 새로운 종류의 만족을 찾으려고 한다는 것이다. 그는 새로운 가능성의 착안이 그것을 실행에 옮길 새로운 수단을 강구하게 하며, 여기에서 진보가 일어난다고 말한다. 듀이는 지식의 완성이라는 개념 속에 엄숙하게 자

교사, 책을 들다

리 잡은 과학을 일상의 경험 영역으로 제시하고자 했다.

> 과학은 경험 저편에, 멀리 또 높이 떨어져 있어서 우리가 경험하는 삶
> 의 사실과 아무 관련 없는 숭고한 지역을 다루는 것이 아니라, 경험
> 안에 그 원래의 자리를 가지고 있다. 경험 안에서 과학은 과거의 경험
> 을 정화하고 그것을 장차의 발견과 발전을 위한 도구로 삼도록 하는
> 계기가 된다. _341쪽

자연과와 사회과: 자연주의와 인문주의

> 교육과정상의 위치를 둘러싸고 자연과학과 문학적 교과 사이에 갈등
> 이 있다는 점에 대해서는 이미 잠깐 언급한 바 있다. 이때까지 이 문
> 제에 대한 해결책은 어느 편인가 하면, 일종의 기계적인 타협이어서,
> 자연을 주제로 한 교과와 인간을 주제로 한 교과가 교육과정의 판도
> 를 분할해서 차지하고 있는 형편이다. _407쪽

교사를 말할 때 '교과를 가르치는 사람'이란 말은 전혀 어색하
게 들리지 않는다. 중고등학교는 말할 것도 없고, 한 교사가 거의 모
든 교과를 가르치는 초등학교에서조차 교사는 교과를 매개로 아이
들과 만난다. 교사와 아이들 모두 수업시간을 국어시간, 수학시간처
럼 교과를 가르치는 시간으로 인식하는 것이 일반적이다. 교육현장
을 관통하는 또 하나의 오랜 통념은 가르치고 배우는 일을 '문과'와

'이과'로 구분하는 것이다. 심지어 사람을 문과적 성향, 이과적 성향으로 구분하기도 한다. 이것은 공부 편식을 암묵적으로 용인하는 문화에서 비롯된 것이다. 예를 들어 자연과학을 전공한 사람의 빈곤한 문학적 상상력은 그가 이과 출신이라는 사실만으로 양해된다. 마찬가지로 언어를 다루는 사람이 기계에 무지해도 같은 이유에서 양해됨으로써 이러한 구분을 암암리에 정당화하였다.

듀이는 교육 장면에서 나타나는 이러한 구분 역시 이원론에 그 뿌리를 두고 있다고 지적한다. 마음과 세계를 모종의 접촉점에 의하여 연결된 두 개의 독립적인 존재 영역으로 보는 관점에서는 각각의 존재 영역이 그것과 관련된 교과군을 가지고 있는 것을 자연스러운 일이라고 생각한다. 그러나 듀이는 현재 나와 있는 것보다 더 통합된 교육 방안을 제시하고자 하는 교육이론이라면 당연히 인간과 자연 사이의 관계 문제를 다루어야 한다고 주장한다.

듀이는 이원론을 극복하기 위해 고대 희랍과 로마, 스콜라철학과 중세 유럽을 거쳐 현대교육에 이르기까지 인문교과와 자연교과가 어떤 논리로 발달해왔는지를 살핀다. 고대 희랍철학에서는 이 문제가 오늘날처럼 분리되어 나타나지 않았음을 확인한 듀이는, 소크라테스가 자연과학을 가질 수 없는 지식으로 취급하며 별로 중요하지 않게 다루었던 것 같다고 말한다. 그 당시 중요하게 생각했던 것은 '인간의 본성과 목적'이었다는 것이다.

희랍 문화권에서 대부분의 사람들은 옛 문헌을 접하는 것을 매우 중요한 일로 여겼고, 교양 있고 세련된 말을 하는 습관을 몸에 붙이는 일 또한 대단히 중요한 일로 생각했다. 이것을 후세 사람들이

'교육(paideia)'이라고 부르게 된 것이다. '파이데이아'는 '모든 사람이 해야 할 일반적 학습'으로 1983년 미국의 교육의 수월성 추구 위원회가 펴낸 보고서 〈위기에 처한 국가(A Nation at Risk)〉에 그 문제의식을 담고 있다. 이는 한마디로 교양교육의 강화라고 할 수 있다. 그들은 '위대한 저서 읽기 프로그램(Great Books Program)'이나 파이데이아 제안의 핵심 요소인 '국민 공통 기본 학교교육(basic schooling)'을 통해 교양교육을 강화하고자 하였다.

라틴어인 '스콜라(schola)'는 희랍어의 '스콜레(σχολ)'에서 나온 것으로 이 말이 '학교(school)'의 어원이라는 것은 이미 널리 알려진 사실이다. 스콜라철학은 완성된 지식 내용을 체계적으로 정리하여 가르치는 데 기여하였다. 학교는 원래 학자나 예술가들이 철학과 예술을 논하며 한가롭게 시간을 보내는 곳이었다. 지식의 체계화와 한가함을 연결하는 것이 쉽지 않겠지만, 그 당시 학교에 다닐 수 있었던 계층은 귀족의 자제였기 때문에 학교는 선현들이 남긴 문화유산을 일관성 있게 정리하여 전수하는 한편 그들끼리 교류하며 한가함을 즐기는 곳으로 기능했다.

여기서 한 가지 의문이 생긴다. 앞서 공부했듯이 수호믈린스키 역시 교사와 학생에게 한가로운 시간이 필요하다고 주장한 바 있다. 그렇다면 희랍시대의 한가함과 현대교육에서 요구되는 한가함은 어떻게 연결되는 것일까? 한가함(여백)의 형태는 고대나 현대나 전적으로 동일하다. 다만 희랍시대에는 교육의 혜택을 받았던 사람들이 극소수였던 까닭에 한가할 수 있는 권리도 귀족들과 그 자제들로 국한되었다. 그러므로 한가함은 교육의 필요보다는 여유 있는 시간이라는 이미 주어진 조건에서 비롯하였고, 사교를 통한 상류사회의 지속성을 담보하는 데 기여했다. 한편 수호믈린스키가 강조한 한가함은 더 넓고 깊은 사유의 세계로 교사와 아이들을 안내하는 시간이었다. 이렇듯 한가함의 형태는 같지만, 그 동기와 목적은 서로 완전히 달랐음을 알 수 있다. 요컨대 지식의 발달, 그리고 그것에 입각한 교과 조직에 관한 논의는 교과 분리 현상을 극복하고, 자연과학에 관한 교과내용이 인간의 문제에서 차지하는 위치를 확실히 하는 데 그 의도가 있다 할 것이다.

이론적 교과와 실제적 교과

거듭 말하지만 듀이에 관한 세간의 오해는 그가 교사보다 학생을 중시했고, 교과보다 경험을 중시했으며, 지식보다 실제를 중시했다는 것이다. 그것이 사실이라면 이론적 교과와 실제적 교과를 다루고 있는 이 장에서도 이론의 무익함과 실제의 유익함을 논증하려 할 것이다. 그러나 여태껏 그래왔듯이 듀이는 어느 한쪽의 입장에서 독자들을 설득하려 하지 않는다. 이론과 실제를 선명하게 대비하여 실제적 가치를 추구하는 것이 중요하다고 역설하는 대신에 무슨 이론, 무슨 실제인지를 끝까지 파고들어 어떤 역사적 배경에서 양자가 성립하고 대립하고 있는지를 규명하려 노력한다. 이러한 서술방식을 통해 그가 그토록 경계했던 이원론을 극복하고자 애쓰고 있는 것이다.

교사, 책을 들다

이론과 실제, 지력과 실행, 지식과 활동도 대립된다. 후자의 대립은 틀림없이 전자의 대립을 일으킨 사회적 조건과 동일한 사회적 조건에서 나온 것이지만, 그것과 관련된 교육의 문제는 '아는 것'과 '하는 것' 사이의 관련 문제에서 생기기 때문에 특별히 그것을 별도로 고찰하면서, 이 양자 사이의 관련 문제와 아울러 양자의 분리가 어떤 근거를 가지고 있는가를 생각해 볼 필요가 있다. _389쪽

듀이는 '아는 것(knowing)'과 '하는 것(doing)' 사이에서 생기는 문제를 고찰하므로써 양자의 분리가 어떤 근거를 가지고 있는지 살펴보고자 했다. 이를 위해 지식의 강조는 어디에서 기인하고 있는지 알아보는데, 예상대로 플라톤과 아리스토텔레스다.

지식은 이성과 관련되는 것으로, 그 자체로서 완전하고 포괄적인 의미를 지니고 있다. 그리하여 실제적 삶은 끊임없는 유동 상태에 있으며, 지식은 영원불변의 진리에 관심을 둔다. _390쪽

'아는 것'에 더 큰 가치를 부여하는 사람들은 공통적으로 듀이가 '하는 것'에 비중을 두고, 오로지 방법적 지식만을 강조했다며 비판한다. 이들은 지식이 실제적 관심에서 벗어나 지식 그 자체로서 존재하며, 그 원천과 기관은 물질이 아닌 마음이라고 말한다. 사실상 영원불변의 진리에 대한 관심은 지식과 실제를 분리하듯이 이성과 감정이 분리된 사고를 바탕으로 한다. 듀이는 '철학자가 왕이 되어야 한다'는 플라톤의 말에는 관습, 욕망, 충동, 정서가 아닌 합

리적 지력이 인간사를 다스려야 한다는 뜻이 담겨 있다고 보았다. 예컨대 한 나라의 지도자가 되고자 한다면 다양성과 불화, 그리고 이 상태에서 저 상태로 종잡을 수 없이 변화하는 것을 극복하고, 이성에 입각한 통일성, 질서, 법칙을 따라야 한다는 것이다. 또한 희랍에서 '경험적'이라는 말은 원리에 대한 통찰에 기초를 둔 것이 아니라 따로따로 여러 번 시행해본 결과로 얻게 된 지식이나 능력을 나타낸다고 보았다. 지식과 경험은 이미 희랍시대부터 분리되었고, 이 전통이 중세로 계승되면서 더 단단해졌다는 것이 듀이의 생각이다.

> 경험은, 이성이 실재를 파악하는 것과는 달리, 언제나 거짓 지식, 가짜, 겉치레, 외양 등의 주변을 떠도는 것으로 생각된다. _392쪽

희랍사회에서 실재를 안다는 것은 신과 관계를 맺고, 그 관계에서 오는 영원한 축복을 누리는 것을 의미한다. 즉 신과 관계를 맺는 것을 최고의 실재에 다가서는 방법으로 본 것이다. 인간의 궁극적 목적은 최고의 실재에 관해 사색하는 데 있었고, 행동은 이 목적에 종속되는 것으로 여겨졌다. 이러한 생각은 오늘날 교육철학은 물론이고, 모든 고등교육 기관에서 '실제적인 것'보다 '지적' 또는 '이론적인 것'을 더 선호하게 만들었다. 말하자면 듀이는 하는 것과 아는 것, 실제적인 것과 이론적인 것으로 분리된 연유를 따져 물음으로써 양자의 연결을 시도하고 있는 것이다.

교사, 책을 들다

교육과 삶 ————

　다섯 번째 영역에서는 놀이와 일, 교육의 직업적 측면을 다룬다. 수호믈린스키는 전인교육의 영역으로 지식교육, 도덕교육, 신체교육, 예술교육, 노동교육을 꼽았다. 우리의 통념 속에 자리하고 있는 전인교육의 요소인 '지·덕·체'에 예술과 노동을 추가한 것이다. 단순히 요소가 추가된 것으로 끝이 아니라 모든 요소들이 노동교육을 중심으로 조화롭게 연결되어 있어야 했다.《바실리 수호믈린스키, 아이들은 한 명 한 명 빛나야 한다》에는 이 같은 수호믈린스키의 문제의식이 잘 담겨 있다.

　수호믈린스키가 말하는 노동교육의 핵심은 '나의 수고로 타인을 기쁘게 해주는 마음'을 기르는 교육이었다. 여기서 '나의 수고'라는 말은 자신의 신체와 지적 능력을 동원하여 어떤 생산물을 만들어내는 과정을 뜻한다. 아울러 어렸을 때부터 생산적 노동에 참여할 것을 강조했는데, 이때는 자연스럽게 놀이에서 노동으로 이행되는 방법을 사용하였다. 이 대목에서 듀이와 수호믈린스키의 사상적 유사성이 가장 잘 드러난다.

　한편 누스바움도 '잠재적 공간(potential space)'이라는 개념을 통해 놀이의 사회성에 주목하였다. 아이들이 노는 곳에는 합당한 규칙과 질서가 작동하며, 아이들은 놀면서 규칙과 질서를 체화한다는 것이다. 듀이 역시 놀이와 일(노동)을 교육과 분리된 개념으로 보지 않았다. 놀이와 일은 학교 밖에서 이루어지는 별도의 활동이 아니라 교육과정 속에 녹아 있어야 한다는 것이다. 아동의 성장 단계에 따라 '놀이-일-여가-직업'으로 이어지는 자연스러운 과정은 시민의 삶과 밀접하게 연동한다. 이것이 다섯 번째 영역의 제목을 '교육과 삶'이라고 붙인 이유다.

교육과정에서의 놀이와 일

아이들이 갖는 자연적 충동을 교실 안에서 신체활동으로 이어지게 하는 것은 매우 중요하다. 그러나 그간의 학교교육은 아이들의 자유로운 몸 활동을 억압하는 형태로 이루어져 왔다. 교실에서 학습자 스스로 몸을 통제하는 것이 수업의 질서를 위한 미덕처럼 여겨졌으며, 교사 역시 '자신의 몸을 잘 간수'하는 아이들이 상황을 조절하고 난관을 극복할 힘이 있다고 보았다. 몸으로 표현할 수 있는 체육시간이 있긴 했지만, 그마저도 일정한 규칙과 질서에 따라 '몸을 잘 통제하는 시간'으로 여기기 일쑤였다.

아이들 내부에 얽혀 있는 본능과 충동은 그 주인의 의지에 따라 발현될 때만 자유로운 몸 활동으로 이어진다. 그리고 의지에 따른 자유로운 몸 활동은 '놀이'라는 형식을 통해 이루어진다. 물론 듀이는 놀이가 순전히 기분전환만을 위한 것일 필요는 없다고 말한다. 정신활동에 관한 연구 결과가 보여주듯이 도구와 자료를 조작하거나 만들고, 기쁜 감정을 표현해보는 생득적 경향성에서 놀이는 근본적 가치를 갖는다는 것이다.

교사, 책을 들다

교육과정에서 놀이와 일에 결정적인 지위를 부여하는 것은 잠정적인 편의나 순간적인 기분전환을 위한 조치가 아니라, 지적, 사회적 근거에 의하여 당연히 취해져야 할 조치이다. _304쪽

이미 학교에서 하고 있는 다양한 활동을 봐도 알 수 있듯이 학교는 풍부한 교육의 장으로 기능한다. 다양한 재료를 활용하는 일, 도구를 사용하는 일 등은 기술을 습득하기 위한 단순한 과정이 아니라 교육적 목적에 도달하기 위한 과정이다. 이때 교육적 목적은 지적인 결과를 내면서도 사회화된 성향의 형성을 말한다. 여기에는 몇 가지 구체적인 원리가 있다고 듀이는 말한다.

몇 가지 방식은 쓰지 말아야 할 것으로 된다. 명확한 처방이나 지시를 따르는 활동, 또는 기성의 모델을 수정 없이 재생하는 활동은 근육의 기민성에는 도움이 될지 모르지만, 목적을 지각하고 정교하게 가다듬는 일을 요구하지도 않고 수단을 선택하고 목적에 맞추는 일을 허용하지도 않는다. _306쪽

일반적으로 어떤 일이 익숙해지기까지 몇몇 단계를 거치며 시행착오를 겪게 된다. 따라서 시작 단계부터 어른의 지시에 따르게 하거나 완성된 모델을 보여주고 그대로 따라 하게 하는 것이 효율적이라고 생각한다. 실제로 학생에게 과제를 내줄 때 완성된 산출물을 먼저 제시하거나 교사가 직접 시범을 보이기도 한다. 그런데 듀이는 왜 이것을 문제라고 보는 걸까?

듀이는 기존의 처방이나 지시를 그대로 따르거나 완성된 모델을 수정 없이 재현하는 활동은 그저 근육의 기민성 향상에만 도움이 될 뿐이라고 보았다. 이러한 활동에는 목적을 세우고 그것을 실현하기 위해 수단을 동원하는 과정, 즉 자기 자신의 경험이 배제되어 있다는 것이다. 듀이는 아이들이 '조잡한 표준'을 학습하게 되는 것을 경계했다.

> 학생의 행동을 너무 미세하고 너무 면밀하게 통제된 일에 얽매어 두면서 외적인 완벽을 기하려고 해서는 안 된다. 그보다는 창의적이고 건설적인 태도를 살려주는 것이 더 중요하다. 정확성과 세부적인 마무리는 전체적인 일의 부분 부분에서 학생의 능력이 닿는 범위 내에서 배워나가도록 할 수 있을 것이다. _307쪽

외적인 완벽을 기하기 위해 학생을 통제하는 것은 조잡한 표준을 학습하게 하는 것과 별반 다르지 않다. 경험은 교사의 것이 아닌 학생 자신의 것이다. 좋은 경험은 학생이 자신의 능력에 따라 과제를 수행하면서 지속적으로 쌓이는 지적 결과물이다. 아이들은 과제를 수행할 때 모범적 표준을 요구하는 경향이 있다. 그대로 따라 하면 완성된 자료에 가까운 산출물을 만들 수 있을 것이란 기대 때문이다. 그러나 표준 모델을 따라 한다고 해서 그 자료를 만든 사람의 지능이 학생에게 흡수되는 것은 아니다. 내가 무엇을 해야 할지를 분명히 알고, 그 무엇을 위해 필요한 수단을 동원하며, 이 수단을 어떻게 활용할지를 아는 것이 바로 학습자가 가져야 할 유목적적 사

고의 과정이다.

완성된 자료에 대한 유혹은 대단히 강한 것이어서 교사들 역시 누군가 잘 만들어 놓은 학습 콘텐츠를 선호한다. 이를테면 한 차시 분량에 딱 맞는 설계와 과정이 콘텐츠 안에 잘 담겨 있어서 별다른 준비 없이도 학생들에게 효과적으로 전달될 수 있다는 믿음을 주는 자료 말이다. 그러나 어느 교실에나 잘 맞는 자료는 기껏해야 '조잡한 표준'일 뿐이다. 이러한 조잡한 표준에 대한 선호는 교사를 탈전문화의 길로 이끈다.

무엇을 해야 할지를 알고, 그것에 따라 적합한 수단을 동원할 줄 아는 학생은 경험을 총체적으로 사고한다. 학생이 몸과 마음을 능동적으로 동원할 때 그는 어떤 사태의 부분이 아니라 전체를 볼 수 있다. 듀이는 교육의 목적에서 전체라는 것은 물리적인 것을 가리키지 않는다고 말한다. 지적인 측면에서 본 전체의 의미는 관심이나 흥미와 관련을 맺는다.

> 전체는 질적인 것이며, 사태가 완전히 우리의 마음을 사로잡는다는 뜻이다. 현재의 목적과는 무관하게, 효율적인 기술을 형성하는 일에 너무 집착하다가 보면, 반드시 목적과 유리된 연습을 시키게 된다.
> _308쪽

학생이 어떤 일에 스스로 참여할 때 그것이 갖는 교육의 의의는 그 과정이 이미 사회적이라는 데 있다. 이것을 무시하고 인간의 기본적 관심사인 의식주나 생산 및 소비와 동떨어져 효율적 기술

습득에만 집착할 경우 학생이 몸담고 있는 사회, 즉 일상과 유리될 수밖에 없다. 인간의 삶에 영향을 주는 여러 요소들을 설계하고 만드는 과정에서 내면 깊숙한 곳에 있는 본능이 깨어나며, 이때 학생의 활동(일)이 풍부한 사회적 의미를 갖는다.

> 과학의 발전이 더딘 시대는 언제였는가 하면, 학자들이 일상생활의 자료와 과정, 특히 손으로 하는 일과 관련된 것들에 대하여 경멸하는 태도를 가졌던 시대였다. _313쪽

듀이는 놀이와 일이 마음속에 그리는 바람직한 목적을 실현하기 위해 자료와 방법을 선정하고 조정하는 것으로 이루어져 있다고 보았다. 예견되는 결과가 비교적 명확하며 장기적인 성격을 가지고 있고, 그것을 이룩하는 데 지속적인 노력이 필요할 때, 놀이가 일로 바뀐다는 것이다. 일이 놀이와 다른 점은 활동이 외적 결과에 종속되어 있는 것이 아니라 그 결과를 얻기 위하여 더 긴 과정이 필요하다는 데 있다고 말한다.

> 일의 구석구석에 놀이의 태도가 스며있을 때, 일은 '예술'이 된다.*
>
> _318쪽

---

* 한국어판에는 '기예'로 번역되어 있으나 여기서는 원서의 문맥에 따라 '예술'로 바꿔 기술하였다. '태도'는 놀이하듯 즐겁게 일을 대하는 자세를 가리키며, 이때 일은 '질적인(art-in quality)' 의미를 갖는다.

교사, 책을 들다

교육적 가치

학생에게 직접적 인식의 배경이 있어야 한다는 요구는 놀이와 능동
적 작업을 통하여 전형적인 실제 사태를 만들어 줌으로써 충족된다.
_353쪽

일반적으로 경험이라 부르는 것에는 직접경험과 간접경험이
있다. 언어와 상징을 통해 인식할 수 있는 경험은 일종의 '매개된
(mediated)' 경험이다. 우리는 학생에게 실물을 직접 보여줄 수 없을
때 언어를 통해 설명하거나 실물을 상징하는 매체를 활용한다. 이
러한 간접경험의 경우 그것이 더 효과적이어서가 아니라 직접경험
의 여건이 되지 않기 때문이라는 것은 자명하다. 상징은 사물을 완
전하게 표상하지 못한다는 한계를 갖고 있지만, 학교교육에서 보듯
이 때로는 상징 자체가 목적이 되는 경우도 있다. 이에 비하여 직접
경험은 언어나 상징을 통해서 실물이나 현상을 상상하게 하는 것이
아니라 어떠한 경험의 사태에 학생이 직접 참여하는 것이다. 이러
한 직접적 인식은 사물이 주는 생생한 느낌을 얻을 수 있다는 강점
이 있다. 듀이는 직접적 인식에서 드러나는 세 가지 원리를 다음과
같이 정리한다.

그것은 1) 효과적인, 또는 실재하는(명목상의 것이 아닌) 가치표준의 성격,
2) 직접적 인식에 있어서의 상상력의 위치, 그리고 3) 교육과정에 있
어서의 예술의 위치이다. _353쪽

듀이는 교과의 가치를 내재적 가치와 수단적 가치로 나누어 설명한다. 어떤 교과이든지 그 나름대로 삶을 풍부하게 하는 한 그 가치는 내재적이라는 것이다. 반면 가치를 판단할 때 다른 것들과 비교해서 이해득실을 따질 수 있는 것은 수단적 가치로 보았다. 아울러 그는 교과에서 가치의 위계를 정할 수 없다고 말한다. 이 말에 따르면 우리가 흔히 사용하는 주지교과라든지, 주요교과라는 표현은 교과가 갖는 내재적 가치를 무시하는 말인 셈이다.

듀이는 교육이란 삶의 수단이 아니요, 보람 있고 내재적으로 의미 있는 삶을 사는 것과 다름없기 때문에 우리가 설정할 수 있는 궁극적 가치는 오직 삶의 과정 그 자체뿐이라고 주장한다. 그러므로 학생이 어떤 주제에 즉각적으로 마음이 끌린다면, 그것을 공부하는 것이 어째서 좋은지를 따져 물을 필요가 없다는 것이다. '어째서 좋은가?'라는 물음은 수단적 가치에 관해서만 던질 수 있는 질문이기 때문이다.

특히 듀이는 교과에 대한 관심의 분열이 교육 개념 자체를 부정하는 좁은 전문화라고 보고, 이로 인해 유발되는 교육과정의 폭주나 학생들이 받는 지나친 압력과 정신적 분산 등을 우려하였다. 교육과정이나 교과의 교육적 가치에 대한 이론은 부지불식간에 이런 관심의 분열을 반영하고 있다는 것이다. 오늘날 한국의 국가교육과정 개정 국면에 있어서도 어떤 교과가 생겨나고 소멸될 것인지, 교과별로 시수의 증감은 어떻게 될 것인지가 초미의 관심사다. 각 교과공동체의 운명과 직결되는 문제이기 때문이다. 듀이의 표현을 빌리자면 좁은 전문화 전략을 택하면서 교과에 대한 분열을 가

교사, 책을 들다

져온 셈이다. 이러한 관점에서 듀이가 들려주는 다음 이야기는 백 년이 지난 지금에도 실감 나게 다가온다.

> 오늘날 학교교육에 관한 소란의 상당한 부분은 이들(교과) 관심 중의 각각에 대하여 어느 정도의 몫을 배당해 주어야 하는가에 관한 논쟁과, 각각에 배당된 몫을 교육과정에서 실제로 차지하겠다고 하여 벌이는 투쟁에서 생기는 것임을 알 수 있다. 만약 이러한 요구가 기존의 학교체제에서 실현될 가망이 없어 보이면, 그것을 위하여 새로운 별개의 교육제도를 만들어야 한다고 주장한다. 이렇게 수많은 교육들 속에서 교육이 망각된다. _370쪽

노동과 여가

흔히 '일'은 생존의 방편으로 여겨지며, '여가'는 삶을 즐긴다는 느낌을 준다. 물론 노동에는 생존 이상의 가치가 담겨 있고, 여가 역시 선용되는 것만은 아니다. 힘든 노동 뒤에 찾아드는 여가를 즐기며 삶의 가치를 체화하는 사람들도 많으니 말이다. 그러나 대체로 이 두 가지 개념은 서로 대립되는 어휘로 인식되어 왔다. 듀이 역시 교육사 내내 '교육은 유용한 노동을 위한 준비'라는 생각과 '교육은 여가 생활을 위한 것'이라는 생각이 서로 대립된 채로 오랫동안 이어져 왔다고 말한다.

듀이는 교육에서 노동과 여가의 가치가 서로 고립·분열되는

사이 갈등으로 이어졌고, 이러한 분리와 갈등이 사회생활의 구분을 반영하는 데까지 나아갔다고 생각했다. 그는 이렇게 된 이유를 노동을 통해 삶을 유지하는 것과 고상하게 여가를 즐기는 것, 이 두 가지 기능이 사회 구성원들에게 균등하게 배분되지 못한 데서 찾았다. 다시 말해 누군가는 오로지 생존을 위해 노동을 해야 했고, 다른 누군가는 노동에서 면제되어 여가를 즐기는 사태가 지속되어 왔다는 것이다.

> 일을 물질적 관심과, 또 여가를 관념적 관심과 동일시하여 양자를 확연하게 구분하는 것은 그 자체가 사회적 산물이라는 결론이 불가피하게 따라 나온다. _376-377쪽

대표적으로 희랍사회는 노동하는 사람들과 노동을 면한 사람들 사이의 계층 구분이 공공연한 사회였다. 아리스토텔레스는 물리적인 필요가 아무런 노력 없이 부지불식간에 충족될 때, 그 정도만큼 참된 삶을 영위할 수 있다고 말했다. 따라서 생활의 수단은 노예와 직인(職人), 여자들을 써서 확보하고, 충분한 지력을 갖춘 사람들은 내재적으로 가치 있는 일을 하도록 한가한 삶을 살게 해야 한다는 것이다. 듀이는 이렇게 다른 사람(자유민)을 위해서 다른 교육(천한 기계식 교육)을 적용하는 것을 심각한 이원론으로 보았다.

희랍시대 이후 사회는 급격한 변화를 겪으며, 오늘날 거의 모든 국가에서 노예제도가 폐지되고 민주주의가 도입되었다. 그럼에도 불구하고 유식계층과 무식계층, 유한계층과 노동계층으로 사회

교사, 책을 들다

가 분열되는 양상은 전과 별반 다르지 않다. 현대교육에서 '교양'을 강화해야 한다는 논리와 '실용'을 중시해야 한다는 논리가 팽팽하게 대립하고 있는 것은 희랍시대의 그것과 형태만 다소 달라졌을 뿐, 결국 같은 이원론인 것이다.

듀이는 이성과 실제가 분리된 결과 오늘날 우리가 가지고 있는 교육체제는 일관성 없는 여러 요소들이 뒤섞인 혼합물이 되어버렸다고 주장한다. 다시 말해 교육내용과 방법 중의 어떤 것은 아주 특이한 의미의 자유교육에 도움이 된다는 명분으로 그대로 보존되어 있다는 것이다. 이러한 특징은 보통 '고등교육'이라고 부르는 대학과 그 준비과정에 주로 나타나지만, 사실상 초등교육에도 침투해 들어와서 그 과정과 목적을 크게 좌우한다고 말한다.

> 우리가 물려받은 교육 사태에는 한편으로 유용성과 또 한편으로, 한때 순전히 여가를 위한 준비라고 생각되었던 요소들의 잔재가 심지어 동일한 교과 속에 기이한 방식으로 뒤섞여서 타협을 이루고 있다. '실용성'의 요소는 교과를 배우는 동기로서 강조되고 있고, '자유교육'의 요소는 가르치는 방법에서 강조되고 있다. _384쪽

듀이는 그 당시 교육과정을 검토하면서 실용성과 자유교육이라는 상반되는 두 가지 이상을 타협하려고 한 나머지 형편없이 타락하지 않은 과목을 찾아보기 어렵다며 개탄한다. 예컨대 자연과학을 실제적 유용성 때문에 가르쳐야 한다고 말하면서도 실제로는 마치 적용에서 멀리 떨어진 것을 업적으로 삼듯이 가르치고 있다는

것이다. 반면에 음악과 문학은 이론적으로 그 교양적 가치 때문에 가르쳐야 한다고 하면서도 주로 기술적인 면에서의 숙달에 비중을 두고 가르치고 있다고 말한다.

현대사회에서는 '선발'을 통해 사람을 뽑기 때문에 측정 가능한 지식 위주로 평가를 하고, 교육은 그 평가 방식에 종속될 수밖에 없다는 논리가 여전히 설득력을 가진다. 그러나 선발 이전의 인류 역사에서도 노동과 여가, 실용성과 자유교육으로 분리되어 있었고, 이런 현상이 현대까지 이어져 왔다는 사실에 비추어볼 때 선발의 과정이 희랍시대로부터 이어졌던 사회적 분리를 정당화하는 절차에 불과하다는 주장 역시 타당성을 갖는다. 물론 오늘날 피교육자에게는 선택할 수 있는 권리가 보장되어 있으며, 계층의 이동도 어느 정도는 이루어진다. 그러나 피교육자인 개인의 자유로운 선택과 성실한 노력으로 거둘 수 있는 성공은 이미 주어진 자원과 강력한 네트워크를 활용하는 성공과는 비교 대상이 되지 못한다. 이러한 분리와 불균형이 공고한 역사적·사회적 배경을 갖고 있다는 사실은 이것이 개인이 극복하기 힘든 문제라는 것을 보여준다. 그리고 이 문제는 필연적으로 역사적·사회적 배경을 만들어가는 시민으로서 삶의 형태를 고민하게 만든다.

> 민주사회에 있어서의 교육의 문제는 그러한 교육목적의 이원론을 없애는 것이다. _388쪽

듀이는 민주사회에서 교육목적의 이원론을 없애기 위해서 모

교사, 책을 들다

든 사람에게 사고가 자유로운 실제의 지침이 되도록 하는 교육과정이 필요하다고 말한다. 또한 여가는 봉사의 책임에서 면제된 상태가 아니라 그 책임을 기꺼이 받아들이는 데서 오는 보상이라는 인식이 형성되도록 교육과정을 구성해야 한다고 보았다.

교육의 직업적 측면

교육에 있어서의 노동과 여가, 이론과 실제, 몸과 마음, 정신 상태와 세계의 대립이 깔려 있는 논리적 가정들을 머릿속으로 다시 한번 요약해 보면, 그 모든 대립은 결국 직업교육과 교양교육의 대립으로 정리된다는 것을 알 수 있을 것이다. 전통적으로 자유교양은 여가, 순전히 사변적인 지식, 그리고 신체기관을 능동적으로 사용하는 것과는 관계가 없는 정신적 활동 등과 관련되어 있었다. _443쪽

교육은 크게 두 가지 목적을 갖는데, 진리 탐구와 가치의 실현이라는 내재적 목적과 살아갈 방편을 구하는 외재적 목적으로 나뉜다. 교육의 내재적 목적을 강조하는 이들은 살아갈 방편을 구하는 것, 즉 직업을 영위하는 것을 교육의 수단적 목적으로 본다. 그러나 듀이는 직업을 우리가 성취하는 결과로 말미암아 그 활동을 하는 우리 자신에게 명백한 의미를 주고, 주위 사람들에게도 유용한 영향을 주는 것이라고 말한다. 직업생활과 반대되는 것은 여가나 교양이 아니라 개인의 편에서 보면 무목적성, 방종, 경험의 누적

적 성취의 결여요, 사회의 편에서 보면 안일한 자기과시, 다른 사람에 대한 기생적 의존이라는 것이다. 그러나 합리적 이성에 입각하여 진리를 탐구하는 것을 중시한 사람들은 생산의 영역을 어디까지나 하층민의 업으로 규정하였다. 살아가는 방편에서 독립해 보편적 진리를 획득하기 위한 자유교양이 바로 내재적 목적을 추구한 사람들이 말하는 교육이었다.

듀이는 개인들이 장차 한 가지 방향의 활동만 할 것이라 가정하고 교육하는 것만큼 불합리한 일은 없다고 보았다. 각각의 개인은 반드시 여러 가지 '소명', 즉 해야 할 일을 가지고 있으며, 그 하나하나에 다 같이 지적인 효율성을 발휘해야 한다고 생각하기 때문이다. 또한 어떤 일이든지 다른 관심들과 유리되어 있으면, 그것은 의미를 잃어버리고 판에 박힌 일을 하는 그냥 바쁘기만 한 상태가 된다고 말한다. 지적인 관심과 유리된 직업활동은 그저 단순한 습관에 불과하다는 것이다.

직업을 갖는다는 것은 삶과 밀착한 모종의 수단이자 목적으로 반드시 지적 활동과 병행하여 일어나야 하는 일이다. 듀이는 뚜렷한 직업은 특별한 분야가 강하게 두드러져서 사람들의 마음을 사로잡는 경향이 있다고 지적하며, 이것을 '습관의 원리'라고 했다. 이것으로 인해 의미보다는 기술이나 전문적 방법이 강조될 가능성이 있다는 것이다. 개인에게 주어진 소명, 그리고 삶과 지적 활동을 연결하는 통로로서 직업에 대한 듀이의 통찰은 다음 글에서 명료하게 드러난다.

교사, 책을 들다

그러므로 교육이 해야 할 일은 이 경향을 조장하는 것이 아니라 그것을 방지하는 것이며, 그렇게 함으로써 과학 연구가는 단순히 과학자가 아니요, 교사는 단순히 가르치는 사람이 아니며, 목사는 단순히 목사 복장을 하는 사람이 아니게 되도록 하는 것이다. _446쪽

물론 현대인의 생활에서 한 개인에게 직업과 지적 활동이 반드시 일치되어 나타나는 것은 아니다. 그러나 다수의 사람들이 직업에서 자신의 적성을 발휘하고, 생계의 수단을 넘어 직업적 소명감 속에서 만족감과 의미를 찾는 일은 매우 중요하다. 따라서 한 사회의 직업 구조와 시민들의 삶이 지속적으로 재구성되는 것은 마땅히 필요한 일이다.

플라톤은 개개인이 가장 잘할 수 있는 일이 무엇인지를 알아내고, 그 분야에서 탁월한 능력을 발휘할 수 있도록 훈련시키는 것을 교육의 역할로 보았다. 개인의 발달과 사회적 필요가 원만한 조화를 이룰 수 있다고 생각한 것이다. 이러한 플라톤의 주장은 교육 철학의 근본 원리를 제시했다는 점에서 의의가 있지만, 사회적으로 필요한 직업의 범위를 너무 좁게 생각했다는 점에서 문제가 있다. 이는 플라톤이 살았던 당시 사회적 배경으로 인해 개인이 가지고 있는 무한히 다양한 능력을 소홀하게 보아 넘겼기 때문으로 보인다.

직업은 목적이 있는 연속적인 활동이다. 따라서 직업적 활동을 통한 교육은 그 속에 학습으로 연결되는 요인들을 다른 어떤 방법보다도

더 많이 결합해 가지고 있다. ··· 거기에는 구체적인 목적과 달성해야 할 결과가 분명히 제시되어 있다. 따라서 그것은 사고를 자극한다. ··· 요컨대 직업적 활동은, 단순히 외적인 산물에 목적을 두는 것이 아니라 활동을 실현하는 데에 목적을 두는 그런 조건에서 이루어진다면, 교육의 목적, 관심, 사고를 논의하는 과정에서 제시한 여러 가지 요건을 한꺼번에 충족시킬 수 있다(8장, 10장, 12장 참조). _447쪽

통념상 직업교과에는 초등학교에서 배우는 실과, 중학교 교과인 기술·가정, 고등학교의 실업 관련 교과, 특성화고등학교에서 배우는 전문 교과들이 있다. 고등학교를 졸업하고 바로 직업을 갖는 학생들도 있어 직업교과는 이론보다 실제적 지식을 다루는 것이 일반적이다. 그렇다고 실과는 직업교과이고, 수학·영어는 지식교과라고 딱 잘라 말할 수 있을까? 수학·영어(소위 주지교과)에 몰입하는 학생들의 동기야말로 '더 좋은 직업'을 갖기 위함이다. 듀이는 추상적 목적을 위해 사실을 배열해 놓은 교과를 자유교양으로 보았다. 오늘날의 시각에서 보면 이때의 자유교양은 곧 주지교과인 듯하다. 이렇게 이분법적 사고가 만연해 있는 상황에서도 듀이는 지식과 삶, 그리고 교육과 직업을 연결하기 위해 부단히 애썼다.

교육철학 ————

마지막 영역에서는 개인과 세계의 문제, 지식과 도덕의 이론,

교사, 책을 들다

그리고 이를 종합한 교육철학 문제를 다룬다. 사실 앞에서 살펴본 교육의 개념과 목적, 그리고 민주주의에 이미 듀이가 말하는 교육 철학의 핵심이 담겨 있다. 다만 이때의 접근은 교육의 목적은 성장 이고 성장은 경험의 연속적 재구성에 의하여 이루어진다는 것, 그 리고 이렇게 성장한 사람들이 민주주의 사회의 주요 구성원이 되어 야 함을 밝히려는 의도에서 비롯한 것이었다. 여기서는 이것 외에 도 개인과 세계의 연관, 지식과 도덕의 이론 등을 다룬다.

사실 마지막 영역은 상당히 모호한 내용이 많아서 따로 떼어 내 독립적으로 읽기가 쉽지 않다. 그러나 앞에서 공부한 흥미, 경험, 사고, 방법, 교과, 노동, 놀이, 직업에 관한 듀이의 생각과 각 개념 사 이의 연관성은 마지막 영역을 이해하는 데 큰 도움이 될 것이다.

개인과 세계

듀이는 이때까지 사상의 영향이 노동과 여가, 아는 것과 하는 것, 인간과 자연을 구분하는 데 영향을 미쳤다고 믿었다. 그러한 사 상적 영향은 또한 몸과 마음, 이론적 지식과 실제, 물리적 기제와 관 념적 목적을 서로 대립시키는 여러 철학으로 정립되어 왔다는 것 이다. 듀이는 여러 이원론들이 개인의 마음과 세계 사이의 날카로 운 대립으로 집약된다고 보았다.

그것에 해당하는 교육방법상의 문제가 없는 것은 아니다. 교과('세계'

에 해당하는 것)와 **방법**('마음'에 해당하는 것) 사이에 대립이 있다고 생각하는 것이 그 하나요, 흥미를 학습 내용과 내재적 관련이 없이 순전히 사적인 것으로 취급하는 것이 또 하나이다. _423쪽

앞에서 여러 번 언급했듯이 듀이가 비판한 것은 세계를 설명하는 이론적 지식 자체가 아니었다. 그가 비판한 것은 기존의 철학이 이론과 실제를 분리하고, 인간과 사회를 분리하는 이원론적 사고로 전개되어 왔다는 점이다. 그중에서도 마음과 세계를 분리하는 이원론적 철학은 지식과 사회적 관심, 개인의 자유와 사회통제 및 권위 사이의 관계를 그릇되게 파악하고 있다고 지적한다. 듀이는 마음을 개인의 자아와 동일시하고, 또 개인의 자아를 사적인 정신적 의식과 동일시하는 것은 비교적 현대의 일이라고 말한다.

희랍시대에 있어서나 중세에 있어서는, 개인을 보편적, 신적 지성의 작용을 매개하는 통로로 보는 것이 일반적인 경향이었다. 개인은 결코 진정한 의미에서의 '앎의 주체'가 될 수 없었다. 앎의 주체는 개인을 통하여 작용하는 '이성'이었다. _423-424쪽

개인을 통하여 작용하는 이성이란 개인과 무관하게, 개인을 초월하여 존재하는 절대 진리다. 개인은 신으로부터, 권력화한 신념과 관습으로부터 전수되는 지식을 받아들이는 수동적 존재에 불과했다. 즉 앎의 주체는 이성이고, 개인은 이성을 담는 그릇이자 도구였다. 매우 긴 시간 동안 인간은 절대 진리 앞에서 무력한 존재였던

교사, 책을 들다

것이다.

　듀이는 중세 시대에서 삶의 가장 깊은 관심사는 '개인 영혼의 구원'이었고, 이 잠재적 개인주의는 후반에 와서 '유명론적 철학'이라는 형태로 의식적 정립을 이루었다고 보았다. 이 철학에 의하면 지식이라는 것은 개인이 자기 자신의 인식 행위를 통하여 그의 내부에 쌓아 올리는 구조물, 즉 '정신 상태'를 의미했다. 16세기 이후 경제적 · 정치적 개인주의가 일어나고, 개신교가 널리 퍼짐에 따라 개인 스스로가 지식에 도달할 권리와 의무가 있다는 생각이 무르익어 갔다. 이로 말미암아 지식은 전적으로 개인적 · 사적 경험을 통해서만 얻어진다는 견해가 제기되었고, 결과적으로 지식의 원천이자 소유자인 마음은 순전히 '개인의 것'이라는 생각이 나타났다.

　듀이는 몽떼뉴, 베이컨, 로크 같은 몇몇 교육 개혁가들이 학습은 이 사람 저 사람의 말을 들어서 이루어지는 것이 아니며, 비록 어떤 신념이 우연히 참일지라도 그것이 개인의 경험에서 우러나고 그 경험에 의하여 검증되지 않으면 지식이 될 수 없다고 주장한 것에 주목한다. 그는 사실상 이러한 주장이 삶의 모든 국면에서 있어서 권위에 대한 반대, 행동과 탐구의 자유를 위한 투쟁을 불러오긴 했지만, 개인의 관찰과 관념의 중요성을 강하게 부각시키는 바람에 급기야 개인의 마음을 앎의 대상인 세계에서 분리 · 고립시키는 결과를 초래했다고 보았다.

　듀이는 이와 같은 사상적 흐름이 실제적 개인주의, 나아가 철학적 주관주의를 불러왔다고 말한다. 마음과 자아를 동일시하고 독립적으로 존재하는 실체로서 자아를 내세운 것은 매우 중요한 진전이었지만, 동시에 앎의 주체인 마음과 그 대상인 세계 사이의 근본적인 간격을 만들어냈다는 것이다. 듀이가 보기에 인간은 세계로부터의 고립을 원한 것이 아니라 세계와 더 밀접한 관련을 맺기를 원했다. 전통을 통한 간접적인 방법에 의해서가 아니라 직접 자기 스스로 세계에 관한 신념을 형성하기를 바란 것이다.

사회적 상호작용은 앞서 듀이가 말한 대로 인간이 동료들과 더 밀접한 한 덩어리가 되어 보다 효과적으로 서로에게 영향을 주며 공동의 목적을 위하여 서로의 활동을 규합하는 것이다. 그는 이런 상호작용을 통해 신념을 구현하는 활동에 참여함으로써 개인은 점차 자기 자신의 마음을 획득하게 된다고 보았다. 또한 듀이는 마음이 저절로 자아에 주어지는 것이 아니라고 말한다. 자아는 사물에 관한 지식이 그 주위의 삶에 그대로 살아 나타남으로써 마음을 '성취'하는 것일 뿐 혼자서 지식을 새롭게 건설해나가는 고립된 마음을 자아라고 할 수 없다는 것이다.

> 우리가 의심의 여지가 없는 것으로 받아들이는 것, 우리가 서로서로, 또 자연과 상호작용하는 가운데 당연한 것으로 받아들이는 것을 그 시점에서의 '지식'이라고 부른다. 이와는 달리, 사고는, 앞에서 말한 바와 같이, 의심 또는 불확실성에서 시작한다. 지식이 통달이나 소유된 것을 가리키는 것과는 달리, 사고는 탐구, 탐색, 추구의 태도를 나타낸다. 사고의 비판 과정을 통하여 참된 지식이 수정, 확장되며, 실재에 관한 우리의 확신이 재조직된다. _429쪽

교사, 책을 들다

듀이의 말에 따르면 지식은 객관적으로 확립된 것으로 더 이상 문제 삼을 필요가 없는 것이며, 확실한 것, 보장된 것이다. 그러나 여기에 듀이는 한 가지 조건을 단다. 바로 '그 시점에서의' 지식이다. 이것은 확실함과 보장이 영속적인 것임을 부정하는 말로, 듀이가 가진 지식관의 핵심인 '보증된 주장 가능성(warranted assertibility)'이 잘 드러나는 표현이다. 한마디로 지식이란 어느 특정 시점에서 탐구를 통해 얻어지는 결과이므로 한시적이며 잠재적인 보증을 받지만, 새로운 사고에 의해 검증된 결과가 나오면 그 자리를 언제든 내어주어야 한다는 것이다.

듀이는 '비판적 사고'의 과정을 통해 참된 지식이라 여겨지던 것도 수정·확장되며 실재에 관한 우리의 확신이 재조직된다고 보았다. 이때의 재조직 과정은 실재에 대한 일체의 전수된 신념을 모두 버리는 것이 아니라 그동안 지식으로 통용되던 것을 출발점으로 삼아 그것의 기초가 되었던 근거를 비판적으로 조사하는 과정을 의미한다. 그러면서 듀이는 관습이 지배하는 사회에서는 새로운 사고의 발달을 북돋울 수 없다고 말한다. 현재 받아들여지고 있는 신념과 다른 방식으로 사물을 파악하여 재조직하려면 사회적 관습은 언제나 부정당할 준비가 되어 있어야 한다는 것이다.

현대 과학혁명이 바탕을 두고 있는 관찰과 상상의 자유는 쉽게 얻어진 것이 아니다. 그것은 투쟁의 결과로 쟁취된 것이며, 지적 독립을 얻는 과정에서 많은 사람들이 고통을 받았다. _430-431쪽이와 같은 새로운 사고를 통한 앎의 재조직이라는 지식관의 진전에도 불구하고, 듀이는 인식론이 개인과 자연, 그리고 동료와의 연속성을 인정하려 들지 않는다고 보았다. 그래서 진보의 필수불가결한 요소인 '지적 개인주의'가 도덕적·사회적 개인주의로 체계화되기에 이르렀다는 것이다. 관찰과 상상에서 개인이 보이는 타인과 다른 지적 경향은 사회 진보의 원동력이 된다. 그러나 지식이 오로지 개인의 내부에서 생기고 발달한다고 생각하는 경우 이것은 한 개인의 정신생활을 동료들의 정신생활과 묶어주는 유대를 부정하는 것이 된다. 이른바 도덕적 개인주의는 삶을 개인이라는 각각 다른 구심점들로 의식적으로 분리시키는 데서 나오기 때문이다. 듀이는 느낌, 관념, 욕망 등이 사람들 사이에 아무런 공통성을 갖지 않는다면, 거기서 나오는 행동들을 공적 이익에 도움이 되는 방향으로 통제하기 어렵다고 보았다. 더불어 학교는 개인적인 학습방법과 사회적 행위 사이, 그리고 자유와 사회통제 사이에 대립이 있을 경우 그 대립을 가장 분명하게 드러내는 기관이라고 말한다.

학습이 학생들의 상호교섭을 포함하는 적극적인 과업의 한 국면으로 이루어질 때, 사회제도는 학습의 과정 그 자체 속에 들어오게 된다. 그러한 사회적 요소가 빠져 있을 때, 학습이라는 것은 제시된 학습 자료를 순전히 개인적인 의식 속에 건네주는 일로 되며, 이런 학습이 학생의 지적, 정서적 성향을 보다 사회화된 방향으로 이끌게 되리라는 것은 기대하기 어렵다. _436-437쪽

교사, 책을 들다

듀이는 자유가 있어야 한다는 근본 취지는 한 개인이 집단의 이익에 그 나름의 특별한 공헌을 할 수 있는 조건을 마련해주는 데 있다고 보았다. 그리고 이러한 사회적 관심이 권위적인 명령에 의해서가 아니라 자기 자신의 정신적 태도에서 우러나오는 형태로 집단 활동에 참여할 수 있게 해야 한다는 것이다. 결국 듀이가 말하는 자유는 지적 활동을 스스로 주도해나가는 것, 독립적으로 관찰하고 새로운 것을 생각해내며 결과를 예견하고 그 결과에 맞게 잘 적응해나가는 것을 뜻한다. 듀이는 무엇보다 질문을 가지고 있는 사람, 그의 호기심을 자극하고, 그 질문을 다루는 데 도움이 될 만한 지식을 추구하는 열의를 가질 정도의 진정한 질문을 가진 사람을 '지적으로 자유로운 사람'이라 생각했다. 아울러 진정한 개인주의는 관습과 전통의 권위가 신념의 표준으로 군림하는 상태에서 벗어날 때 가능하다고 보았다.

교육철학

이 장에서 듀이는 책의 전체 구성을 재확인하면서 26개의 장을 논리에 맞게 세 부분으로 나누어 설명한다. 첫 번째는 사회적 필요와 기능으로서의 교육을 다루고 있는 부분으로 여기서는 사회집단이 생존을 유지하는 과정으로서 교육의 일반적 특징을 대략적으로 제시하는 데 그 목적을 두고 있다. 처음 몇몇 장에서 듀이는 교육을 전달의 과정을 통하여 경험의 의미가 갱신되어 나가는 과정으로 규정한다. 두 번째 부분에서는 민주주의라는 기준에 입각하여 교육의 의미를 분석한 결과 교육이 경험의 계속적인 재구성 또는 재조직이라는 이상을 제시한다. 이러한 교육의 개념에 따라 교육내용과 방법은 하나로 통합되며, 공부와 학습의 방법이라는 것은 의식적으로 지도된 방향으로 경험의 내용을 재구성 또는 재조직해나가는 것이외에 아무것도 아니라는 것이다. 마지막으로 민주적 기준을 실제로 실현하는 데 현재의 사회가 어떤 제약을 가지고 있는가를 고찰한다.

> 그 생각이라는 것은 … 진보적으로 발전하는 사회에서는 개인들이 가지고 있는 다양한 욕망과 사고를 활용할 필요가 있다는 것, 교육의 방법과 내용 사이에는 본질적인 단일성이 있다는 것, 목적과 수단은 내재적 연속성을 가지고 있다는 것, 마음이라는 것은 곧 행동의 의미를 지각하고 검증하는 사고 과정을 가리킨다는 것 등이다. 이러한 생각은, 지력이라는 것은 행동을 통하여 경험의 자료를 유목적적으로 재조직하는 것을 뜻한다고 보는 철학과 부합하며, 앞에서 말한 각각의 이원론적 철학과는 들어맞지 않는다. _463쪽

철학이론은 인간이 그 당시에 하고 있던 경험의 질로 인하여 그들이 자연과 그들 자신에 관하여, 또 이 양자를 포함하고 지배하는 것으로서의 실재에 관하여 어떤 생각을 하게 되었는가를 명백히 의식에 떠올리도록 해준다고 듀이는 말한다. 내용면에서 철학은 '포괄적 이해'에 목적을 두며, 철학자나 그의 결론을 받아들이는 사

람들의 태도면에서 철학은 경험에 관하여 가능한 한 통합되고 일관되고 완전한 전망을 가지기 위한 노력이라는 것이다. 그런 의미에서 듀이는 만약 과학에서 밝혀진 사실들이 우리에게 세계에 관하여 어떤 종류의 영구적 행동 성향을 가지기를 요구하는가 하는 질문을 한다면, 그것은 철학적 질문이라고 보았다. 듀이의 말에 따르면 전체성은 양적인 총화 그 이상이다.

> 전체성이라는 것은 계속성, 즉 종래의 행동 습관을 따르되 그 습관이 언제나 생생한 의미를 가지고 성장을 이루어나갈 수 있도록 새로운 환경에 재적응해 나가는 것을 말한다. 전체성이라는 것은 이미 완전하게 결정된 행동 방안을 뜻하는 것이 아니라, 수없이 다양한 행동들 사이에 균형을 유지하면서 그 행동들이 서로서로의 의미를 보충해 주는 것을 뜻한다. _466쪽

이와 마찬가지로 '일반성'에 대하여 생각해볼 수 있다. 듀이는 철학적 태도가 일반성을 나타낸다는 것은 하나의 행동을 그 맥락 속에서 파악하고, 거기서 의미를 규정하려 한다는 뜻이라고 말한다. 즉 어떤 철학이든 간에 인간, 사회, 세계에 대한 이해를 따로따로 떼내어 생각하지 않는다는 것이다. 또한 사고와 지식을 구분할 때 철학은 지식보다는 사고와 관련된다는 점을 밝히고 있다.

> 지식은 어떤 대상이 완전히 낙착되고, 질서가 잡히고 합리적으로 해결된 것을 나타낸다. 여기에 비하면 사고는 미래전망적인 시각을 나

타낸다. … 철학은 이미 확립된 사실의 기록이 아니라 무엇이 가능한가에 대하여 생각하는 것이다. _467쪽

듀이는 철학이 전체적인 태도를 가져야 하는 이유로 삶의 여러 가지 관심들 사이의 갈등이 행동을 통해 통합되어야 한다는 점을 들었다. 이를 바탕으로 철학의 체계는 행위의 이상에 관한 여러 가지 어긋나는 주장들이 사회 전체에 영향을 미칠 때, 그리하여 그것들을 조정할 필요가 있음을 사회 전체가 느낄 때 생긴다는 것이다. 교육은 지적·정서적 면에서 자연과 인간에 대한 근본적인 성향을 형성하는 과정으로 철학적 논의가 가지고 있는 인간적 의의에 대해 깊이 파고들어 가는 거점이다. 듀이의 말에 따르면 교육적 관심은 철학 문제가 어디서 생기고 어디서 번성하며 어디서 낮잠을 자는지, 그것을 받아들이고 부정하는 것이 실제에 어떤 차이를 가져오는지를 알 수 있게 한다는 것이다.

철학은 삶의 다양한 관심들을 명백히 체계적으로 부각시킴과 동시에 다양한 관심들이 균형을 이룰 수 있도록 관점과 방법을 제시하는 일을 하여야 한다. 교육은 무엇이 바람직한가에 관한 가설을 제시하는 것으로 그치는 것이 아니라 실제로 필요한 변형을 일으키는 과정이기 때문에, 교육은 의도적으로 수행되는 실제요 철학은 교육의 이론이라는 진술이 타당하다는 결론에 도달한다. _474쪽

교사, 책을 들다

지식의 이론

이 책에서 듀이가 제시한 이론은 '계속성'을 강조하는 데 반해 그가 비판한 이론들은 이원론을 내세우고 있다. 듀이는 이러한 구분의 원인이 사회집단 사이, 또 집단 내 계층들 사이에 존재하는 단단하고 확실한 장벽에 있다고 보았다. 이 장벽이 집단이나 계층 간의 자유로운 교섭을 가로막고 있다는 것이다. 그리고 교섭이 일어나지 않을 때 각 집단은 상이한 유형의 생활경험을 하게 되며, 각각의 고립된 문제와 목적, 가치표준을 갖게 된다고 말한다.

> 경험적 지식과 보다 높은 합리적(또는 이성적) 지식의 대립이 있다. …
> 철학적인 관점에서 보면, 위의 두 가지 지식의 사이의 구분은 특수와
> 보편의 구분에 해당된다. 경험이라는 것은 어느 편인가 하면 고립된
> 특수 사례의 집합으로서, 그 각각의 특수 사례는 각각 따로따로 접함
> 으로써 알게 된다. _476-477쪽

'학습'이라는 단어에는 두 가지 의미가 있다. 우리가 흔히 학문을 학습한다고 할 때 이 말은 이미 알려진 지식, 즉 책이나 학자들에 의하여 전해 내려오는 것을 획득하는 것을 뜻한다. 이것은 외적인 것으로 마치 물건을 창고에 넣어 두듯이 지적 활동의 결과를 축적해 놓은 것을 가리킨다. 또 다른 의미의 학습은 개인이 공부할 때 하는 '활동'을 말한다. 능동적인 것으로 개인이 주체가 되는 활동이다.

위의 모든 구분은 결국 한 가지, '아는 것'과 '하는 것', 이론과 실제, 행동의 목적이요 정신인 마음과 행동의 기관이요 수단인 몸의 구분으로 귀착된다. _479쪽

이 책 전반에 걸쳐 듀이가 주장하는 것은 '몸과 마음', '개인과 세계', '경험과 이성'의 분리를 전제로 하는 이원론의 극복이었다. 이 같은 분리가 '아는 것(이론)'과 '하는 것(실제)'을 구분하게 만들었다는 것이다. 듀이는 생리학, 심리학, 생물학, 실험법 등의 발달이 이러한 폐단을 극복할 수 있게 해준다고 보았다. 여러 신체 기관들은 서로 상호작용하며 반응하는데, 특히 뇌는 우리가 이미 한 일에 비추어 장차 행동을 어떻게 수정해나가야 하는지를 알려준다는 것이다. 이는 이전의 행동이 다음 행동의 방향을 결정한다는 뜻이며, 나중의 행동은 이미 나온 결과를 고려해 이루어진다는 뜻이다.

학생들이 배우는 지식이, 그것을 처음 알아낸 사람에게는 진리였고 그 사람에게는 지식으로서 기능을 수행했다 하더라도, 이 사실이 곧 학생들에게도 그것이 그런 올바른 의미의 지식이 된다는 것을 보장하지는 않는다. 그것이 학생 개인의 삶에 결실을 가져오지 않는 한, 그것은 화성이나 그 밖의 요술 왕국에 관한 지식과 조금도 다름이 없다. _487쪽

듀이의 말에 따르면 앞으로 알려져야 할 것은 그것이 어떤 것이든지 간에 '특수한 것'이다. 반면에 이미 알려진 것은 그것을 적

교사, 책을 들다

용해 새로운 사실을 지적으로 통어할 목적으로 머릿속에서 처리되는 경우 기능상 '일반적인 것'이다. 이때 일반성이라는 것은 구성요소들을 서로 관련짓는 기능을 가리킨다. 사실이 새로운 경험 요소에 의미를 부여하는 데 사용될 때 그 사실은 일반적인 사실이 된다는 것이다. 한편 '이성'이라는 것은 이전의 경험이 새로운 경험에 대해서 가지는 의의를 지각하는 데 관련을 맺도록 하는 능력을 말한다. 듀이는 사리에 밝은 사람, 즉 이성을 따르는 사람은 즉각적으로 그의 감각에 들어오는 사건을 고립된 것으로 보는 것이 아니라 인류의 공동 경험과 관련지어 보는 것에 언제나 개방된 마음을 갖고 있는 사람이라고 보았다.

> 이 책에서 주장한 지식 획득 방법을 설명하는 이론은 '실용주의'라고 부를 수 있을 것이다. 이 이론의 핵심적인 주장은, 지식을 추구하는 행위는 환경을 의도적으로 변형시키는 활동과 연속성을 유지하고 있다는 것이다. 이 주장에 의하면, 엄밀한 의미에서 지식을 소유하고 있다고 말하기 위해서는 그것이 우리의 지적 자원이 되어야 한다는 것─다시 말하면, 지식은 우리의 행동을 지적인 것이 되게 하는 모든 습관을 가리킨다는 것이다. _489쪽

듀이는 자신의 철학을 '실용주의(pragmatism)'라고 밝힌다. 실용주의 관점에서 지식은 환경을 우리의 필요에 맞게 적응시키고, 우리의 목적과 욕망을 상황에 적응시킬 수 있도록 우리 성향의 한 부분으로 조직되어 있는 것이다. 듀이는 이것이야말로 참지식이라

고 말한다. 요컨대 지식은 지금 우리의 의식 속에 들어 있는 그 무엇이 아니라 지금 일어나고 있는 일을 이해하는 데 우리가 의식적으로 사용할 수 있는 성향이라는 것이다.

이어서 듀이는 행위로서의 지식은 우리가 처해 있는 혼란된 상황을 바로잡으려는 목적에서 우리가 가지고 있는 성향의 일부를 의식에 떠올리는 행위라고 말한다. 지식은 현재 일어나고 있는 일과 무관하게 머릿속에서 이성적으로 정체되어 있는 것이 아니고, 당장 지금 여기에서 발생한 상황을 바로잡는 데 쓰인다는 것이다. 즉 듀이가 말한 실용주의의 요체는 단지 '아는 것'보다 '하는 것'을 우위에 두는 것이 아니라 철저하게 삶의 쓸모와 연계하여 의식적으로 지식을 사용할 수 있는 성향에 있다.

듀이는 이를 실재론과 관념론으로 구분하여 당장의 실용적인 일에만 경험이 국한되어 있는 사람들을 '실제적 경험론자', 실제로 의미를 생성해내는 활동에 참여하지 않으면서 의미의 세계를 관조하고 거기서 즐거움을 맛보는 사람들을 '실제적 합리론자'라고 부른다. 여기서 사물에 직접 적용되는 활동을 하는 사람들은 '실재론적' 태도를 가진 사람들이며, 그러한 사물의 의미를 분리해내서 그 사물과 초연히 떨어진 종교적·영적 세계에 놓아두는 사람은 '관념론적' 경향을 보인다는 것이다. 또한 민주주의는 원칙상 자유로운 상호교섭, 그리고 사회적 계속성을 특징으로 하기 때문에 여기서 생겨나는 지식 이론은 당연히 지식은 하나의 경험이 다른 경험에 방향과 의미를 제시하는 방법에 의해 추구되고 획득된다는 것이 듀이의 생각이었다. 이것을 교육에 적용하여 생각해보면, 학교에서의

교사, 책을 들다

지식 습득은 단체 생활에서 일어나는 활동 또는 직업활동과 관련을 맺어야 한다는 결론이 나온다.

도덕의 이론

듀이는 도덕에 관한 철학이론이 이원론적 구분에 입각해 있고, 현행 도덕교육의 방식을 이론적으로 정당화하고 미화하는 데 사용되고 있다고 지적하였다. 교육이론에서 늘 주장하는 바와 같이 '인격 함양(establishing of character)'은 학교 수업과 훈육의 종합적인 목적이다. 그러므로 지력과 인격의 관계를 잘못 파악하여 종합적인 교육목적의 실현이 저해되는 일이 없도록 늘 경계해야 한다는 것이다. 듀이가 비판적으로 살펴보고자 했던 것은 사람들이 도덕에 관해 생각할 때, 활동의 과정을 두 개의 대립되는 요인들로 분리하여 생각하는 경향이었다. 이 대립은 앞서 여러 차례 언급했던 마음과 세계, 영혼과 육체, 목적과 수단을 분리하는 이원론을 말한다. 도덕에 있어서 이원론은 행동의 동기와 결과, 즉 인격과 행위를 엄격히 구분하는 형태로 나타난다.

그리고 개인과 관련된 요소들이 의식 속에 솟아오르는 것은 활동의 전체적 시간 계열 중의 한 부분으로서 전체 활동과 밀접한 관련이 있다. 듀이는 순전히 정신적인 과정이 일어나고 난 뒤 갑자기 그것과는 근본적으로 다른 신체적 과정이 따라오는 것이 아니라고 보았다. 처음에 불확실한 생각이 엇갈리는 망설이는 상태에서부터

보다 외현적이고 확실한, 완전한 상태에 이르기까지 하나의 연속된 행동이 있다는 것이다.

외부적인 행동을 하기에 앞서서 우리에게 일어나는 의식적인 고찰과 의욕은 불확실한 사태에서의 활동에 반드시 필요한 면밀한 개인적 재조정이라고 보지 않으면 안 된다. _493쪽

듀이는 시대마다 지배적인 이상을 표현하는 행동이 있었겠지만, 그런 행동을 억제하면 할수록 이상을 내적으로 간직하고 개발하는 일이 그 자체로서 완전한 의미를 가지며, 이것이 도덕성의 본질이라고 생각했다. 무엇보다 중요한 것은 올바른 동기를 가지는 일로 비록 그 동기가 세상을 움직일 힘이 전혀 없다 하더라도 그런 이유에서 중요성이 감소하지는 않는다는 것이다. 18세기 말과 19세기 초 독일에서도 이와 비슷한 생각이 퍼진 적이 있는데, 칸트 철학에서 강조하는 선의지가 바로 그것이다. 선의지는 유일한 도덕적 선으로 여기서 의지라는 것은 행동이라든가 그것이 세계에 일으키는 변화와 관계없는, 그 자체로서 완전한 도덕적 의미를 나타낸다.

순전히 내적인 도덕성을 강조하는 입장은 당연히 그 반대 입장을 불러일으켰다. 이 반대 입장은 일반적으로 쾌락주의 또는 공리주의라고 불리고 있다. 이 입장은 요컨대, 도덕에서 중요한 것은 그 사람의 의식에 무슨 생각이 들어있는가가 아니라, 그가 무슨 일을 하는가-다시 말하면, 그의 행동에서 나오는 결과, 그가 실제로 일으키는 변화-

교사, 책을 들다

듀이가 보기에 일상생활의 도덕성, 그리고 학교 교실에서 가르치는 도덕성은 십중팔구 이 두 가지 도덕성을 어정쩡하게 타협한 것이었다. 그중 하나는 감정을 대단히 강조하는데, 만약 의도가 선하거나 올바른 정서적 의식을 가지고 있다면, 비록 그것이 행동의 결과로 나타나지 않아도 잘못은 아니라고 말한다. 다른 하나는 사람들의 편의나 요구를 충족하거나 사회질서를 위해서 개인의 관심이나 지력의 사용 여부와는 상관없이 특정한 행동을 할 것을 강하게 요구한다. 한편 듀이는 오직 개인의 관심과 사고가 개입된 상황에서만 개인이 가지고 있는 욕망과 사고의 성향이 외부 행동에 유기적 요인으로 작용할 수 있다고 보았다. 학생 자신의 관심을 구현하는 계속적인 활동이 있고, 여기서 모종의 확실한 결과를 얻어야 할 때 의식적인 목적과 욕망, 그리고 주도면밀한 사고가 불가피하게 일어난다는 것이다.

원리에 입각하여 행동한다는 것은 이해관계를 떠나서 모든 개인적인 고려사항을 무시하고, 일반 법칙에 따라 행동한다는 뜻이다. 이와 달리 이해를 따져 행동한다는 것은 통념상 개인적 편의로 도덕 법칙을 대치한다는 뜻이다. 듀이는 양쪽 입장의 오류는 이해와 자기 자신(또는 자아)의 관계를 그릇되게 파악하는 데 있다고 생각했다. 두 입장 모두 자아를 고정된 것, 즉 고립된 일정량의 덩어리로 보았다는 것이다.

한 가지 틀림없는 사실은, 사람은 그가 하는 일에 당연히 '이해(또는 관심)'를 가져야 하며, 그렇지 않으면 그 일을 할 까닭이 없다는 것이다.
_498쪽

듀이는 자아라는 것은 이미 만들어져 있는 것이 아니요, 행동의 선택에 따라 끊임없이 형성되는 것임을 인정하는 순간 모든 문제가 사라진다고 보았다. 예를 들어 누군가가 생명의 위험을 무릅쓰면서 어떤 일에 계속 관심을 갖는 것은 그의 자아가 그 일을 하는 가운데 나타났다는 뜻이다.

학교에서의 도덕교육의 문제는 바로 지식을 얻도록 하는 문제이며, 다만 이 지식은 충동이나 습관과 관련된 지식을 말한다. 지식의 내용이 어디에 쓰이는가 하는 것은 그것이 어떤 관련 속에서 취급되는가에 달려 있다. _504쪽

도덕은 인격의 일부분이 아니라 인격 전체를 지칭하며, 인격 전체라는 것은 구체적인 특성으로 이루어져 있는 한 사람 전체를 말한다. 덕을 소유하고 있다는 말은 흔히 우리가 덕이라 부르는 몇몇 특징들이 개발되었다는 뜻이 아니라 삶의 모든 직분을 수행하면서 다른 사람들과 어울리는 동안에 드러나는 그 사람의 인간됨이 원만하다는 뜻이다. 듀이는 행위의 도덕적 측면과 사회적 측면은 서로 동일하다고 보았다. 사회정신이 사회 곳곳에 스며들도록 하는 조건이 결여되어 있을 경우 이는 사회 운영을 위협하는 요인이자

교사, 책을 들다

도덕교육의 큰 적이 된다는 것이다. 듀이의 말에 따르면 사회정신은 다음과 같은 조건이 갖추어져 있을 때 활발하게 발휘될 수 있다.

학교는 모든 중요한 측면에서 지역사회와 동일한 모습을 띠어야 한다. 사회적 지각과 관심은 진정한 사회적 분위기, 공동의 경험을 구축하기 위하여 자유로운 교환이 있는 그런 분위기에서만 발달할 수 있다. … 학교에서의 학습은 학교 밖의 학습과 연속성을 가져야 한다. 이 양자의 학습 사이에는 자유로운 상호교류가 있어야 한다. 이것이 가능하게 되려면 반드시 한쪽의 사회적 관심과 다른 쪽의 사회적 관심 사이에 많은 접촉점이 있어야 한다. _507쪽

듀이는 학습에 필요성을 부여하고 보람을 안겨주는 사회적 환경의 부재야말로 학교가 고립되는 가장 중요한 이유라고 보았다. 이 고립으로 말미암아 학교에서 배우는 지식을 삶에 적용할 수 없게 되고, 결국 인격에 아무런 영향도 미칠 수 없게 된다는 것이다.

이러한 조건에서는 학교 그 자체가 사회생활의 경험과 긴밀한 상호작용을 한다. 사회생활에 효과적으로 참여하는 힘을 기르는 교육은 모두가 도덕교육이다. 그런 교육에서 형성되는 인격은 사회적으로 필요한 구체적인 일을 하면서, 그와 동시에 성장에 필요불가결한 계속적인 재조정에 관심을 가지고 있는 그러한 인격이다. 삶의 모든 장면에서 배우려고 하는 관심, 이것이야말로 가장 중요한 도덕적 관심이다. _509쪽

듀이 철학의 교육적 의의에도 불구하고 몇몇 학자나 대중들은 듀이가 인류의 문화유산, 즉 전통적 지식을 과소평가했다고 비판하였다. 그들은 '행함으로써 학습한다(Learning by Doing)'는 듀이의 주장을 통해 그가 '하는 것'을 지나치게 강조하고, '아는 것'을 소홀히 한다며 문제 삼았다. 듀이의 실용주의적 관점은 그 자체로 가치 있는 지식보다 삶에서 발생하는 문제를 해결하는 것에 치우쳤다는 것이다. 이는 교육을 탐구함에 있어 개념적 분석과 교육이 추구하는 목적에 대한 정당화 차원에서 용납하기 힘든 것이었다. 물론 듀이 철학에 대한 비판은 그의 입장에서 언제든지 반론이 가능한 것들이었다. 듀이를 옹호하는 사람들은 그의 철학을 비판하는 사람들이 듀이의 생각을 오독하거나 왜곡하는 경우가 많다고 지적한다. 그러나 이런 일은 비단 대립하는 입장에 선 사람들만의 문제는 아니었다. 이와 관련해 듀이는 자신의 철학을 지지하는 사람들에 대해 답답한 심정을 드러낸 바 있다.

> 듀이 자신도 그의 추종자들 중 많은 사람, 특히 교육자들이 자신의 글을 이해하지 못했거나, 그들의 고유한 목적을 위해 사용하기에는 매우 잘못 이해하고 있다고 불만을 제기했다. 어떤 의미에서, 오해의 위험은 실험적 행동이라는 듀이의 처방 속에 내재해 있었다. _마틴 드워킨, 《존 듀이 교육론》, 23쪽

듀이의 《Democracy and education》을 번역하여 국내에 소

교사, 책을 들다

개한 이홍우는 그의 저서《미국 교육학의 정체》에서 이론적 교과가 실제적 문제의 해결 수단이 되지 않는 한 지배계급의 한가한 여가 활동에 지나지 않는다는 듀이의 말을 참으로 이해하기 어렵다고 말한다. 그러면서 듀이가 두 가지 지식 사이의 동시적 공존관계를 부당하게 수단-목적 관계로 왜곡하고 있다며 비판한다. 이러한 그의 생각은 듀이가 걱정했던 사회적 계층 분리에 대한 다른 접근을 보여준다. 이홍우는 기본적으로 이론적 지식은 실제적 지식이 가진 것과 비교할 수 없는 큰 가치를 갖는다고 보았다.

> 듀이에게 있어 교과는 원래 있는 그대로의 교과가 아니라 그의 도구
> 주의적 편견에 의하여 부당하게 변형되고 왜곡된 교과이며, 따라서
> 교과가 원래 있는 그대로 이해되고 전수되지 않는 것은 그의 견해가
> 몰고 올-사실상 이미 몰고 온-재앙 중에서 결코 사소한 것이 아니다.
>
> _《미국 교육학의 정체》, 43쪽

《미국 교육학의 정체》의 중심 텍스트는 〈미국 교육학의 저주와 재앙〉이다. 제목만 봐도 우리 교육에 미친 미국 교육학의 나쁜 영향을 떠올리게 한다. 효율성 강조, 과학적 교수기법, 실용적 지식의 추구, 행동적 학습목표의 명세화 등 각자의 경험에 따라 여러 가지 부정적 요소들을 떠올릴 것이다. 이러한 미국 교육학의 나쁜 영향과 우리 교육의 특성이 기능적·수단적으로 결합하여 경쟁 만능주의, 학벌주의, 능력주의, 성과주의 같은 재앙을 낳는 것일까? 여기서 확실한 것은 해방 후 미군정기 때부터 들어온 미국식 교육과 한국 교

육의 만남은 강점끼리 만난 것이 아니라 취약점끼리 만나 70년간
증폭되어 왔다는 것이다.

> 미국 교육학은 헤르바르트가 말한 교육학의 두 가지 기초 학문 중에
> 서 심리학을 주축으로 하면서 윤리학과 심리학을 각각 따로따로 받아
> 들였고, 그 결과 '교육목적 없는 교육방법'과 '교육방법 없는 교육목
> 적'을 모색해 왔다. _앞의 책, 41쪽

이러한 견해는 이홍우가 강조하는 '심성함양'이 지식과 행위가
따로 떨어진 별개의 세상에서 이루어지지 않는다는 주장을 뒷받침
하기 위한 것이다. 그는 피터스와 마찬가지로 교육의 목적과 내용
을 중시하며, 반드시 목적과 내용을 관통할 하위 개념으로 교육방
법을 생각하였다. 미국 교육학의 저주와 재앙을 논증하기 위해 이
홍우가 첫 번째로 불러오는 사람은 타일러(R. W. Tyler)다. '타일러의
견해를 지칭하는 교육과정 이론에서 이론은 다소 예우적인 호칭'이
라는 말에서 그가 '이론(아는 지식)'의 위상을 어디에 두고 있는지 알
수 있다. 이홍우는 타일러가 1949년 발표했던《교육과정과 수업의
기본 원리》를 소개하면서 다음과 같이 평한다.

> 외관상으로 보잘 것 없는 이 책이 막강한 영향력과 생성력을 행사하
> 며 전 세계를 통틀어 교육과정에 관한 사고를 거의 독점적으로 지배
> 해 왔다는 것은 분명히 기적에 속한다. _앞의 책, 8쪽

교사, 책을 들다

이 말은 우리 교육에 재앙을 가져온 미국 교육학의 나쁜 영향 중에서 타일러가 내걸었던 네 가지 요소, 즉 교육목표의 설정, 학습경험의 선정, 학습경험의 조직, 평가에 대한 저자의 분노에 찬 지적이다. 이홍우는 타일러의 저작을 '이론' 축에도 끼기 힘든 것으로 취급하면서 타일러의 학문적 자양분이 누구에게서 왔는지를 추적한다. 예상대로 듀이다. 이홍우는 듀이와 타일러가 같은 시기에 활동했기 때문에 듀이의 저작이 어떤 식으로든 타일러의 사고에 영향을 주었을 것이라 추측한다. 게다가 듀이가 재직했던 시카고대학에 타일러 역시 교수로 있었다는 공통점은 그의 추측에 신빙성을 더해 준다. 물론 타일러가 듀이의 철학에 영향을 받았는지 여부를 동시대에 활동하고, 같은 대학에서 근무했었다는 사실만으로 단정하기는 다소 성급하다.

타일러와 듀이는 8년 연구를 함께 수행했다. 8년 연구는 당시 미국의 초등학교에서 붐을 이루었던 진보교육이 중등교육에서도 똑같이 효과적인지를 8년에 걸쳐 조사한 것이다. 이홍우의 책에서는 이 연구를 언급한 적이 없지만, 타일러가 듀이의 영향을 받았다는 주장을 뒷받침하는 근거로 더 적합한 것 같아 여기에 덧붙인다. 그러나 이런 증거들을 통해 타일러와 듀이의 사상적·학문적 연관성을 추론하는 것은 무리가 있다. 그보다는 두 사람이 추구한 학문적 단서를 찾는 것이 더 객관적인 접근일 것이다.

듀이 철학에 대한 비판에는 몇 가지 공통점이 있는데, 그중에서 가장 빈번한 것이 '지식관'에 대한 비판이다. 듀이의 '보증된 주장가능성'은 지적 전통주의자들은 물론이고, 분석철학자들에게도 공격의 대상이 되었다. 러셀(B. Russell)은 그의 저서 《서양철학사》에서 듀이가 '진리'를 '보증된 주장가능성'으로 대체하고 있다고 비판하였다. 러셀이 보기에 인간의 능력에 대한 믿음과 '엄연한 사실들'을 인정하지 않으려는 태도는 기계 생산에 의해 생겨난 희망과 인간의 물리적 환경을 과학의 힘을 빌려 조작할 수 있다는 기대와 관계된 것이었다. 그는 듀이의 지식관을 '일탈'이라고 폄하하면서 다음과 같이 말한다.

> 이 모든 점에서 나는 심상치 않은 위험, 우주에 대한 **불경**으로 불릴지도 모를 위험을 느낀다. 대체로 인간의 조종을 받지 않는 사람들에 의존하는 '진리' 개념은 여태까지 철학에 필요한 겸손을 가르쳤던 방식들 가운데 하나이다. _《서양철학사》, 1029쪽

지식은 삶에 유용하게 적용될 때 그 가치를 지닌다는 듀이의 말은 분석철학자인 러셀의 입장에서 보자면, '불경' 그 자체였다. 실용주의자들은 영원불변하거나 초역사적 진리의 존재를 믿지 않고, 인간의 지식이란 주어진 상황에서 그것이 얼마나 인간의 삶을 풍요롭게 하느냐에 가치를 둘 때만 의미가 있다고 생각하기 때문이다. 이렇듯 듀이를 향한 비판의 대부분은 실용주의 입장에서 바라본 지식관에서 기인한다.

한편 브루너는 한 교과의 교육과정은 그 교과 구조의 일반적인 원리를 가장 깊이 이해하고 있는 사람들에 의해 결정되어야 한다고 주장했다. 이러한 그의 생각은 그 당시 미국 교육과정의 흐름을 학

교사, 책을 들다

문중심 교육과정으로 선회하게 만들었다. 그로부터 10년 후 브루너는 〈교육과정의 재음미〉를 통해 자신의 초기 이론이 지나친 '합리주의의 오류'를 범했다고 고백했다. 당시에 교육과정을 어떻게 구성하느냐 하는 문제에만 몰두해 있느라 '학습의 상호성'에 대해서는 미처 생각할 겨를이 없었다는 것이다. 아울러 그는 미국 교육의 정치적 속성에 대해서 다음과 같이 말한다.

> 교육은 어떤 사람에게는 장래를 보장해 주고 또 그렇게 함으로써 어떤 다른 사람을 밀어내어 버린다는 점에서 근본적으로 정치적 문제이다. ⋯ 그때 나는 기꺼이 역사의 구조, 물리학의 구조, 수학적 일관성의 성격 등에 관해서는 강조를 줄여야 한다고 선언하고, 그보다는 오히려 우리가 당면하고 있는 여러 가지 사회적 문제와 관련해서 교육과정을 다루게 될 것이다. _《브루너 교육의 과정》, 228쪽

브루너의 이 말은 역설적이게도 듀이가 말했던 '보증된 주장가능성'을 연상시킨다. 과거에는 자신의 생각과 달라 비판과 공격의 대상이 되었다가도, 시간이 지나 사회적 상황과 맥락이 변함에 따라 굳건했던 생각도 달라질 수 있다. 또한 나와 상대방의 주장에서 공통 속성들이 만나 새로운 이론으로 발전할 수도 있다. 이는 상호작용하는 양자 모두가 질적 변화를 일으키는 인식 작용이라는 측면에서 듀이 철학 중 하나인 '교호작용(transaction)'와 유사하다.

　그 외에도 듀이는 문제 해결을 위해 지나치게 과학적 방법의 힘을 강조하는 바람에 인종, 계급, 젠더의 문제에 대해 주의를 기울

이지 못했다는 비판을 받기도 한다. 이처럼 듀이에 대한 평가는 급진적 사회주의자부터 제국주의자에 이르기까지 극단적으로 엇갈린다. 그러나 다방면에 걸쳐 듀이가 남긴 많은 저작들을 상기하면 그에 대한 비판은 단순한 인물평을 넘어 듀이 철학 전반에 대한 분석과 함께 이루어져야 할 것이다.

지식은 삶을 유지하는 데 있어 유익한 도움을 주어야 한다는 것이 듀이의 생각이었다. 그는 당시 학교에서 가르치는 교과들이 실제적 적용으로부터 유리되어 있다는 사실을 지적하면서 이런 현상을 희랍시대 자유교양부터 이어져 내려온 잔재물로 보았다. 듀이는《민주주의와 교육》전반에 걸쳐 사회와 자연, 지식과 경험, 이론과 실제 등을 분리해 사고하는 '이원론'을 비판하였다.

유기적이며 전인적으로 성장하는 인간관을 옹호했던 듀이는 학교를 산업사회에서 필요한 노동력을 공급하는 장소로 보지 않았다. 그에게 학교는 서로의 관심사를 나누고 상호작용을 통해 경험을 구성해가는 '소사회'였다. 아동 또한 사회적 유기체이기 때문에 그들이 가진 흥미와 관심을 중요하게 다루어야 한다고 생각했다. 듀이의 입장에서 아동의 미성숙은 결핍이 아닌 성장의 가능성이었다. 그리고 '탐구'는 듀이가 문제 해결을 통해 경험을 재구성해가는 유력한 방법이었다.

듀이는 모든 사회 구성원들이 공통의 관심사를 나누며 의사소통을 하는 이상적인 체제를 민주주의라고 생각했다. 그러나 민주주의의 원형처럼 여겨지는 희랍사회는 사실상 '모든 사회 구성원'의 참여를 보장하지 않는 곳이었다. 여성과 노예는 민주적 의사결정

교사, 책을 들다

과정에서 배제되었다는 점을 들어, 듀이는 민주적 절차를 넘어 평등의 개념을 강조했다. 오늘날 우리가 중점을 두는 시민교육 역시 모든 사회 구성원이 시민사회의 주체로서 역할과 의무를 다하자는 것이다. 그러기 위해서는 타자와의 관계, 사회적 참여, 의사소통과 조정의 과정이 필요하다.

한편 듀이는 놀이와 일에도 각별한 관심을 가졌는데, 특히 일 (노동), 놀이, 여가에 대한 그의 생각은 오늘날 과도한 학습 노동에 시달리는 학생들의 전인적 발달을 위한 시사점으로 읽힌다. 그는 교양 있는 인간과 노동하는 인간이 별개로 존재하지 않는다고 보았다. 한 인간에게 통합되는 교양과 실제의 측면은 이원론을 극복하려는 듀이의 사상이 그가 탐구했던 모든 분야에 적용됨을 보여준다. 노동과 여가에 대한 관심은 비슷한 시기 러시아에서 활동했던 수호믈린스키 역시 강조한 부분이었다. 이러한 두 사람의 생각은 생산적 일이 교육과정 속에 반드시 포함되어야 한다는 이오덕의 주장과 함께 오늘날 우리 교육에 주요한 시사점을 남긴다.

듀이는 여가를 특정 계층이 아니라 모든 사람이 누려야 하는 것으로 보았다. 이는 민주적이며 평등한 사회에서나 가능하며, 그러한 사회 분위기 속에서 시민들의 자유로운 상상을 바탕으로 한 예술이 나온다고 생각했다. 이때의 예술은 듣고 즐기는 것을 넘어 직접 참여하는 형태로 모든 구성원들이 향유할 수 있어야 했다. 듀이는 민주주의를 구성원들이 투표하고 다수파가 지배하는 정치 시스템으로 간주하지 않았다. 그에게 민주주의는 함께 살아가는 삶의 양식이요, 공동의 탐구 절차에 따라 이루어지는 것이었다.

그동안 한국 교육에서 듀이의 철학은 '경험(생활)중심 교육과정'이나 '학습자중심 교육'으로 단순화하여 적용되어 왔다. 그러나 생활중심 교육은 빈곤에서 벗어나고자 하는 욕구와 맞물려 경제적 쓸모를 지향하였다. 이 같은 적용은 듀이 철학에 의한 것이라기보다 사실상 '사회적 행동주의'에 더 가까운 형태라는 지적이 있다. 종종 듀이가 말하는 '삶과 연계한 학습'과 유사한 결이라는 오해를 부르는 부분이기도 하다. 오늘날 활발하게 펼쳐지고 있는 혁신교육도 방향보다 방법을 강조한다든지, 신기술 도입에 비중을 둔다든지 하는 산업적 쓸모에 많은 부분을 의지하고 있다는 비판의 목소리가 있다. 듀이 철학을 도입한 결과 나타난 교육적 부작용이라고 말하는 일부 의견도 있는바, 이는 더 깊은 토론이 필요한 대목이다.

　앞서 언급했듯이《민주주의와 교육》은 완독하기 쉽지 않고, 다 읽은 뒤에도 많은 부분이 이해되지 않은 채로 남는다. 그래서 여러 번 반복하여 읽어야 한다. 읽을 때마다 새로운 느낌을 주는 이 책은 듀이의 생각에 동의하느냐와 무관하게 현대 교육학의 총체를 담고 있다.

또 다른 시작

첫 번째 책인《'가르친다는 것'의 의미》에서는 교육상황에 대한 깊이 있는 시선과 아이들을 감각적으로 느끼는 활동을 통해 교사의 존재를 다시 생각해보는 계기를 마련했다. 그다음 책인《선생님들에게 드리는 100가지 제안》에서는 구호로만 떠드는 전인교육이 아닌 실천 속에서 살아 숨 쉬는 사례를 통해 전인적 발달의 개념에 가까이 다가갈 수 있었다.《교육과 이데올로기》는 술술 읽히는 책은 아니지만, 우리 앞에 펼쳐진 현실 양태인 '수저계급론'과 애플이 말하는 '문화적 재생산'을 연결하여 더 의미 있게 읽혔을 것이다.《역량의 창조》를 통해서는 교육으로 강화시킬 수 있는 역량(competencies)을 넘어 주체적 삶을 살아가면서 창조하는 역량(capabilities)에 접근해볼 수 있었다. 이어서 공부한《윤리학과 교육》은 앞에서 읽었던 다른 책들과는 사뭇 다른 시각에서 우리 교육을 조명해보는 기회가 되었다. 끝으로 《민주주의와 교육》은 앞에서 공부했던 내용을 통합하고, 새로운 질문거리를 생성해내는 과정이었다. 이는 교육적 의문을 해결하는 과정이자 새로운 의문을 떠올리는 과정이기도 했다.

책을 읽을 때 한 사람의 이론을 파고들어 뿌리까지 이해하겠다는 정열은 좋은 성장을 위한 자양분이 된다. 그러나 그것이 지나쳐 어떤 학자의 특정한 사상이나 주장을 삶의 신조로 삼아서는 곤란하다. 'ㅇㅇ주의자'라는 호명은 그 분야의 전문성을 인정하는 용어이기도 하지만, 편협한 공부 이력을 지적하는 말로도 쓰이기 때문이다. 한 가지 사상에 심취하는 것을 넘어 그것을 신념화하는 경우 모든 사유를 본인이 주장하는 사상으로 환원하는 잘못을 범할 수 있다. 교사들의 공부는 무엇보다 균형감각에 바탕을 두어야 한다.

아이들은 수시로 교사에게 와서 모르는 것을 질문하거나 대화를 요청한다. 그중에는 답을 구하는 경우도 있고, 그저 교사가 인정해주기를 바라는 경우도 있다. 아이가 교사에게 대화를 요청할 때는 당장의 해답을 구하지 않는 경우가 더 많다. 아이는 자신의 상황을 교사가 이해하고 있다는 믿음에 대한 갈증이 있다. 비록 문제를 해결하지 못해도 교사가 자신의 문제를 알고 있고, 그것을 이해하고 있으며 앞으로의 전망을 세울 수 있다면 아이의 신뢰는 계속된다. 무엇이 아이의 마음을 이렇게 만들 수 있을까? 답은 이미 나와 있다. 바로 교사의 공부다.

교사의 공부는 아이의 신뢰를 지속시키는 가장 큰 원동력이다.

교사는 교과내용에 대한 이해를 바탕으로 학습자에게 지식을 잘 전달하는 것을 넘어 반성적 실천가, 교육과정 개발 및 재구성자, 내러티브 사고의 주체, 연계적 전문가가 되어야 한다. 따라서 교사는 교육과정 이해와 설계 역량, 공동체 생성 및 유지 역량, 학습자의 전인적 발달을 촉진하는 역량 등을 갖추어야 한다. 이러한 교사의 역량은 어떤 방식으로 발휘될까?

교사는 부단히 읽는다. 읽음의 대상은 텍스트다. 흔히 우리는 눈치 없는 사람에게 '왜 분위기를 못 읽어?'라고 질책한다. '분위기(현상)' 역시 읽음의 대상이기 때문이다. 처음 텍스트를 읽을 때는 저자의 의도를 파악하며 읽지만, 그 내용을 자신의 것으로 소화하기 위해서는 해석과 내면화의 과정을 거쳐야 한다. 교사는 가르치고 배우는 과정에서 말하고 쓰고 행동하는 방식으로 전문성을 발현한다. 교사의 말과 글, 행동에는 고유의 전문성이 깃들어 있다. 좋은 책을 골라 읽고, 동료들과의 대화를 통해 깊이 있는 사유를 하는 것만큼 좋은 전문성 함양의 방법은 없다. 그렇게 해서 한층 깊어진 안목과 통찰력으로 아이들을 만나는 것이 바로 교육 실천이다. 혼자 또는 여럿이 좋은 책을 읽으면서 받는 특별한 자극이 교사를 교사답게 하는 에너지다. 아울러 사유하는 마음으로 교육상황을 이해하고, 더욱 풍부한 시선으로 아이들을 만날 수 있도록 돕는다.

공부는 현실의 여러 모순을 직시할 수 있게 하며, 교육상황에서 생기는 딜레마를 해석할 수 있는 힘을 준다. 나아가 문제 상황이 지금 당장 풀리지 않더라도 미래를 전망하면서 현재를 견딜 수 있는 안목을 길러준다. 공부를 멈추지 말아야 할 이유가 여기 있다.

공부를 돕는 질문들

첫 번째 책 | 막스 반 매넌, 《'가르친다는 것'의 의미》

반 매넌은 가르침에 대한 감각은 단순히 기술이 아니며, 오히려 '임기응변적'이라고 말한다. 교육에서 임기응변은 대체로 부정적인 의미로 쓰인다. 반 매넌은 '임기응변'의 교육적 의미를 어떻게 설명하고 있는가?

학습자의 성취를 판단할 때 눈에 보이는 것, 즉 측정 가능한 것을 평가해야 한다는 주장에 대해 어떻게 생각하는가? 같은 맥락에서 교육적 결과는 반드시 가시적이고, 측정 가능한 것이어야 하는가?

교사는 '무엇'을 하는 사람인가? 그(그녀)는 무엇을 잘해야 하는가?

두 번째 책 | 바실리 수호믈린스키, 《선생님들에게 드리는 100가지 제안》

수호믈린스키는 학교교육을 통해 사회주의적 인간을 기르는 데 힘썼다. 하지만 개인의 감수성 계발 등을 강조하여 당이나 언론으로부터 사상을 의심받기도 했다. 이와 관련해서 교육은 체제에 종속하는가, 아니면 체제를 초월하는 교육의 본질이 존재하는가?

우리 교육현실에서 학습자의 전인적 발달을 저해하는 요소는 무엇인가?

세 번째 책 | 마이클 애플, 《교육과 이데올로기》

애플이 말하는 문화적 재생산과 오늘날 한국사회를 관통하고 있는 수저 계급론의 공통점과 차이점은 무엇인가?

오늘날 지구촌에서 발생하는 국가 간, 인종 간 격차의 근본 원인은 어디에 있으며, 어떻게 극복 가능한가?

네 번째 책 | 마사 누스바움, 《역량의 창조》

오늘날 한국의 교육상황과 GDP 접근법은 어떤 맥락 속에서 관련을 갖는가?

역량은 달성해야 할 기준인가, 창조의 대상인가?

역량 개발의 책임은 온전히 개인에게 있는가? 만약 그렇지 않다면 역량과 관련한 국가의 역할은 무엇인가?

다섯 번째 책 | R. S. 피터스, 《윤리학과 교육》

앞선 견해들과는 사뭇 다른 방향에서 교육을 바라보는 피터스의 교육철학이 우리에게 주는 시사점은 무엇일까?

반 매넌의 교육적 현상학, 수호믈린스키의 전인교육론, 애플의 문화적 재생산 담론, 누스바움의 역량 접근법과 피터스가 말하는 교육의 개념, 내재적 정당화, 합리적 이성, 습관 등에 대하여 각 견해들을 비교했을 때 어떤 점이 다른가?

여섯 번째 책 | 존 듀이, 《민주주의와 교육》

세간에서 말하는 지식 혹은 교육의 경제적 쓸모는 듀이가 말하는 실용주의와 어떤 부분에서 공통점과 차이점을 보이는가?

오늘날 우리 교육정책에서 흔히 발견되는 개념인 '학습자중심 교육'은 어떤 철학적 배경을 바탕으로 하는가?

듀이가 평생 극복하고자 했던 '이원론'은 현대교육에서 어떤 모습으로 나타나는가?

듀이 철학에서 보면 교사는 어떤 존재이며, 무슨 역할을 하는 사람인가?

함영기

중학교에서 사춘기 아이들을, 대학에서 예비
교사들을 가르쳤다. 성균관대학교에서 '수업
전문성의 재개념화'를 다룬 논문으로 교육학
박사학위를 받았다. 교실밖교사커뮤니티 대표
를 거쳐 서울시교육청 정책연구 담당 장학관
과 서울시교육연수원장으로 근무했으며, 현재
교육부 교육과정정책관으로 재직 중이다. 《교
육사유》, 《통하는 학교 통하는 교실을 위한 교
사리더십》 등 몇 권의 책과 교육 관련 논문을
썼으며, 앨런 코커릴이 쓴 《바실리 수호믈린스
키, 아이들은 한 명 한 명 빛나야 한다》를 우리
말로 옮기고 고쳐 썼다.

페이스북 https://www.facebook.com/younggi.ham
브런치 https://brunch.co.kr/@webtutor

교사, 책을 들다

더 넓고 깊은 사유의 세계로 이끄는 교육 명저와의 만남

지은이 | 함영기
펴낸이 | 곽미순
책임편집 | 박미화
디자인 | Kafieldesign

펴낸곳 | ㈜도서출판 한울림
기획 | 이미혜
편집 | 윤도경 윤소라 이은파 박미화 김주연
디자인 | 김민서 이순영
마케팅 | 공태훈 윤재영
경영지원 | 김영석
출판등록 | 1980년 2월 14일(제2021-000318호)
주소 | 서울특별시 마포구 희우정로16길 21
대표전화 | 02-2635-1400
팩스 | 02-2635-1415
홈페이지 | www.inbumo.com
블로그 | blog.naver.com/hanulimkids
인스타그램 | www.instagram.com/hanulimkids

첫판 1쇄 펴낸날 | 2021년 3월 25일   2쇄 펴낸날 | 2021년 12월 6일
ISBN 978-89-5827-134-5 03370